그린 벨트

투자의 비밀

이론부터 실무사례, 시뮬레이션까지

그린벨트 투자의 비밀

전종철·우광연 지음

라의눈

차례

머리말 • 6

 제1부 그린벨트 제도 개요

- 01 그린벨트의 정의 • 13
  - 사례❶ 자연녹지지역 토지 • 25
  - 사례❷ 자연녹지지역 / 개발제한구역 토지 • 28
  - 사례❸ 그린벨트 안의 농지 • 29
  - 법령해석례❶ • 34
  - 사례❹ 그린벨트 안의 산지 • 37
  - 법령해석례❷ • 40
- 02 그린벨트의 조정 및 해제 • 44
- 03 그린벨트의 토지 매수 제도 • 60
- 04 그린벨트 내 취락지구 • 87
  - 사례❺ 그린벨트 밖의 자연취락지구 토지 • 93
  - 사례❻ 개발제한구역 안의 집단취락지구 내 대 • 97
  - 사례❼ 개발제한구역 안의 집단취락지구 내 전 • 98
  - 사례❽ 개발제한구역 / 집단취락지구에서 해제된 토지 • 99
  - 법령해석례❸ • 100

 제2부 그린벨트에서의 행위제한

- 05 허가를 받지 않고 할 수 있는 행위 • 107
- 06 허가를 받아서 할 수 있는 행위 • 118

　　　　법령해석례 ❹ • 128
　　　　법령해석례 ❺ • 132
　　　　법령해석례 ❻ • 142
　07 관리계획 수립 및 주민의견청취 대상 허가행위 • 147
　08 그린벨트에서의 행위허가와 신고 • 169
　　　　법령해석례 ❼ • 191
　　　　법령해석례 ❽ • 193
　　　　법령해석례 ❾ • 199
　09 불법행위와 이행강제금 • 213

그린벨트 해제 및 개발

　10 그린벨트 해제와 대규모 개발 • 241
　　　　법령해석례 ❿ • 276
　　　　법령해석례 ⓫ • 279
　　　　법령해석례 ⓬ • 282
　11 그린벨트 훼손지 정비사업 • 285
　12 불법전용산지에 관한 임시특례 • 296
　　　　법령해석례 ⓭ • 308

 ❶ 「개발제한구역법 시행령」 [별표 1] 건축물 또는 공작물의 종류,
　　　건축 또는 설치의 범위 • 312
　　❷ 개발제한구역의 조정을 위한 도시관리계획 변경안 수립 지침 • 332

　　참고도서 및 법령 • 367

머리말

부동산의 마지막 성역,
그린벨트 투자와 개발의 모든 것!

개발제한구역은 1971년부터 1977년 사이에 총 8차례에 걸쳐, 7개 대도시권과 7개 중소도시권 등 전국적으로 총 14개 도시권역에 지정되었다. 당시 그린벨트로 지정된 총면적은 5,397.1㎢로서 전국토의 약 5.4%에 해당되었다.

그린벨트 제도의 분기점은 1998년 12월 24일 헌법재판소의 헌법불합치 결정이다. 헌법재판소는 그린벨트를 규정한 (구)도시계획법 제21조의 위헌 여부에 관한 헌법소원에 대하여 '개발제한구역 제도 그 자체는 원칙적으로 합헌적인 규정이지만, 다만 개발제한구역의 지정으로 말미암아 일부 토지 소유자에게 사회적 제약의 범위를 넘는 가혹한 부담이 발생하는 예외적인 경우에 대하여 보상규정을 두지 않고 이를 감수하도록 하고 있는 것에 대하여는 「비례의 원칙」에 위반되어 당해 토지소유자의 재산권을 과도하게 침해하는 것으로서 헌법에 위반 된다'고 판결하였다. 그에 따라 후속조치로 7개 중소도시권의 그린벨트는 전면해제가 되고, 7개 대도시권의 그린벨트도 부분적으로 해제가 되었으며, 토지매수청구제도가 도입되었다.

그린벨트는 헌법불합치 결정 이전에는 '불가침의 성역'으로서 도시의 무질서한 확산을 방지하고 도시민의 건전한 생활환경을 확보하는 기능을 수행하였다면, 헌법불합치 결정 이후에는 공익성이 큰 개발사업에 대한 '도시주변의 저렴한 개발용지'의 공급처로서의 기능을 수행하고 있다. 보금자리주택·기업형임대주택·제2판교테크노밸리·광명시흥테크노밸리 등이 그러한 바탕 위에서 추진된 것이며, 이러한 추세는 향후 새로운 정부에서도 계속 이어질 것으로 예상된다.

우리나라에 그린벨트 제도가 도입된 지 반 세기가 다 되어 가지만, 개발제한구역 토지의 투자 및 개발과 관련된 사항은 그린벨트 밖의 토지와 비교하여 사례가 매우 적고, 경험자도 제한되어 있으며, 법령 또한 매우 엄격하고 까다로워 접근하기가 쉽지 않았다. 그에 따라 투자 및 개발을 다룬 책은 한권도 나와 있지 않은 상황이다. 필자는 그 점을 늘 안타깝게 생각하던 중, 수년간의 준비기간을 거쳐 본 책을 출간하게 되었다.

그린벨트제도와 관련된 법령은 「개발제한구역의지정및관리에관한특별조치법」을 필두로 하여 「개발제한구역내 불법행위의 예방과 단속에 관한 규정」 등 7개의 행정규칙과 지방자치단체의 관련 조례로 이루어져 있다. 이 책의 대부분은 해당 법령들을 쉽게 풀어서 설명하는 방식으로 쓰였다. 시중의 그린벨트와 관련된 서적으로는 『그린벨트 : 개발제한구역연구(권용우·변병설·이재준·박지희 공저, 박영사, 2013)』라는 책이 유일한데 제도의 이해와 관련하여서는 동 책을 참조하였다. 인용된 법령 등은 설명 및 이해의 편의상 인용부호를 생략하고 책의 맨 뒤에 참고 자료로 소개하였다. 또한 긴 명칭의 법령은 약칭으로 사용하였다.

이 책은 다음과 같이 구성되어 있다.

제1부에서는 그린벨트 제도를 개괄적으로 설명하고 있다. 제2부 '그린벨트에서의 행위제한'에서는 독자들이 가장 궁금해 하는 '그린벨트에서 할 수 있는 행위'를 ①허가를 받아서 할 수 있는 행위 ②신고를 하고 할 수 있는 행위 ③허가 또는 신고 없이 할 수 있는 행위로 구분하여 설명하고 있다. 제3부 '그린벨트의 해제 및 개발'에서는 단지 개발을 기획하여 그린벨트를 해제하는 대규모 개발을 설명하고 있다. 독자들에게 이론서에 그치지 않고 실무적인 도움을 주기 위하여 8개의 유형별 '그린벨트 토지 사례'와 함께 13개의 '법령해석례'를 실었다. 법령해석례는 그린벨트에서 독자들이 하고자 하는 행위를 간접적으로 경험하는 데 많은 도움을 줄 것이다.

공동저자인 전종철은 이 책을 마지막으로 2006년 말부터 시작한 약 10년간의 토지투자 지침서 7부작 집필 여정을 마감하고자 한다. 7부작은 ①지목변경(개정판『지목변경 5단계분석법』) ②『관리지역 투자전략』, ③『지적도의 비밀』, ④『토지전문중개사』, ⑤『럭셔리 토지경매』, ⑥『토지투자 부동산공법』, ⑦『그린벨트 투자의 비밀』이다. 심화된 교육을 원하시는 분들은 단국대학교 행정법무대학원의 '인·허가법률전문가 특별과정'(1년 과정)에서 만나 뵐 수 있기를 기대한다. 졸저가 모두 베스트셀러로 자리매김하기까지 과분한 사랑을 베풀어

주신 독자 여러분들께 진심으로 감사드리며, 그동안 공동저자로 참여해주신 조용석 교수(지목변경), 설춘환 교수(럭셔리 토지경매), 박범진 대표(지적도의 비밀), 이제문 교수·이상길 교수(토지투자 부동산공법)님께 감사드린다. 또한 그린벨트 실무 경험으로 도움을 주신 김강웅 선생님께도 고마움을 전한다.

어려운 출판시장 상황 속에서도 고군분투하시며 좋은 책을 출간하고 계신 설응도 대표님과 '라의 눈' 임직원 여러분께도 감사의 인사를 드리며 디자인·교정·인쇄·제본·마케팅 등 드러나지 않는 자리에서 이 책이 출간되도록 도와주신 여러 관계자께도 사의를 표한다.

그리고 무엇보다 독자 여러분께 깊은 감사를 드린다.

전종철·우광연

제1부

그린벨트 제도 개요

01 그린벨트의 정의

그린벨트는 '개발제한구역'이다

그린벨트는 '도시의 무질서한 확산을 방지하고 도시주변의 자연환경을 보전하여 도시민의 건전한 생활환경을 확보하기 위하여 도시의 개발을 제한한 벨트 모양의 지역'을 말하며, 「국토계획법」에 의하여 '개발제한구역'이라고 정의되어 있다. 그린벨트는 국제적으로 통용되는 개념이고 개발제한구역은 그린벨트의 국내법적 개념이라 할 수 있으므로, 이 책에서는 양자를 동일한 용어로 놓고 설명하고자 한다. 물론 실제 시장에서도 그린벨트와 개발제한구역은 동일개념으로 혼용되고 있다.

토지의 이용규제수단 '지역·지구'

　토지의 투자가치는 개발가능성 여부에 따라 결정된다. 농지나 산지로 보전하고자 하는 목적이 강한 토지(예를 들면 농업진흥지역 농지나 보전산지 등)일수록 개발가능성이 낮기 때문에 투자가치가 낮고, 농지나 산지에서 벗어나서 개발가능성이 높은 토지일수록 투자가치가 높다. 따라서 토지투자를 하기 전에 토지의 이용 및 개발을 제한하는 토지이용규제제도에 대한 이해가 선행되어야 토지의 투자가치를 제대로 판단할 수 있다. 우리나라는 「토지이용규제기본법」에서 '지역·지구등의 지정 및 관리'를 통해 토지의 이용을 규제하고 있다.

　'지역·지구등'이란 지역·지구·구역·권역·단지·도시·군계획시설 등 어떤 명칭으로 불리든지, 개발행위에 제한을 받거나 토지이용과 관련해 인가·허가 등을 받아야 되는 등 토지의 이용 및 보전에 제한을 받는 일단의 토지를 말한다. 다시 말해, 토지의 입장에서 '지역·지구등'이란 해당 토지에 가해지는 명칭불문의 모든 규제를 의미한다고 할 수 있다.

　'지역·지구등'은 아래의 도표처럼 크게 「국토계획법」에 따른 지역·지구등'과 '다른 법령 등에 따른 지역·지구등'으로 나누어진다. 그리고 투자자는 토지이용계획확인서의 발급 및 열람을 통해서 해당 토지에서의 '지역·지구등의 지정 내용'과 '지역·지구등에서의 행위제한 내용'을 확인할 수 있다.

■ '지역·지구등'의 구분 ■

「국토계획법」에 따른 지역·지구등	용도지역 · 용도지구 · 용도구역 등등
다른 법령 등에 따른 지역·지구등	농업진흥지역, 농업진흥구역, 농업보호구역 보전산지, 준보전산지, 공익용산지, 임업용산지 등등

관련법령 스터디

토지이용규제기본법 제2조(이 법에서 사용하는 '지역·지구등'의 정의)
지역·지구·구역·권역·단지·도시·군계획시설 등 명칭에 관계없이 개발행위를 제한하거나 토지이용과 관련된 인가·허가 등을 받도록 하는 등 토지의 이용 및 보전에 관한 제한을 하는 일단—⑤의 토지(토지와 연접한 해수면으로서 토지와 같이 제한되는 경우에는 그 해수면을 포함한다. 이하 같다)로서 제5조 각 호에 규정된 것을 말한다.

토지이용규제기본법 제10조(토지이용계획확인서의 발급 등)
① 시장·군수 또는 구청장은 다음 각 호의 사항을 확인하는 서류(이하 '토지이용계획확인서'라 한다)의 발급 신청이 있는 경우에는 대통령령으로 정하는 바에 따라 토지이용계획확인서를 발급하여야 한다.
1. 지역·지구등의 지정 내용
2. 지역·지구등에서의 행위제한 내용
3. 그 밖에 대통령령으로 정하는 사항

'개발제한구역'은 '용도구역' 중 하나

「국토계획법」에 의한 '지역·지구등'의 대표적인 것으로 '용도지역'과 '용도지구·용도구역'이 있다. 명칭은 유사하지만 적용상 위계는 명확히 구분된다. 대한민국 국토는 용도지역의 구분 지정을 통하여 토지의 이용 및 건축물의 용도, 건폐율, 용적률, 높이 등을 제한하고 있다. 용도지구와 용도구역은 용도지역을 보완하는 기능을 수행한다. 용도지구는 용도지역에서의 제한을 강화하거나 완화하여 적용하기 위하여, 용도구역은 용도지역과 용도지구에서의 제한을 강화하거나 완화하여 적용하기 위하여 결정된 '지역·지구등'에 해당한다.

개발제한구역은 「국토계획법」에 규정된 '용도구역' 중 하나이다. 「국토계획법」에 의한 '용도구역'은 개발제한구역, 도시자연공원구역, 시가화조정구역, 수산자원보호구역, 입지규제최소구역 등이 있다. 다만 개발제한구역의 지정, 개발제한구역 토지에서의 행위 제한, 그 밖에 개발제한구역을 효율적으로 관리하는 데 필요한 사항은 「국토계획법」에 규정되어 있지 않고 「개발제한구역법」에서 따로 정하고 있다. 따라서 개발제한구역 토지에 투자하거나 개발하기 위해서는 「국토계획법」이 아니라 「개발제한구역법」을 찾아보아야 한다.

관련법령 스터디

국토계획법 제2조(정의)

이 법에서 사용하는 용어의 뜻은 다음과 같다.

15. '용도지역'이란 토지의 이용 및 건축물의 용도, 건폐율, 용적률, 높이 등을 제한함으로써 토지를 경제적·효율적으로 이용하고 공공복리의 증진을 도모하기 위하여 서로 중복되지 아니하게 도시·군관리계획으로 결정하는 지역을 말한다.

16. '용도지구'란 토지의 이용 및 건축물의 용도·건폐율·용적률·높이 등에 대한 용도지역의 제한을 강화하거나 완화하여 적용함으로써 용도지역의 기능을 증진시키고 미관·경관·안전 등을 도모하기 위하여 도시·군관리계획으로 결정하는 지역을 말한다.

17. '용도구역'이란 토지의 이용 및 건축물의 용도·건폐율·용적률·높이 등에 대한 용도지역 및 용도지구의 제한을 강화하거나 완화하여 따로 정함으로써 시가지의 무질서한 확산방지, 계획적이고 단계적인 토지이용의 도모, 토지이용의 종합적 조정·관리 등을 위하여 도시·군관리계획으로 결정하는 지역을 말한다.

국토계획법 제38조(개발제한구역의 지정)
① 국토교통부장관은 도시의 무질서한 확산을 방지하고 도시주변의 자연환경을 보전하여 도시민의 건전한 생활환경을 확보하기 위하여 도시의 개발을 제한할 필요가 있거나 국방부장관의 요청이 있어 보안상 도시의 개발을 제한할 필요가 있다고 인정되면 개발제한구역의 지정 또는 변경을 도시·군관리계획으로 결정할 수 있다.
② 개발제한구역의 지정 또는 변경에 필요한 사항은 따로 법률로 정한다.

개발제한구역법 제1조(목적)
이 법은 「국토의 계획 및 이용에 관한 법률」 제38조에 따른 개발제한구역의 지정과 개발제한구역에서의 행위 제한, 주민에 대한 지원, 토지 매수, 그 밖에 개발제한구역을 효율적으로 관리하는 데에 필요한 사항을 정함으로써 도시의 무질서한 확산을 방지하고 도시 주변의 자연환경을 보전하여 도시민의 건전한 생활환경을 확보하는 것을 목적으로 한다.

그린벨트 제도의 도입

1960년대 이후 산업화로 인하여 인구가 도시로 몰리면서 대도시 지역이 급속히 발전·팽창하게 되었다. 이에 따라 도시의 무분별한 확장 및 도시인근의 자연환경을 보호할 필요성이 제기되어 영국 등에서 시행되고 있던 그린벨트제도를 도입하게 되었다.

우리나라에서는 1971년 1월 (구)도시계획법을 개정하여 개발제한구역을 신설하면서 그린벨트제도가 도입되었다. 그로부터 6개월 후인 7월, 서울에 그린벨트가 최초로 지정된 것을 필두로 하여 1971~77년 사이에 총 8차례에 걸쳐 7개 대도시권과 7개 중소도시권 등 전국적으로 총 14개 도시권역에 그린벨트가 지정되었다. 수도권은 서울시 중심부 반경 15km 경계를 따라 폭 2~10km의 띠 모양belt으로 지정되었으며, 당시 그린벨트의 총 면적은 5,397.1㎢로서 전국토의 약 5.4%에 해당했다.

■ 개발제한구역 지정 내용 ■

구분	권역	지정연도	지정면적(㎢)
7개 대도시권	수도권	1971~1976	1,566.8
	부산권	1971	597.1
	대구권	1972	536.5
	광주권	1973	554.7
	대전권	1973	441.1
	울산권	1973	283.6
	마산·창원·진해권	1973	314.2
7개 중소도시권	제주권	1973	82.6
	춘천권	1973	294.4
	청주권	1973	180.1
	전주권	1973	225.4
	진주권	1973	203.0
	충무권(통영권)	1973	30.0
	여수권	1977	87.6
합계			5,397.1

*출처 : 권용우·변병설·이재준·박지희 공저, 그린벨트: 개발제한구역연구, 박영사, 2013, 60쪽 요약재작성

관련법령 스터디

(구)도시계획법 제21조(개발제한구역의 지정)

① 건설부장관은 도시의 무질서한 확산을 방지하고 도시주변의 자연환경을 보전하여 도시민의 건전한 생활환경을 확보하기 위하여 또는 국방부장관의 요청이 있어 보안상 도시의 개발을 규제할 필요가 있다고 인정되는 때에는 그 도시의 주변지역에 대하여 도시개발을 제한할 구역(이하 '개발제한구역'이라 한다)의 지정을 도시계획으로 결정할 수 있다.

■ 도시계획법과 국토계획법의 관계 ■

우리나라의 도시계획(국토이용계획)은 2002년까지 도시지역은 「도시계획법」, 도시지역외지역은 「국토이용관리법」의 이원화된 체계로 관리되었는데, 2003년 1월 1일 부로 도시지역과 도시지역외지역을 통합하여 「국토계획법」(도시계획법과 국토이용관리법을 국토계획법으로 통합함)의 단일체계로 관리하고 있다. 따라서, 그린벨트 지정 당시에는 개발제한구역이 (구)「도시계획법」에 규정되어 있었으나 현재는 「국토계획법」에 규정되어 있다.

- **도시계획법(1962~2002)**
  - 도시지역에 적용

 (통합)

- **국토계획법(2003~현재)**
  - 도시지역과 도시지역외지역을 통합하여 적용

- **국토이용관리법(1972~2002)**
  - 도시지역외지역에 적용

그린벨트의 지정

국토교통부장관은 도시의 무질서한 확산을 방지하고 도시주변의 자연환경을 보전하여 도시민의 건전한 생활환경을 확보하기 위하여 도시의 개발을 제한할 필요가 있거나 국방부장관의 요청으로 보안상 도시의 개발을 제한할 필요가 있다고 인정되면 개발제한구역의 지정 및 해제를 도시·군관리계획으로 결정할 수 있다. 국토교통부장관이 개발제한구역을 지정할 때에는 다음의 어느 하나에 해당하는 지역을 대상으로 한다. 개발제한구역은 지정 목적을 달성하기 위하여 공간적으로 연속성을 갖도록 지정하되 도시의 자족성 확보, 합리적인 토지이용 및 적정한 성장 관리 등을 고려하여야 한다.

1. 도시가 무질서하게 확산되는 것 또는 서로 인접한 도시가 시가지로 연결되는 것을 방지하기 위하여 개발을 제한할 필요가 있는 지역
2. 도시주변의 자연환경 및 생태계를 보전하고 도시민의 건전한 생활환경을 확보하기 위하여 개발을 제한할 필요가 있는 지역
3. 국가보안상 개발을 제한할 필요가 있는 지역
4. 도시의 정체성 확보 및 적정한 성장 관리를 위하여 개발을 제한할 필요가 있는 지역

도시계획법 제21조의 헌법불합치 결정

헌법재판소는 그린벨트를 규정한 (구)「도시계획법」 제21조의 위헌

여부에 관한 헌법소원에 대하여 1998년 12월 24일 헌법불합치결정을 내렸다. 재판부는 "개발제한구역제도 그 자체는 원칙적으로 합헌적인 규정이지만, 다만 개발제한구역의 지정으로 말미암아 일부 토지소유자에게 사회적 제약의 범위를 넘는 가혹한 부담이 발생하는 예외적인 경우에 대하여 보상규정을 두지 않고 이를 감수하도록 하고 있는 것에 대하여는 '비례의 원칙'에 위반되어 당해 토지소유자의 재산권을 과도하게 침해하는 것으로서 헌법에 위반된다."고 판결하였다. 이에 따라, 그린벨트제도에 대한 후속 보완조치로 그린벨트 지정의 해제 또는 토지매수청구제도와 같이 금전보상에 갈음하거나 기타 손실을 완화할 수 있는 제도가 마련되는 전기가 되었다.

[**도시계획법 제21조의 위헌여부에 관한 헌법소원 (발췌요약)**
[전원재판부 89헌마214, 1998.12.24]]

【판시사항】

1. 토지재산권의 사회적 의무성
2. 개발제한구역(이른바 그린벨트) 지정으로 인한 토지재산권 제한의 성격과 한계
3. 토지재산권의 사회적 제약의 한계를 정하는 기준
4. 토지를 종전의 용도대로 사용할 수 있는 경우에 개발제한구역 지정으로 인한 지가의 하락이 토지재산권에 내재하는 사회적 제약의 범주에 속하는지 여부 (적극)
5. 도시계획법 제21조의 위헌 여부 (적극)
6. 헌법불합치결정을 하는 이유와 그 의미

7. 보상입법의 의미 및 법적 성격

【결정요지】

1. 생략
2. 생략
3. 개발제한구역 지정으로 인하여 토지를 종래의 목적으로도 사용할 수 없거나 또는 더 이상 법적으로 허용된 토지이용의 방법이 없기 때문에 실질적으로 토지의 사용·수익의 길이 없는 경우에는 토지소유자가 수인해야 하는 사회적 제약의 한계를 넘는 것으로 보아야 한다.
4. 생략
5. 도시계획법 제21조에 의한 재산권의 제한은 개발제한구역으로 지정된 토지를 원칙적으로 지정 당시의 지목과 토지현황에 의한 이용방법에 따라 사용할 수 있는 한, 재산권에 내재하는 사회적 제약을 비례의 원칙에 합치하게 합헌적으로 구체화한 것이라고 할 것이나, 종래의 지목과 토지현황에 의한 이용방법에 따른 토지의 사용도 할 수 없거나 실질적으로 사용·수익을 전혀 할 수 없는 예외적인 경우에도 아무런 보상 없이 이를 감수하도록 하고 있는 한, 비례의 원칙에 위반되어 당해 토지소유자의 재산권을 과도하게 침해하는 것으로서 헌법에 위반된다.
6. 도시계획법 제21조에 규정된 개발제한구역제도 그 자체는 원칙적으로 합헌적인 규정인데, 다만 개발제한구역의 지정으로 말미암아 일부 토지소유자에게 사회적 제약의 범위를 넘는 가혹한 부담이 발생하는 예외적인 경우에 대하여 보상규정을 두지 않은 것에 위헌성이 있는 것이고, 보상의 구체적 기준과 방법은 헌법재판소가 결정할 성질의 것이 아니라 광범위한 입법형성권을 가진 입법자가 입법정책적으로 정할 사항이므로, 입법자가 보상입법을 마련함으로써 위헌적인 상태를 제거할 때까지 위 조항을 형식적으로 존속케 하기 위하여 헌법불합치결정을 하는 것인 바, 입법자는 되도록 빠른 시일 내에 보상입법을 하여 위헌적 상태를 제거할 의무가 있고, 행정청은 보상입법이 마련되기 전에는 새로 개발제한구역을 지정하여서는 아니 되며, 토지소유자는 보

상입법을 기다려 그에 따른 권리행사를 할 수 있을 뿐 개발제한구역의 지정이나 그에 따른 토지재산권의 제한 그 자체의 효력을 다투거나 위 조항에 위반하여 행한 자신들의 행위의 정당성을 주장할 수는 없다.
7. 입법자가 도시계획법 제21조를 통하여 국민의 재산권을 비례의 원칙에 부합하게 합헌적으로 제한하기 위해서는, 수인의 한계를 넘어 가혹한 부담이 발생하는 예외적인 경우에는 이를 완화하는 보상규정을 두어야 한다. 이러한 보상규정은 입법자가 헌법 제23조 제1항 및 제2항에 의하여 재산권의 내용을 구체적으로 형성하고 공공의 이익을 위하여 재산권을 제한하는 과정에서 이를 합헌적으로 규율하기 위하여 두어야 하는 규정이다. 재산권의 침해와 공익간의 비례성을 다시 회복하기 위한 방법은 헌법상 반드시 금전보상만을 해야 하는 것은 아니다. 입법자는 지정의 해제 또는 토지매수청구권제도와 같이 금전보상에 갈음하거나 기타 손실을 완화할 수 있는 제도를 보완하는 등 여러 가지 다른 방법을 사용할 수 있다.

그린벨트로 지정된 토지의 소유주가 받는 불이익이란?

용도지역제 도시계획제도 아래서 그린벨트로 지정됨으로써 토지소유주가 받는 불이익은 해당 토지를 지목대로 사용하지 못하는 데 있는 것이 아니고, 「국토계획법」에 의한 해당 토지의 용도지역에서 허용되는 건축행위를 하지 못하는 데 있다. 즉, 지목을 중심으로 하여 대지에 집을 짓지 못하거나 농지에 농사를 짓지 못하는 것 등은 지엽적인 불이익이라고 할 수 있다.

근본적인 불이익은 그린벨트 밖의 다른 자연녹지지역 토지들과는 다르게 그린벨트 안의 자연녹지지역 토지는 국토계획법상 자연녹지지역에서의 건축제한을 적용받아 건축행위를 하지 못하는 데 있는 것이다. (구)「지적법」에서도 이러한 현실을 반영하여 지목의 정의에서 '사용목적'을 빼고 주된 '용도'로 개정하여 2002년 1월 27부터 시행하고 있다. 장기미집행 도시·군계획시설의 경우도 같은 맥락으로 이해할 수 있다. 장기미집행 도시·군계획시설로 지정된 토지가 갖는 주된 불이익은 해당 토지에 지정된 「국토계획법」상 용도지역에 적용되는 건축제한을 적용받아 건축행위를 하지 못하는 데 있는 것이지, 해당 토지의 지목대로 사용되지 못하는 데 있는 것이 아니다.

■ 지목의 정의 ■

개정 전	개정 후(2002년 1월 27일 시행)
'지목'이라 함은 토지의 주된 사용목적 또는 용도에 따라 토지의 종류를 구분·표시하는 명칭을 말한다.	'지목'이라 함은 토지의 주된 용도에 따라 토지의 종류를 구분하여 지적공부에 등록한 것을 말한다.

*(구)'지적법」제2조에 해당

자연녹지지역과 그린벨트의 구분

토지의 그린벨트 해당 여부는 토지이용계획확인서를 통해서 확인할 수 있다. 그린벨트 여부를 확인함에 있어서 투자가들은 반드시 '자연녹지지역'과 '자연녹지지역/개발제한구역' 토지를 구분할 수 있어야 한다. 두 토지의 「국토계획법」상 용도지역은 똑같이 '자연녹지지역'에 해당하지만 그린벨트의 지정 여부에 따라 토지의 행위제한 내용이 완전히 달라지기 때문이다. 〈사례1〉은 설명의 편의상 토지이용계획확인서에서 '지역지구등 지정여부'에 관한 부분만 발췌했다.

사례 ❶ 자연녹지지역 토지

지목	대	면적	493 ㎡
개별공시지가 (㎡당)	712,600원 (2016/01)		
지역지구등 지정여부	「국토의 계획 및 이용에 관한 법률」에 따른 지역·지구등	도시지역 자연녹지지역	
	다른 법령 등에 따른 지역·지구등	가축사육제한구역〈가축분뇨의 관리 및 이용에 관한 법률〉, 성장관리권역〈수도권정비계획법〉	
「토지이용규제 기본법 시행령」 제9조제4항 각 호에 해당되는 사항		〈추가기재〉 건축법 제2조제1항제11호나목에 따른 도로(도로일부포함)	

POINT 사례 토지는 경기도 용인시에 소재하는 토지로서 「국토계획법」에 의하여 용도지역이 '자연녹지지역'으로 지정된 토지다. 따라서 사례 토지에서의 토지의 이용 및 건축물의 용도, 건폐율, 용적률, 높이 등의 제한은 자연녹지지역에서의 제한을 적용받는다. 구체적으로는 용인시 「도시계획조례」에 의하여 건폐율 20% 이하(제50조), 용적률 100% 이하(제55조), 높이 4층 이하[별표 16], 다음과 같은 용도의 건축물을 건축할 수 있다.

※ 자연녹지지역에서 건축할 수 있는 건축물 : 용인시도시계획조례[별표 16]

「국토의 계획 및 이용에 관한 법률 시행령」 및 우리시 조례에 따라 건축할 수 있는 건축물(4층 이하의 건축물로 한정한다)

　가. 「건축법 시행령」 별표 1 제1호의 단독주택

　나. 「건축법 시행령」 별표 1 제2호의 아파트를 제외한 공동주택(연립주택과 다세대주택은 다음의 조건을 갖추어야 한다)

　　(1) 상수도가 보급되며 폭 6미터 이상의 도시계획도로에 접하거나, 그 도로에서 연결되는 건축법에 따른 폭 6미터 이상의 도로에 접하여야 한다.

　다. 「건축법 시행령」 별표 1 제3호의 제1종 근린생활시설

라. 「건축법 시행령」 별표 1 제4호의 제2종 근린생활시설(단란주점은 제외한다)

마. 「건축법 시행령」 별표 1 제5호의 문화 및 집회시설

바. 「건축법 시행령」 별표 1 제6호의 종교시설

사. 「건축법 시행령」 별표 1 제7호의 판매시설 중 다음의 어느 하나에 해당하는 것

  (1) 「농수산물유통 및 가격안정에 관한 법률」 제2조제5호에 따른 농수산물공판장

  (2) 「농수산물유통 및 가격안정에 관한 법률」 제68조제2항에 따른 농수산물직판장으로서 해당 용도에 쓰이는 바닥면적의 합계가 1만 제곱미터 미만인 것(「농어업.농어촌 및 식품산업 기본법」 제3조제2호 및 제4조에 따른 농업인·어업인 및 생산단체, 같은 법 제25조에 따른 후계농어업인, 같은 법 제26조에 따른 전업농어업인 또는 시장이 설치·운영하는 것으로 한정한다)

  (3) 산업통상자원부장관이 관계 중앙행정기관의 장과 협의하여 고시하는 대형할인점 및 중소기업공동판매시설

아. 「건축법 시행령」 별표 1 제8호의 운수시설

자. 「건축법 시행령」 별표 1 제9호의 의료시설

차. 「건축법 시행령」 별표 1 제10호의 교육연구시설

카. 「건축법 시행령」 별표 1 제11호의 노유자시설

타. 「건축법 시행령」 별표 1 제12호의 수련시설(「건축법 시행령」 별표 1 제29호의 야영장 시설을 포함한다)

파. 「건축법 시행령」 별표 1 제13호의 운동시설

하. 「건축법 시행령」 별표 1 제15호의 숙박시설로서 「관광진흥법」에 따라 지정된 관광지 및 관광단지에 건축하는 것

거. 「건축법 시행령」 별표 1 제17호의 공장 중 다음의 어느 하나에 해당하는 것

  (1) 첨단업종의 공장, 지식산업센터, 도정공장 및 식품공장과 읍·면지역에 건축하는 제재업의 공장으로서 별표 15 카목 (1)부터 (5)까지의 어느 하나에 해당하지 아니하는 것

  (2) 「공익사업을 위한 토지 등의 취득 및 보상에 관한 법률」에 따른 공익사업 및 「도시개발법」에 따른 도시개발사업으로 인하여 용인시 지역으로 이전하는 레미콘 또는 아스콘공장

너. 「건축법 시행령」 별표 1 제18호가목의 창고

더. 「건축법 시행령」 별표 1 제19호의 위험물 저장 및 처리 시설

러. 「건축법 시행령」 별표 1 제20호의 자동차관련 시설

머. 「건축법 시행령」 별표 1 제21호의 동물 및 식물관련 시설

버. 「건축법 시행령」 별표 1 제22호의 자원순환관련 시설

서. 「건축법 시행령」 별표 1 제23호의 교정 및 군사시설

어. 「건축법 시행령」 별표 1 제24호의 방송통신시설

저. 「건축법 시행령」 별표 1 제25호의 발전시설

처. 「건축법 시행령」 별표 1 제26호의 묘지관련 시설

커. 「건축법 시행령」 별표 1 제27호의 관광휴게시설

터. 「건축법 시행령」 별표 1 제28호의 장례식장

사례❷ 자연녹지지역 / 개발제한구역 토지

지목	답		면적	1,625 ㎡
개별공시지가 (㎡당)	208,200원 (2016/07)			
지역지구등 지정여부	「국토의 계획 및 이용에 관한 법률」에 따른 지역·지구등		도시지역, 자연녹지지역	
	다른 법령 등에 따른 지역·지구등		개발제한구역 <개발제한구역의 지정 및 관리에 관한 특별조치법>, 문화재보호구역 (국가지정문화재의 외곽경계로부터 300미터 이내의 지역)<문화재보호법>, 과밀억제권역<수도권정비계획법>, 공장설립승인지역(2016-11-28)<수도법 시행령 제14조의3제1호><수도법>, 상수원보호기타(2016-11-28)(상수원 상류 공장설립 제한지역)<수도법>, 상수원보호기타(상수원 상류 공장설립 승인지역(수도법 령 제14조의3제1호))<수도법>, 공장설립제한지역(2016-11-28)<수도법>, 배출시설설치제한지역<수질 및 수생태계 보전에 관한 법률>, (한강)폐기물매립시설 설치제한지역<한강수계 상수원수질개선 및 주민지원 등에 관한 법률>	
	「토지이용규제 기본법 시행령」 제9조제4항 각 호에 해당되는 사항			

POINT 사례 토지는 경기도 하남시에 소재하는 토지로서 이 책에서 배우고자 하는 전형적인 그린벨트(또는 개발제한구역) 토지에 해당된다. 토지이용계획확인서의 '지역·지구등 지정여부' 항목을 살펴보면 「국토계획법」에 의하여 용도지역은 사례1의 토지와 같이 '자연녹지지역'으로 지정되어 있다. 하지만 그 아래 '다른 법령 등에 따른 지역·지구등'에는 '개발제한구역'으로 지정되어 있다. 그리고 괄호 안에 「개발제한구역법」에 의하여 지정되어 있음을 표시하고 있다.

이 경우 개발제한구역 토지는 '토지의 이용 및 건축물의 용도, 건폐율, 용적률, 높이 등의 제한'과 관련하여 사례1의 토지처럼 자연녹지지역의 제한을 적용받지 않고 「개발제한구역법」에 의한 특별한 제한을 받는다. 그리고 그러한 특별한 제한의 내용이 이 책에서 배우고자 하는 핵심 포인트이다.

그린벨트 토지의 농지법·산지관리법 적용

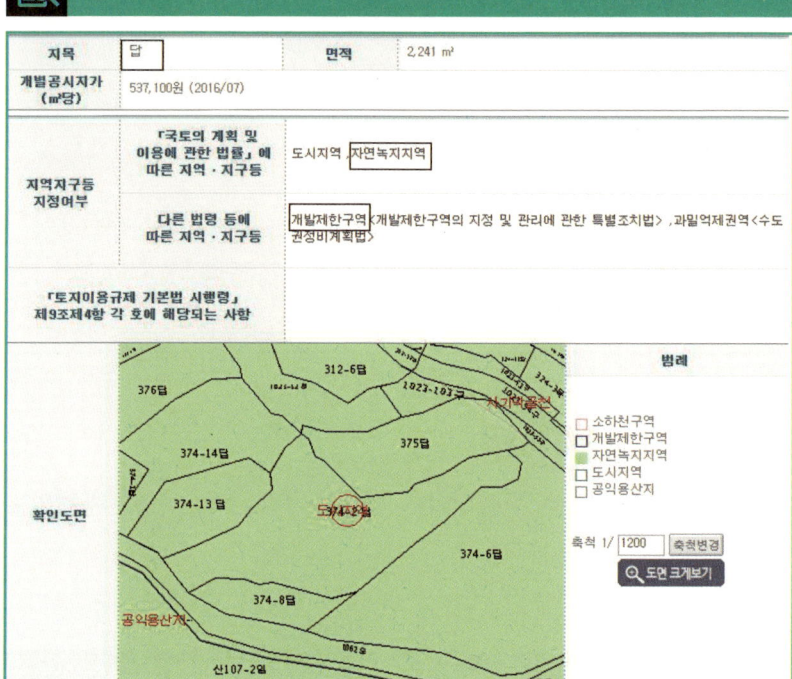

사례 ❸ 그린벨트 안의 농지

POINT 사례 토지는 그린벨트 안의 토지이며 지목이 '답'으로서 「농지법」상 '농지'에 해당한다. 따라서 그린벨트 안의 농지일지라도 「개발제한구역법」과 동시에 다른 농지와 마찬가지로 「농지법」의 적용을 받는다. 그린벨트 안의 대규모 농지는 주말·체험영농 목적으로 많이 사용된다. 「농지법」 제23조는 농지의 임대 및 사용대차와 관련하여 '소유하고 있는 농지를 주말·체험영농을 하려는 자에게 임대하거나 사용대하는 경우, 또는 주말·체험영농을 하려는 자에게 임대하는 것을 업(業)으로 하는 자에게 임대하거나 사용대하는 경우'에는 이를 허용하고 있다.

■ 자료 : 토지이용계획확인서 열람 및 발급하기

- **LURIS(토지이용규제서비스) http://luris.mltm.go.kr/web/index.jsp**
투자분석에 필요한 열람용 토지이용계획확인서를 열람할 수 있다. 일반적으로 투자분석 시 가장 많이 사용된다.

- **민원24 http://www.minwon.go.kr**
토지이용계획확인서를 발급해서 볼 수 있다.

- **온나라 부동산포털(www.onnara.go.kr)의 일사편리**
온나라 메인페이지 하단의 부동산통합민원 '일사편리'에 들어가면 부동산종합증명서를 발급하거나 열람할 수 있다. 부동산종합증명서에는 토지이용계획확인서 내용이 포함되어 있다.

농지의 임대차 또는 사용대차

농지의 임대차 또는 사용대차와 관련하여서는 「농지법」 제23조~제26조의2에서 다음과 같이 규정하고 있다.

관련법령 스터디

농지법 제23조(농지의 임대차 또는 사용대차)
① 다음 각 호의 어느 하나에 해당하는 경우 외에는 농지를 임대하거나 사용대(使用貸) 할 수 없다.
  1. 제6조 제2항 제1호·제4호부터 제9호까지·제9호의2 및 제10호의 규정에 해당하는 농지를 임대하거나 사용대하는 경우
  2. 제17조에 따른 농지이용증진사업 시행계획에 따라 농지를 임대하거나 사용대하는 경우
  3. 질병, 징집, 취학, 선거에 따른 공직취임, 그 밖에 대통령령으로 정하는 부득이한 사유로 인하여 일시적으로 농업경영에 종사하지 아니하게 된 자가 소유하고

있는 농지를 임대하거나 사용대하는 경우
4. 60세 이상이 되어 더 이상 농업경영에 종사하지 아니하게 된 자로서 대통령령으로 정하는 자가 소유하고 있는 농지 중에서 자기의 농업경영에 이용한 기간이 5년이 넘은 농지를 임대하거나 사용대하는 경우
5. 제6조제1항에 따라 소유하고 있는 농지를 주말·체험영농을 하려는 자에게 임대하거나 사용대하는 경우, 또는 주말·체험영농을 하려는 자에게 임대하는 것을 업業으로 하는 자에게 임대하거나 사용대하는 경우
6. 제6조제1항에 따라 개인이 소유하고 있는 농지를 한국농어촌공사나 그 밖에 대통령령으로 정하는 자에게 위탁하여 임대하거나 사용대하는 경우
7. 다음 각 목의 어느 하나에 해당하는 농지를 한국농어촌공사나 그 밖에 대통령령으로 정하는 자에게 위탁하여 임대하거나 사용대하는 경우
   가. 상속으로 농지를 취득한 자로서 농업경영을 하지 아니하는 자가 제7조제1항에서 규정한 소유 상한을 초과하여 소유하고 있는 농지
   나. 대통령령으로 정하는 기간 이상 농업경영을 한 후 이농한 자가 제7조제2항에서 규정한 소유 상한을 초과하여 소유하고 있는 농지
8. 자경 농지를 농림축산식품부장관이 정하는 이모작을 위하여 8개월 이내로 임대하거나 사용대하는 경우
② 제1항에도 불구하고 농지를 임차하거나 사용대차한 임차인 또는 사용대차인이 그 농지를 정당한 사유 없이 농업경영에 사용하지 아니할 때에는 시장·군수·구청장이 농림축산식품부령으로 정하는 바에 따라 임대차 또는 사용대차의 종료를 명할 수 있다.

농지법 제24조(임대차·사용대차 계약 방법과 확인)

① 임대차계약(농업경영을 하려는 자에게 임대하는 경우만을 말한다. 이하 이 절에서 같다)과 사용대차계약(농업경영을 하려는 자에게 사용대하는 경우만을 말한다)은 서면계약을 원칙으로 한다.
② 제1항에 따른 임대차계약은 그 등기가 없는 경우에도 임차인이 농지소재지를 관할하는 시·구·읍·면의 장의 확인을 받고, 해당 농지를 인도引渡받은 경우에는 그 다음날부터 제삼자에 대하여 효력이 생긴다.

③ 시·구·읍·면의 장은 농지임대차계약 확인대장을 갖추어 두고, 임대차계약증서를 소지한 임대인 또는 임차인의 확인 신청이 있는 때에는 농림축산식품부령으로 정하는 바에 따라 임대차계약을 확인한 후 대장에 그 내용을 기록하여야 한다.

농지법 제24조의2(임대차 기간)

① 제23조제1항제8호를 제외한 임대차 기간은 3년 이상으로 하여야 한다.
② 임대차 기간을 정하지 아니하거나 3년보다 짧은 경우에는 3년으로 약정된 것으로 본다.
③ 제1항에도 불구하고 임대인은 질병, 징집 등 대통령령으로 정하는 불가피한 사유가 있는 경우에는 임대차 기간을 3년 미만으로 정할 수 있다. 이 경우 임차인은 3년 미만으로 정한 기간이 유효함을 주장할 수 있다.
④ 제1항부터 제3항까지의 규정은 임대차계약을 연장 또는 갱신하거나 재계약을 체결하는 경우 그 임대차 기간에 대하여도 동일하게 적용한다.

농지법 제24조의3(임대차계약에 관한 조정 등)

① 임대차계약의 당사자는 임대차 기간, 임차료 등 임대차계약에 관하여 서로 협의가 이루어지지 아니한 경우에는 농지소재지를 관할하는 시장·군수 또는 자치구구청장에게 조정을 신청할 수 있다.
② 시장·군수 또는 자치구구청장은 제1항에 따라 조정의 신청이 있으면 지체 없이 농지임대차조정위원회를 구성하여 조정절차를 개시하여야 한다.
③ 제2항에 따른 농지임대차조정위원회에서 작성한 조정안을 임대차계약 당사자가 수락한 때에는 이를 해당 임대차의 당사자 간에 체결된 계약의 내용으로 본다.
④ 제2항에 따른 농지임대차조정위원회는 위원장 1명을 포함한 3명의 위원으로 구성하며, 위원장은 부시장·부군수 또는 자치구의 부구청장이 되고, 위원은 「농업·농촌 및 식품산업 기본법」 제15조에 따른 시·군·구 농업·농촌및식품산업정책심의회의 위원으로서 조정의 이해당사자와 관련이 없는 사람 중에서 시장·군수 또는 자치구구청장이 위촉한다.
⑤ 제2항에 따른 농지임대차조정위원회의 구성·운영 등에 필요한 사항은 대통령령으로 정한다.

🔨 농지법 제25조(묵시의 갱신)

임대인이 임대차 기간이 끝나기 3개월 전까지 임차인에게 임대차계약을 갱신하지 아니한다는 뜻이나 임대차계약 조건을 변경한다는 뜻을 통지하지 아니하면 그 임대차 기간이 끝난 때에 이전의 임대차계약과 같은 조건으로 다시 임대차계약을 한 것으로 본다.

🔨 농지법 제26조(임대인의 지위 승계)

임대 농지의 양수인讓受人은 이 법에 따른 임대인의 지위를 승계한 것으로 본다.

🔨 농지법 제26조의2(강행규정)

이 법에 위반된 약정으로서 임차인에게 불리한 것은 그 효력이 없다.

법령해석례 ❶

개발제한구역 내에 있는 농지에 「농지법」 적용 여부

• 「농지법」 제10조 등 관련 •
[법제처 12-0493, 2012.10.17, 경기도 고양시]

질의요지 개발제한구역 내에 있는 농지에 신고 또는 허가 없이 물건을 쌓아놓는 행위를 한 경우 시장·군수·구청장은 「개발제한구역의 지정 및 관리에 관한 특별조치법」 제12조 위반으로 같은 법 제30조에 따라 행정처분을 하는 것 외에, 농지 소유자가 「농지법」 제10조제1항제1호에 따라 소유 농지를 자기의 농업경영에 이용하지 아니한 것으로 인정되면 같은 조 제2항에 따라 그 농지를 처분하여야 함을 알려야 하는지?

회답 개발제한구역 내에 있는 농지에 신고 또는 허가 없이 물건을 쌓아놓는 행위를 한 경우 시장·군수·구청장은 「개발제한구역의 지정 및 관리에 관한 특별조치법」 제12조 위반으로 같은 법 제30조에 따라 행정처분을 하는 것 외에, 농지 소유자가 「농지법」 제10조제1항제1호에 따라 소유 농지를 자기의 농업경영에 이용하지 아니한 것으로 인정되면 같은 조 제2항에 따라 그 농지를 처분하여야 함을 알려야 할 것입니다.

이유 「개발제한구역의 지정 및 관리에 관한 특별조치법」(이하 '개발제한구역법'이라 함) 제12조제1항 및 제2항에서 개발제한구역에서는 물건을 쌓아놓는 행위를 할 수 없도록 하면서 예외적으로 허가를 받거나 신고를 하고 물건을 쌓아놓는 행위를 할 수 있도록 규정하고 있고, 같은 법 제30조제1항제1호 및 제3호에서는 시장·군수·구청장은 이러한 허가나 신고 없이, 혹은 허가나 신고의 내용을 위반하여 물건을 쌓아놓는 행위를 적발한 경우에는 그 허가를 취소할 수 있으며, 해당 행위자(위반행위에 이용된 건축물·공작물·토지의 소유자·관리자 또는 점유자를 포함함)에 대하여 공사의 중지 또는 상당한 기간을 정하여 건축물·공작물 등의 철거·폐쇄·개축 또는 이전, 그 밖에 필요한 조치를 명할 수 있다고 규정하고 있습니다.

한편, 「농지법」 제10조제1항제1호에 따르면 농지 소유자는 소유 농지를 자연재해·농지 개량·질병 등 대통령령으로 정하는 정당한 사유 없이 자기의 농업경영에 이용하지 아니하거나 이용하지 아니하게 되었다고 시장(구를 두지 아니한 시의 시장을 말함)·군수 또는 구청장이 인정한 경우에는 그 사유가 발생한 날부터 1년 이내에 해당 농지를 처분하여야 하고, 「농지법 시행령」 제9조제1항에서는 '자연재해·농지개량·질병 등 대통령령으로 정하는 정당한 사유'로서 소유농지를 임대 또는 사용대하는 경우 등을 규정하고 있으며, 「농지법」 제10조제2항에서는 시장·군수 또는 구청장은 같은 조 제1항에 따라 농지의 처분의무가 생긴 농지의 소유자에게 농림수산식품부령으로 정하는 바에 따라 처분대상 농지, 처분의무 기간 등을 구체적으로 밝혀 그 농지를 처분하여야 함을 알려야 한다고 규정하고 있습니다.

살피건대, 개발제한구역법은 도시의 무질서한 확산을 방지하고 도시 주변의 자연환경을 보전하여 도시민의 건전한 생활환경을 확보하는 것을 목적으로 하는 법률(제1조)임에 반하여, 「농지법」은 농지를 효율적으로 이용하고 관리하여 농업인의 경영 안정과 농업 생산성 향상을 바탕으로 농업 경쟁력 강화와 국민경제의 균형 있는 발전 및 국토 환경 보전에 이바지하는 것을 목적으로 하는 법률(제1조)로서, **이와 같이 입법목적을 달리하는 법률들이 일정한 행위에 관한 요건을 각각 규정하고 있는 경우에는 어느 법률이 다른 법률에 우선하여 배타적으로 적용된다고 해석되지 않는 이상 어떤 행위가 양 법률의 요건에 모두 해당한다면 양 법률이 모두 적용된다고 할 것입니다**(대법원 1995. 1. 12. 선고 94누3216 판결 참조).

그런데, 이 사안의 경우 개발제한구역 내에 있는 농지에서의 일정한 행위에 대한 행정조치와 관련하여 개발제한구역법과 「농지법」이 상호 모순 저촉되는 점이 없고, 개발제한구역법을 「농지법」에 대해 우선 적용하도록 하는 명문의 규정이 없어 개발제한구역법과 「농지법」이 특별법과 일반법의 관계에 있다고 볼 수도 없으므로, **이 건 행위가 양 법률의 요건에 모두 해당하는 경우에는 개발제한구역법에 따른 행정처분을 한다고 하여 「농지**

법」의 적용이 배제된다고 할 수는 없다고 할 것입니다.

따라서, 개발제한구역 내에 있는 농지에 신고 또는 허가 없이 물건을 쌓아놓는 행위를 한 경우 시장·군수·구청장은 개발제한구역법 제12조 위반으로 같은 법 제30조에 따라 행정처분을 하는 것 외에, 농지 소유자가 「농지법」 제10조제1항제1호에 따라 소유 농지를 자기의 농업경영에 이용하지 아니한 것으로 인정되면 같은 조 제2항에 따라 그 농지를 처분하여야 함을 알려야 할 것입니다.

사례 ❹ 그린벨트 안의 산지

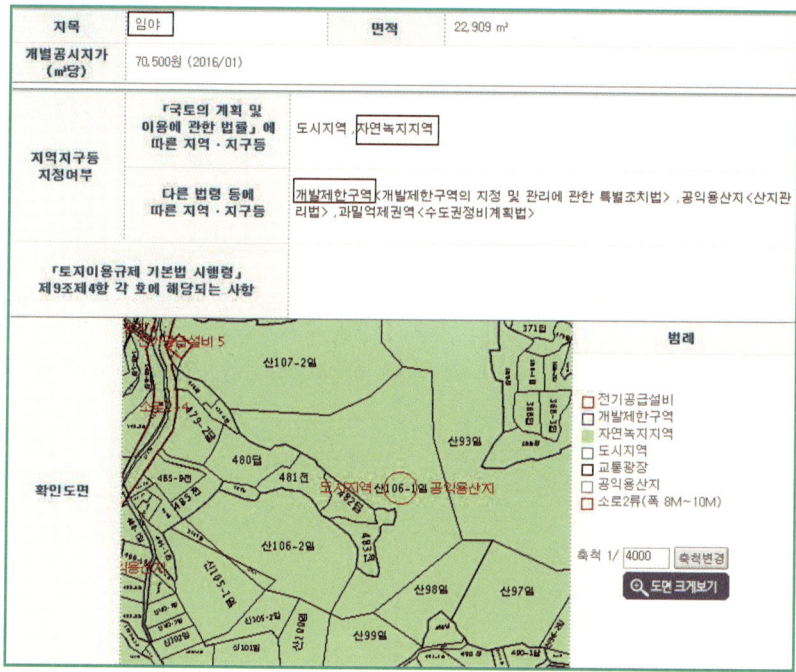

> **POINT** 사례 토지는 그린벨트 안의 토지이며 지목이 '임야'로서 「산지관리법」상 '산지'에 해당한다. 따라서 그린벨트 안의 산지일지라도 「개발제한구역법」과 동시에 다른 산지와 마찬가지로 「산지관리법」의 적용을 받는다. 다만 행위제한과 관련하여서는 공익용산지에서의 행위제한은 적용받지 않는다.

산지관리법상 공익용산지에서의 행위제한을 적용하지 않는 산지

그린벨트 안의 공익용산지에 대하여 「산지관리법」 제13조 제3항에 의하여 「산지관리법」상의 공익용산지에서의 행위제한은 적용되지 않고 「개발제한구역법」상의 행위제한만을 적용받는다. 다음의 공익용산지는 공익용산지에서의 행위제한에 대하여는 「산지관리법」상 공익용산지에서의 행위제한을 적용하지 않고 해당 법률을 각각 적용한다. 보전녹지지역 산지, 개발제한구역의 산지 등이 그에 해당하는 대표적인 산지이다.

1. 「산지관리법」 제4조제1항제1호나목 4)부터 14)까지의 산지

    4) 「야생생물 보호 및 관리에 관한 법률」 제27조에 따른 야생생물 특별보호구역 및 같은 법 제33조에 따른 야생생물 보호구역의 산지

    5) 「자연공원법」에 따른 공원구역의 산지

    6) 「문화재보호법」에 따른 문화재보호구역의 산지

    7) 「수도법」에 따른 상수원보호구역의 산지

    8) 「개발제한구역법」에 따른 개발제한구역의 산지

    9) 「국토계획법」에 따른 녹지지역 중 대통령령으로 정하는 녹지지역의 산지

    10) 「자연환경보전법」에 따른 생태·경관보전지역의 산지

    11) 「습지보전법」에 따른 습지보호지역의 산지

    12) 「독도 등 도서지역의 생태계보전에 관한 특별법」에 따른 특정도서의 산지(보전녹지지역을 말한다)

    13) 「백두대간 보호에 관한 법률」에 따른 백두대간보호지역의 산지

    14) 「산림보호법」에 따른 산림보호구역의 산지

2. 「국토계획법」에 따라 지역·지구 및 구역 등으로 지정된 산지로서 대통령령으로 정하는 산지

　1) 「국토계획법」 제36조제1항제4호의 자연환경보전지역으로 지정된 산지

　2) 「국토계획법」 제37조제1항제5호의 방재지구로 지정된 산지

　3) 「국토계획법」 제38조의2제1항에 따른 도시자연공원구역으로 지정된 산지

　4) 「국토계획법」 제40조에 따른 수산자원보호구역으로 지정된 산지

　5) 「국토계획법시행령」 제31조제2항제1호가목, 같은 항 제5호가목 및 다목에 따른 자연경관지구, 역사문화환경보존지구 및 생태계보존지구로 지정된 산지

법령해석례 ❷

개발제한구역 내의 임야인 산지에 개발제한구역 지정 전에 조성된 묘지의 지목을 변경하려는 경우 산지전용허가를 받아야 하는지 여부

• 「산지관리법」 제14조 등 관련 •
[법제처 16-0430, 2016.10.24., 민원인]

질의요지 「공간정보의 구축 및 관리 등에 관한 법률 시행령」 제67조제2항에서는 토지소유자가 지목변경을 신청할 때에는 지목변경 사유를 적은 신청서에 국토교통부령으로 정하는 서류를 첨부하여 지적소관청에 제출하도록 규정하고 있고, 같은 법 시행규칙 제84조제1항에서는 지목변경 신청서에 관계법령에 따라 토지의 형질변경 등의 공사가 준공되었음을 증명하는 서류의 사본(제1호), 토지 또는 건축물의 용도가 변경되었음을 증명하는 서류의 사본(제3호) 등을 첨부하도록 규정하고 있으며,

「산지관리법」 제14조제1항에서는 산지전용을 하려는 자는 산림청장의 허가를 받아야 한다고 규정하고 있고, 같은 법 제12조제2항에서는 공익용산지(산지전용·일시사용제한지역은 제외함. 이하 같음)에서는 같은 항 각 호의 어느 하나에 해당하는 행위를 하기 위하여 산지전용 또는 산지일시사용을 하는 경우를 제외하고는 산지전용 또는 산지일시사용을 할 수 없다고 규정하고 있으며, 같은 조 제3항에서는 제2항에도 불구하고 **공익용산지 중「개발제한구역의 지정 및 관리에 관한 특별조치법」**(이하 '개발제한구역법'이라 함)에 따른 개발제한구역의 산지[(「산지관리법」 제4조제1항제1호나목8)] 등에서의 행위제한에 대하여는 해당 법률을 각각 적용한다고 규정하고 있는 바,

공익용산지로 지정된 개발제한구역 내의 임야인 산지에 개발제한구역 지정 전에 조성된 개인묘지의 지목을 임야에서 묘墓로 변경하려는 경우에 개발제한구역법 제12조제1항제6호에 따라 토지분할 허가를 받은 경우라 하더라도 「산지관리법」 제14조에 따른 산지전용허가를 받아야 하는지?

질의 배경 민원인은 개발제한구역으로 지정되기 전에 해당 구역 내에 설치된 개인묘지의 지목을 임야에서 묘지로 변경하려는 자로서 개발제한구역법에 따른 토지분할 허가가 있는 경우 별도로 산지전용허가를 받을 필요는 없는 것이 아닌지 「산지관리법」의 소관부처인 산림청에 질의하였는데, 산림청으로부터 토지분할 허가와는 별도로 산지전용허가를 받아야 한다는 답변을 받자 이에 이의가 있어 직접 법제처에 법령해석을 요청함.

회답 공익용산지로 지정된 개발제한구역 내의 임야인 산지에 개발제한구역 지정 전에 조성된 개인묘지의 지목을 임야에서 묘로 변경하려는 경우에는 개발제한구역법 제12조제1항제6호에 따라 토지분할 허가를 받은 경우라 하더라도 「산지관리법」 제14조에 따른 산지전용허가를 받아야 합니다.

이유 「공간정보의 구축 및 관리 등에 관한 법률」 제81조에서는 토지소유자는 지목변경을 할 토지가 있으면 대통령령으로 정하는 바에 따라 그 사유가 발생한 날부터 60일 이내에 지적소관청에 지목변경을 신청하여야 한다고 규정하고 있고, 같은 법 시행령 제67조제1항제2호에서는 토지나 건축물의 용도가 변경된 경우를 지목변경을 신청할 수 있는 경우로 규정하고 있으며, 같은 조 제2항에서는 토지소유자가 지목변경을 신청할 때에는 지목변경 사유를 적은 신청서에 국토교통부령으로 정하는 서류를 첨부하여 지적소관청에 제출하도록 규정하고 있고, 같은 법 시행규칙 제84조제1항에서는 지목변경 신청서에 관계 법령에 따라 토지의 형질변경 등의 공사가 준공되었음을 증명하는 서류의 사본(제1호), 토지 또는 건축물의 용도가 변경되었음을 증명하는 서류의 사본(제3호) 등을 첨부하도록 규정하고 있으며, 개발제한구역법 제12조제1항 단서 및 같은 항 제6호에서는 개발제한구역에서 대통령령으로 정하는 범위의 토지 분할을 하려는 자는 특별자치시장·특별자치도지사·시장·군수·구청장의 허가를 받아 그 행위를 할 수 있다고 규정하고 있습니다. 그리고, 「산지관리법」 제4조제1항제1호에서는 보전산지를 임업용산지(가목)와 공익용산지(나목)로 규정하고 있고, 같은 법 제12조에서는 보전산지에서의 행위제한에 관하여 규정하면서 같은 조 제1항에서는 임업용산지에서의 행위제한을 규정하고 있으며, 같은 조 제2항에서는 공익용산지에서는 같은 항 각 호의 어느 하나에 해당하는 행위를 하기 위하여 산지전용 또는 산지일시사용(이하 '산지전용등'이라 함)을 하는 경우를 제외하고는 산지전용등을 할 수 없다고 규정하고 있고, 같은 조 제3항에서는 같은 조 제2항에도 불구하고 공익용산지 중 같은 항 각 호의 어느 하나에 해당하는 산지에서의 행위제한에 대하여는 해당 법률을 각각 적용한다고 규정하면서 같은 항 제1호에서는 「산지관리법」 제4조제1항제1호나목4)부터 14)까지의 산지를 규정하고 있습니다.

또한 「산지관리법」 제44조제1항에서는 산림청장, 시·도지사 또는 시장·군수·구청장은 산지전용허가 등을 하지 아니하고 산지전용등을 한 경우에는 그 행위를 한 자에게 시설물을 철거하거나 형질변경한 산지를 복구하도록 명령할 수 있다고 규정하고 있고, 같은 법 제53조제1호에서는 산지전용허가를 받지 아니하고 산지전용을 한 자는 7년 이하의 징역 또는 5천만 원 이하의 벌금에 처한다고 규정하고 있는 바,

이 사안은 공익용산지로 지정된 개발제한구역 내의 임야인 산지에 개발제한구역 지정 전에 조성된 개인묘지의 지목을 임야에서 묘로 변경하려는 경우에 개발제한구역법 제12조제1항제6호에 따라 토지분할 허가를 받은 경우라 하더라도 「산지관리법」 제14조에 따른 산지전용허가를 받아야 하는지에 관한 것이라 하겠습니다.

먼저, 하나의 법령에서 규율하려는 대상이나 사항이 다른 법령에서 규율하고 있는 것과 중복되거나 상호 연관되는 경우, 명시적으로 다른 법령을 배제한다거나 우선 적용한다는 등의 규정이 없는 한, 각 법령의 규정사항은 모두 적용된다고 보아야 할 것인 바, 개발제한구역 내의 임야인 산지에 개발제한구역 지정 전에 조성된 개인묘지를 다른 토지와 분할하고, 지목을 임야에서 묘로 변경하는 경우라면, 개발제한구역에서의 토지 분할에 대해 규정하고 있는 개발제한구역법, 지목변경 신청에 관해 규정하고 있는 「공간정보의 구축 및 관리 등에 관한 법률」, 임야인 산지의 전용허가 등에 대해 규정하고 있는 「산지관리법」 등의 관련 규정이 모두 적용된다고 할 것입니다.

그런데 「산지관리법」 제4조제1항제1호나목8)에서는 개발제한구역법에 따른 개발제한구역의 산지를 대상으로 산림청장이 지정하는 산지를 '공익용산지' 중 하나로 규정하고 있고, 같은 법 제12조에서는 보전산지에서의 산지전용등의 행위제한을 규정하면서 같은 조 제2항에서는 보전산지 중 공익용산지에서는 같은 항 각 호에 규정된 시설에 한정하

여 그 설치 등을 위한 산지전용등을 허용하고 있으며, 같은 조 제3항에서는 같은 조 제2항에도 불구하고 개발제한구역법에 따른 개발제한구역의 산지[「산지관리법」 제4조제1항제1호나목8)] 등에서의 행위제한에 대하여는 해당 법률을 각각 적용하도록 규정하고 있는데, 이 규정은 같은 조 제2항에서 허용하고 있는 공익용산지에서 산지전용허가 등을 받아 설치할 수 있는 시설 외에 개별 법령에서 설치를 허용하거나 금지하고 있는 시설이 있다면 그 법령에 따르도록 한 규정일 뿐이고, 같은 조 제2항에서 규정한 사항 외에 「산지관리법」 제14조, 제21조의2 등의 산지전용허가, 지목변경금지 등의 규정을 모두 배제하는 규정은 아니라고 할 것입니다.

한편 「공간정보의 구축 및 관리 등에 관한 법률 시행령」 제67조제2항에서는 지목변경을 신청할 때에는 지목변경사유를 적은 신청서에 토지 또는 건축물의 용도가 변경되었음을 증명하는 서류의 사본 등을 첨부하여 지적소관청에 제출하도록 규정하고 있고, 「공간정보의 구축 및 관리 등에 관한 법률 시행규칙」 제84조제2항에서는 개발행위허가·농지전용허가·보전산지전용허가 등 지목변경과 관련된 규제를 받지 아니하는 토지의 지목변경이나 전·답·과수원 상호 간의 지목변경인 경우에는 서류의 첨부를 생략할 수 있다고 규정하고 있는 바, 지목변경과 관련된 규제를 받는 토지의 지목변경인 경우에는 그 지목변경과 관련된 규제를 정하고 있는 관계 법령에 따라 지목변경이 가능한 요건을 갖추었음을 증명할 수 있는 서류가 첨부되어야 할 것이고, 그 서류는 토지 또는 건축물의 용도가 적법하게 변경되었음을 증명하는 서류의 사본이라고 할 것이므로, 「산지관리법」상 산지(임야 등)의 지목을 변경하기 위해서는 개발제한구역법에 따른 개발행위허가를 받았음을 증명하는 서류뿐만이 아니라 「산지관리법」에 따른 산지전용허가를 받았음을 증명하는 서류의 사본을 첨부하여 지목변경을 신청하여야 할 것(법제처 2009. 4. 28. 회신 09-0066 회신례 참조)입니다.

따라서 공익용산지로 지정된 개발제한구역 내의 임야인 산지에 개발제한구역 지정 전에 조성된 개인묘지의 지목을 임야에서 묘로 변경하려는 경우에는 개발제한구역법 제12조제1항제6호에 따라 토지분할 허가를 받은 경우라 하더라도 「산지관리법」 제14조에 따른 산지전용허가를 받아야 한다고 할 것입니다.

02 그린벨트의 조정 및 해제

그린벨트 해제 조정과 환경평가 및 광역도시계획

그린벨트 해제 조정과 환경평가 및 광역도시계획의 관계는 다음과 같다. 1999년 7월 22일 건설교통부는 「개발제한구역제도 개선방안」을 확정 발표했다. 건교부는 이 발표에서 수도권, 부산권 등 7개 대도시권은 환경평가를 통해 검증하고 광역도시계획을 수립하여 개발제한구역을 조정한다고 발표했다. 1999년 9월 15일에는 「개발제한구역 조정에관한지침」을 발표했는데, 이 지침에서는 개발제한구역을 '우선해제 대상', '전면해제 대상', '부분해제 대상'으로 구분했다.

1. 우선해제 대상인 대규모 취락지는 도시계획변경 수립을 통해 우

선적으로 해제하도록 하였다.
2. 전면해제 대상인 7개 중소도시권은 친환경적 도시기본계획을 수립하여 '선계획 후개발' 원칙하에 개발하도록 하였다.
3. 부분해제 대상인 7개 대도시권은 환경평가를 실시한 연후에 광역도시계획을 수립하여 조정하도록 한다는 구체적인 기준을 제시했다. 같은 날에 발표한 「광역도시계획 수립지침」에서는 '개발제한구역이 조정되기 위해서는 광역도시계획에서 우선 조정 가능지역으로 지정되어야 한다'고 밝히고 '개발제한구역의 조정에 관한 사항은 2020년 광역도시계획에 한정하여 수립한다'고 정하였다.[1]

그린벨트 해제 조정과 환경평가

개발제한구역 환경평가는 개발제한구역 조정 및 해제의 필수적인 지표로 활용되고 있으며, 그린벨트 해제 조정을 위한 환경평가는 1999년과 2014년 두 차례에 걸쳐 실시되었다. 1999년 환경평가가 실시된 이후 10년이 넘도록 자료의 갱신이 이루어지지 않아 환경변화를 제대로 반영하지 못한다는 지적이 일자, 2014년 10개월에 걸쳐 환경평가를 실시하고 이에 의해 갱신된 자료가 2016년 1월 1일부터 적용되고 있다.

---

[1] 권용우 · 변병설 · 이재준 · 박지희 공저, 그린벨트; 개발제한구역연구, 박영사, 2013, 212쪽

환경평가의 결과는 1~5등급으로 나눠지는데 1~2등급 토지는 환경가치가 높아 보전가치가 높은 지역을 의미하며, 4~5등급 토지는 상대적으로 환경가치가 낮아 보전가치가 낮은 지역을 의미한다. 원칙적으로 3등급 이하 토지가 해제 조정 대상이 된다. 개발제한구역 환경평가등급은 부동산 투기 우려 등이 있어 「공공기관의정보공개에관한법률」 제9조 제1항 제8호에 의거하여 토지 소유주와 지자체에만 제한적으로 공개하고 있다.

참고로 그린벨트에서의 환경평가와 「환경영향평가법」에 의한 환경영향평가는 다른 개념이다. '환경영향평가'란 환경에 영향을 미치는 실시계획·시행계획 등의 허가·인가·승인·면허 또는 결정 등을 할 때에 해당 사업이 환경에 미치는 영향을 미리 조사·예측·평가하여 해로운 환경영향을 피하거나 제거 또는 감소시킬 수 있는 방안을 마련하는 것을 말한다.

■ 환경평가 항목 ■

항목	내용
표고	권역별 기준표고에서의 표고차 정도에 따라 등급을 설정
경사도	경사 정도에 따라 등급 설정
농업적성도	농업진흥지역 지정여부, 농업기반시설 정비수준, 농지생산성 등을 기준으로 하여 등급 설정
식물상	수치임상도 상 임종·영급의 속성 조합하여 등급 설정
임업적성도	간이산림토양도 상의 임지생산능력을 기준으로 등급 설정
수질	수질오염원 지수, 취수장과의 거리, 폐수배출 허용기준, 수질환경기준 목표등급 등 4가지 항목을 종합하여 등급 설정

■ 개발제한구역 환경평가 등급변화 ■

	1999년	2014년
1등급	34.51%	36.65%
2등급	32.89%	42.15%
3등급	25.20%	13.68%
4등급	6.56%	6.62%
5등급	0.84%	0.89%

· 37억 8730만 ㎡ → 38억 6593만 ㎡
· 수도권, 부산권, 대구권, 광주권, 대전권, 울산권, 마창진권 그린벨트 분석

＊출처: '정부, 그린벨트 환경평가 전 규제 완화 먼저', 경향신문, 2016.10.14.

그린벨트 해제 조정과 광역도시계획

광역도시계획은 광역도시권을 대상으로 도시의 연담화, 녹지관리의 목적 등을 위해 계획기간 20년을 단위로 하여 수립하는 장기적인 전략계획이며, 현재 우리나라의 광역도시권에는 수도권, 부산권, 대구권, 대전권, 광주권, 창원권, 울산권이 있다. '개발제한구역이 조정되기 위해서는 광역도시계획에서 우선 조정가능지역으로 지정되어야 하며, 개발제한구역의 조정에 관한 사항은 2020광역도시계획에 한정하여 수립되었다.'고 앞에서 설명한 바 있다.

1999년 「개발제한구역 제도개선방안」과 제1차 그린벨트 해제 조치

1971년부터 지정되기 시작하여 약 30년간 그 골격을 유지해온 그린벨트는 '그린벨트 전면해제'를 선거공약으로 걸고 집권한 김대중 정

부에 의해 각계 전문가들로 구성된 '개발제한구역제도개선협의회'가 구성되어 그린벨트 해제 작업에 착수하였다. 헌법재판소도 1998년 12월 24일 개발제한구역을 규정하고 있는 (구)「도시계획법」 제21조에 대한 헌법소원에 대하여 헌법불합치결정을 내렸다.

그에 따라 1999년 7월 23일 건설교통부는 '개발제한구역 제도개선방안'을 확정하여 발표했다. 제도개선방안은 개발제한구역제도의 기본 골격은 향후에도 계속 유지하되, 그린벨트가 지정되어 있는 14개 도시권에 대하여 환경평가 및 도시계획을 수립한 후에 구역을 조정함으로써 난개발과 환경훼손을 방지하도록 하였다. 이 조치로 전국의 그린벨트 중 약 32%가 해제되었다.

7개 중소도시권 그린벨트의 전면해제

도시의 무질서한 확산 가능성과 환경훼손의 우려가 적은 춘천권, 청주권, 전주권, 여수권, 진주권, 통영권, 제주권 등 7개 지방 중소도시권 그린벨트는 전면해제하기로 하였다. 그에 따라 2001년 제주권 해제를 필두로 2003년까지 7개 중소도시권의 그린벨트 해제 절차가 마무리되었다. 그리고 개발제한구역의 해제로 녹지 등 자연 환경이 악화되는 것을 방지하기 위하여 환경적으로 보전가치가 높은 지역은 보전녹지, 생산녹지, 공원 등 보전용도의 지역으로 지정하도록 했다.

7개 대도시권 그린벨트의 부분해제

도시의 확산가능성과 환경관리의 필요성이 큰 수도권, 대구권, 부산권, 광주권, 대전권, 창원권, 울산권의 7개 대도시권역은 개발제한구역을 계속 유지하되 환경평가를 통해 보전가치가 낮은 지역을 부분적으로 해제하였다. 아울러 수도권 등 7개 대도시권에서도 대규모 취락, 산업단지, 개발제한구역 경계선이 마을을 관통하는 지역, 개발제한구역 지정목적이 소멸된 지역 등 불합리하게 개발제한구역이 지정되어 있는 곳은 우선적으로 해제하였다.

「개발제한구역법」 제정

제도개선방안의 실천을 위하여 2000년 1월 현재의 「개발제한구역법」이 제정되었으며, 동법 제1조는 「도시계획법」에 의한 개발제한구역의 지정과 개발제한구역에서의 행위제한, 주민에 대한 지원, 토지의 매수 기타 개발제한구역의 효율적인 관리를 위하여 필요한 사항을 정함으로써 도시민의 건전한 생활환경을 확보함을 목적으로 한다고 규정하였다.

매수청구제도 도입

제도개선방안의 실천을 위하여 2000년 7월 매수청구제도가 도입되었다. 개발제한구역의 지정으로 인하여 개발제한구역 안의 토지를 종래의 용도로 사용할 수 없어 그 효용이 현저히 감소된 토지 또는 당해 토지의 사용 및 수익이 사실상 불가능한 토지에 대하여 국토교통부장관에게 당해 토지의 매수를 청구할 수 있도록 하였으며 매수청구제도는 현재까지 계속 이어져 오고 있다.

제1차 해제 조치의 실적

1999년부터 중소도시와 20호 이상 집단취락 우선해제를 하였고, 조정가능지로 설정된 곳에 대한 해제를 추진해왔으며, 2008년 9월말 현재까지 전국 14개 도시권에서 총 1,457km²가 해제되었다.

- 7대 중소도시권 1,103km²,
- 고리원전 등 132km²
- 7대 대도시권 222km²(집단취락: 118km², 개발사업: 104km²)

2008년 「개발제한구역 조정 및 관리 계획」과 제2차 그린벨트 해제 조치

이명박 정부는 2008년 9월 30일 국무회의에서 고용창출과 지역경제 활성화 및 보금자리주택건설에 필요한 도시근교 택지의 공급을 위하여 그린벨트로 지정·관리할 가치가 낮은 지역을 일부 활용할 수 있도록 한 「개발제한구역의 조정 및 관리 계획」을 의결하였고, 그에 따라 관련법령 개정 등 후속초지가 이루어지고 그린벨트의 추가적인 해제가 허용되었다. 총 해제규모는 그린벨트 전체면적의 4.8% 범위 내로 하였으며 주요 내용은 다음과 같다.

해제가능규모

해제가능규모는 기존 광역도시계획에 반영된 권역별 해제총량의 10~30% 범위 내로 한다. 서민주택 건설을 위한 부지(80km² 예상), 국정과제 추진지역(부산 강서 6㎢ 예상)은 해제면적을 별도로 인정한다. 2020년까지 추가 해제 가능한 한도는 서민주택 공급지역을 포함하여 188㎢이나, 조정 등의 과정을 거치면서 실제 추가 해제될 면적은 다소 줄어들 것으로 전망된다.

1. 전환해제

추가해제를 최소화하기 위하여 과거 해제계획(광역도시계획)에 반영된 해제예정총량 중 현재까지 활용하지 않은 잔여면적 총 120㎢는 실제 필요한 곳에서 해제할 수 있도록 허용하였다.

2. 추가해제

전환해제 물량이 부족할 때에는 추가해제를 허용하되 그 규모는 기존 7대 대도시권별 광역도시계획에 반영된 해제예정총량의 10~30% 범위 내에서 중앙도시계획위원회를 거쳐 정해지는 적정규모로 한정되도록 하였다(전국 추가해제 총규모는 34~102㎢).

3. 별도 추가해제

서민주택(보금자리주택) 건설을 위한 부지와 국정과제 추진지역(부산 강서)은 중앙도시계획위원회의 심의를 통하여 필요한 최소면적을 별도로 추가 인정할 수 있도록 하였다.

해제기준

해제를 추진(해제를 위한 도시관리계획을 입안)할 수 있는 지역은 다음과 같다.

1. 토지 특성상 개발제한구역으로 보존가치가 낮은, 즉 환경평가결과 3~5등급지로서 그 면적규모가 20만㎡ 이상이어야 한다.
2. 농지는 우량농지라도 농림부와 협의된 경우 포함할 수 있으며, 산지는 표고 70m 이하인 곳으로 제한된다.
3. 지역여건 상으로는 기존 시가지·공단·항만 등에 인접하고 간선도로·철도 등의 주요 기반시설이 구비되어 대규모 기반시설 설치 소요가 적은 지역이라야 한다.

■ 종전 해제기준과 차이점 ■

종전 해제기준	개선	비고
환경평가등급 3~5등급지	좌동	동일
우량농지 제척	농림부 협의 시 가능	완화
산지는 170m 이상 제척	산지는 70m 이상 제척	강화
-	지가관리 실패지역 제척	강화
-	도시문제 유발지역 제척	강화
10만㎡ 이상	20만㎡ 이상	난개발 방지
연담화 방지(GB 최소폭 2km)	연담화 방지(GB 최소폭 5km)	강화

제척기준

선정기준에 포함된 지역의 경우에도 아래 기준에 포함되면 반드시 제척되도록 기준을 강화하였다.

1. 대규모 환경훼손이 수반되는 지역, 기준 표고 70m 이상인 지역, 녹지축을 단절하는 지역
2. 도시 간 연담화가 우려되고 다른 지역과의 갈등을 초래하는 지역
3. 지가급등, 투기행위 성행, 지장물 남설 등 지가관리 실패 지역
4. 수질보전지역, 홍수 등 재해위험지역, 공항 주변 등 도시개발억제지역
5. 당해 지역개발로 인해 인접지역의 급격한 곤란, 재개발 곤란, 심각한 교통문제 등 도시문제를 크게 악화시킬 우려가 높은 지역

관련 지침개정

「개발제한구역의 조정 및 관리 계획」을 시행하기 위하여 광역도시계획수립지침, 도시기본계획수립지침, 도시관리계획수립지침 등 개발제한구역 조정 관련 4개의 지침을 개정하였다. 그중 「개발제한구역의 조정을 위한 도시관리계획 변경안 수립지침」은 전부가 개정되었으며 주요 개정내용은 다음과 같다.

1. 개발제한구역 해제는 지역별 해제가능총량 범위 내에서 2020년까지 단계적으로 필요한 시점에 추진하며, 도시관리계획 입안일

기준으로는 3년 내 착공이 가능한 지역으로 한정하였다.
2. 해제를 추진하고자 할 때에는 주변 개발제한구역에 대한 관리방안도 동시에 제시하여 난개발 등을 방지하고 훼손된 개발제한구역을 녹지 등으로 복원하도록 하였다.
3. 훼손된 개발제한구역 복구와 관련하여서는 해제지역 개발사업 시행자에게 해제대상지역 면적의 10~20% 범위 내에서 중앙도시계획위원회 심의를 거쳐 인정되는 면적만큼을 공원 또는 녹지 등으로 복구하도록 하였다.
4. 해제대상지역은 지난 9월 30일 발표한 내용대로 선정하도록 기준을 제시하였으며, 해제대상지역 내 임대주택비율과 공원·녹지비율도 규정하였다.
5. 개발행위 허가제한 조치를 해제·개발사업 지구 주민공람 이전까지 반드시 실시하도록 하였고, 난개발 및 투기방지를 위한 대책이 실효를 거두지 못한 지역의 경우에는 국토부장관이 해제결정을 하지 않도록 명확히 규정하였다.

제2차 그린벨트 해제 조치와 수도권 그린벨트 해제

수도권 그린벨트 범위

수도권이라 함은 서울시, 인천시, 경기도를 말하며, 경기도에는 수도권 그린벨트의 84%가 존재한다. 수도권에 지정된 그린벨트의 범위는 다음과 같다.

＊출처: 국토해양부 2020 수도권광역도시계획

그린벨트 조정·해제

 1999년 그린벨트 조정·해제 원칙에서 환경평가와 광역도시계획수립을 전제로 함에 따라 그린벨트 해제의 큰 그림은 반드시 광역도시계획에 담겨 있어야 한다. 향후 2020년까지 서울시, 인천시, 경기도가 공동으로 추진할 그린벨트 해제 원칙 및 계획도 '2020 수도권 광역도시계획'에 담겨 있다. 따라서 이 계획의 범위를 벗어나서 개발제한구역을 추가로 해제하려면 반드시 '2020 수도권 광역도시계획'의 변경 과정을 거쳐야 한다.

조정·해제 대상 설정 및 관리방안

조정·해제 대상은 다음의 4가지로 설정·관리하고 있다. 다만 해제된다고 해도 취락지구를 제외하고는 대부분 수용을 전제로 해제가 된다.

1. 우선해제 취락지역 596곳

- 호수규모 20호 이상, 호수밀도 10호/ha 이상으로 설정(지역에 따라서는 호수규모 100호, 호수밀도 20호/ha까지 지자체가 기준을 별도로 정하여 적용가능)
- 우선해제 취락지역은 그린벨트에서 단계적으로 해제
- 해제 시 제1종지구단위계획구역으로 지정하여 계획적 개발
- 개발제한구역 주변의 자연과 조화되는 자연친화적 개발과 개발제한구역내의 기반시설에 큰 영향을 주지 않는 저밀도개발

2. 일반조정가능지역 42곳

- 시·군별 개발제한구역 환경평가 4~5등급 포함비율 이상인 규모 10만 ㎡ 이상의 토지로 설정하되, 연담화 방지를 위하여 서울 중심 개발제한구역 내측경계선에서 2㎞ 이내 지역은 설정 제한(원상회복이 불가능한 토취장 등은 제외)
- 환경평가 결과 보전가치가 낮은 15개 시 18.6㎢의 조정가능지역도 개발수요가 있을 경우 순차적으로 해제하기로 결정
- 과천 지식정보타운, 안양 경인교대 잔여부지, 의왕 백운호수 관광단지 조성 등 42개 사업이 순차적으로 진행될 전망

- '선계획 후개발' 원칙에 따라 조정가능지역은 도시기본계획수립 후 구체적 개발계획 수립과 동시에 도시관리계획 변경을 추진하여 해제
- 해제 시 지구단위계획 수립
- 조정가능지역은 다음과 같은 수요가 있는 경우 국가 및 지방자치단체의 요구에 의해 해제함
    - 공공주택사업, 사회복지사업, 녹지확충사업
    - 지역경제 활성화를 위한 수도권 공장이전 수용
    - 국책사업 배후단지 조성사업
    - 대규모 물류센터, 유통단지, 컨벤션센터 건설사업
    - 당해도시 실업해소 위한 저공해 첨단산업을 유치하는 사업 등
- 조정가능지역은 저밀도, 자연친화적 개발을 원칙으로 하되, 구체적인 사항은 광역도시계획수립 지침상의 「조정가능지역내 사업유형별 계획기준」에 의함

3. 지역현안사업 15곳

- 허용총량 10% 범위 내에서 시·군에서 도시여건상 불가피하다고 판단하여 제안하는 사업으로, 환경평가 3~5등급 토지의 활용을 원칙으로 하되 불가피할 경우 1~2등급 포함 가능
- 지역현안사업으로는 고양시 미디어밸리, 과천시 복합문화관광단지, 구리시 역사유적공원, 군포시 첨단산업단지 등 15개 사업 추진

4. 국책사업 27곳

- 국가적·광역적 차원의 필요성, 지역균형발전에의 부합성, 도시 발전에 대한 기여도 등을 고려하여 입지의 위치와 규모가 불가피하다고 인정되어야 하며, 환경평가 3~5등급 토지의 활용을 원칙으로 하되 불가피할 경우 1~2등급 포함 가능
- 국책사업으로 고양 삼송, 군포 당동2, 성남, 여수 등 15개 시 26개 지구에 국민임대주택단지가 조성되고 광명과 안양에 경부고속철도 광명 역세권 개발사업(1.955km²) 추진

5. 국책사업 및 시급한 지역현안사업지구(우선해제)의 관리방안

국토해양부장관이 관계부처의 장과 협의하여 광역도시계획 수립 이전에 시급하게 추진이 필요하다고 인정하는 사업은 도시기본계획을 거치지 않고 사업구역으로 지정하여 사업계획을 작성한 후 개발제한구역에서 해제할 수 있다. 단, 이 경우에는 추후 도시기본계획에서 그 내용을 반영하여야 한다.

■ 개발제한구역 조정면적 종합(경기도 공고 2008-65호) ■

시군	조정 허용 총량	유형별 조정면적(안)								조정총량 (a+b+c+d)
		우선해제 취락지역(a)		일반조정 가능지역(b)		국책사업(c)		지역현안 사업(d)		
	면적(km²)	개소	면적(km²)	개소	면적(km²)	개소	면적(km²)	개소	면적(km²)	면적(km²)
수도권	125.8	678	52.679	44	19.296	41	46.804	20	5.728	124.507
서울특별시	13.3	30	6.488	–	–	10	5.915	4	0.877	13.280
인천광역시	8.3	52	2.600	2	0.742	3	3.540	1	0.115	6.997
경기도	104.2	596	43.591	42	18.554	27	37.349	15	4.736	104.230

■ 그린벨트 지정 및 해제 현황(2014년 5월 말 현재) ■

(단위 : ㎢)

구분		당초 지정 (70년대)	기해제 면적 ('00~'13.12)	현재 면적 ('13.12)	2020광역도시 계획상해제가능 잔여물량	광역도시계획상 해제가능 총량
계(㎢)		5,397.110	1,531.129	3,865.981		
대도시권		4,294.020	428.039¹	3,865.981	237.923(44.7%)	531.555(100%)
수도권		1,566.800	151.477	1,415.323	98.454	239.003
	서울	167.920	17.137	150.783	2.456	14.608
	인천	96.800	7.826	88.974	2.065	9.096
	경기	1,302.080	125.723	1,176.357	49.297	135.499
	국책²		35.164		44.636	79.8
부산권³ (부산, 경남)		597.090	178.331	418.759	23.002	80.538
대구권		536.500	20.362	516.138	20.954	40.899
광주권		554.730	36.311	518.419	23.208	59.519
대전권		441.100	12.231	428.869	27.694	39.925
울산권		283.600	13.816	269.784	24.243	38.059
창원권		314.200	15.511	298.689	20.368	33.612
중소도시권		1,103.090	1,103.090	춘천, 청주, 전주, 진주, 여수, 통영, 제주 (2001~2003 전면해제)		

*1. 해제 현황: 집단취락(106㎢), 고리원전 주변지역 등(131㎢), 지역 현안사업 등(155㎢), 국책사업(총 109㎢ 중 36㎢ 해제)임.

2. 수도권 국책사업: 보금자리 78.8㎢, 경인운하 1.0㎢

3. 부산 신항 배후 국제산업물류단지 조성(국정과제): 29.297㎢

*출처: 국토부

03 그린벨트의 토지 매수 제도

　그린벨트 토지를 국가에서 매수하는 제도는 '토지소유자의 청구에 의한 매수'와 '소유자와의 협의에 의한 매수' 두 가지가 있다. 청구에 의한 매수는 매수 대상이 토지에 한정되고, 협의에 의한 매수는 그 대상이 토지와 그 토지의 정착물이 된다. 실무적으로는 LH공사(한국토지주택공사)에 위탁하여 처리하고 있다.

　매수 청구된 토지가 매수대상 토지로 판정되었을 때에는 협의매수 대상 토지보다 우선하여 매수할 수 있다. 청구에 의한 매수는 「개발제한구역법」 제17조, 협의에 의한 매수는 「개발제한구역법」 제20조에 규정되어 있다.

1. 토지소유자의 청구에 의한 매수

매수청구를 할 수 있는 소유자

개발제한구역의 지정에 따라 개발제한구역의 토지를 종래의 용도로 사용할 수 없어 그 효용이 현저히 감소된 토지나 그 토지의 사용 및 수익이 사실상 불가능하게 된 토지(이하 '매수대상토지'라 한다)의 소유자로서 다음의 어느 하나에 해당하는 자는 국토교통부장관에게 그 토지의 매수를 청구할 수 있다. 국토교통부장관은 매수청구를 받은 토지가 매수대상토지의 판정기준에 해당되면 반드시 그 토지를 매수하여야 한다.

1. 개발제한구역으로 지정될 당시부터 계속하여 해당 토지를 소유한 자
2. 토지의 사용 · 수익이 사실상 불가능하게 되기 전에 해당 토지를 취득하여 계속 소유한 자
3. 제1호나 제2호에 해당하는 자로부터 해당 토지를 상속받아 계속하여 소유한 자

매수대상토지의 판정기준

매수대상토지의 판정기준은 다음 각 호와 같다. 이 경우 토지의 효

용 감소, 사용·수익의 불가능 등에 대하여 본인의 귀책사유가 없어야 한다.

1. 종래의 용도대로 사용할 수 없어 그 효용이 현저히 감소된 토지

매수를 청구할 당시 매수대상토지를 개발제한구역 지정 이전의 지목(매수청구인이 개발제한구역 지정 이전에 적법하게 지적공부상의 지목과 다르게 이용하고 있었음을 공적자료로서 증명하는 경우에는 개발제한구역 지정 이전의 실제 용도를 지목으로 본다)대로 사용할 수 없어 매수청구일 현재 해당 토지의 개별공시지가(「부동산 가격공시에 관한 법률」제10조에 따른 개별공시지가를 말한다)가 그 토지가 있는 읍·면·동에 지정된 개발제한구역의 같은 지목의 개별공시지가 평균치의 50퍼센트 미만일 것

2. 사용 또는 수익이 사실상 불가능한 토지

「개발제한구역법」제12조(개발제한구역에서의 행위제한) 및 제13조(존속 중인 건축물 등에 대한 특례)에 따른 행위제한으로 해당 토지의 사용 또는 수익이 불가능할 것

매수기간 및 매수가격

매수기간

국토교통부장관은 토지의 매수를 청구받은 날부터 2개월 이내에

매수대상 여부와 매수예상가격(매수청구 당시의 개별공시지가로 한다) 등을 매수청구인에게 알려주어야 한다. 국토교통부장관은 매수대상토지임을 알린 경우에는 5년의 범위에서 대통령령으로 정하는 기간(매수청구인에게 매수대상토지로 알린 날부터 3년 이내를 말한다)에 매수계획을 수립하여 그 매수대상토지를 매수하여야 한다.

매수가격

매수가격은 표준지공시지가를 기준으로 감정평가업자 2명 이상이 평가한 금액의 산술평균치로 한다. 매수가격은 매수청구 당시의 표준지공시지가(「부동산 가격공시에 관한 법률」 제3조에 따른 표준지공시지가를 말한다)를 기준으로 그 공시기준일부터 매수청구인에게 매수금액을 지급하려는 날까지의 기간 동안 다음 각 호의 변동사항을 고려하여 산정한 가격으로 한다.

1. 해당 토지의 위치 · 형상 · 환경 및 이용 상황
2. 「국토계획법시행령」 제125조제1항에 따라 국토교통부장관이 조사한 지가변동률과 생산자물가상승률

매수절차

① 토지매수청구서의 제출

토지의 매수를 청구하려는 자는 다음 각 호의 사항을 적은 토지매

수청구서 및 국토교통부령으로 정하는 서류를 국토교통부장관에게 제출하여야 한다.

1. 토지소유자의 성명(법인의 경우에는 그 명칭과 대표자의 성명)과 주소
2. 토지의 지번地番, 지목 및 이용 현황
3. 해당 토지에 소유권 외의 권리가 설정된 경우에는 그 종류 및 내용과 권리자의 성명(법인인 경우에는 그 명칭과 대표자의 성명) 및 주소
4. 매수청구 사유

② 매수대상 여부 및 매수예상가격 통보
국토교통부장관은 매수청구를 받은 경우에는 매수대상토지가 판정기준에 해당되는지 판단하여 청구받은 날부터 2개월 이내에 매수대상 여부와 매수예상가격을 매수청구인에게 알려야 한다.

③ 매수예상가격
매수예상가격은 매수청구 당시의 개별공시지가로 한다.

④ 감정평가의뢰
국토교통부장관은 매수예상가격을 통보하였으면 감정평가업자에게 대상 토지에 대한 감정평가를 의뢰하여 매수가격을 결정하고, 이를 매수청구인에게 알려야 한다. 이 경우 국토교통부장관은 감정평

가를 의뢰하기 1개월 전까지 매수청구인에게 감정평가 의뢰 사실을 알려야 한다.

비용의 부담

매수가격의 산정을 위한 감정평가 등에 드는 비용은 국토교통부장관이 부담한다. 다만, 매수청구인이 아래에서 열거하는 정당한 사유 없이 매수청구를 철회하면 국토교통부장관은 감정평가에 따르는 비용의 전부 또는 일부를 매수청구인에게 부담시킬 수 있다.

1. 매수예상가격에 비하여 매수가격이 대통령령으로 정하는 비율(매수예상가격의 30퍼센트를 말한다) 이상으로 하락한 경우
2. 법령의 개정·폐지나 오염원의 소멸 등 대통령령으로 정하는 원인(법령의 개정·폐지, 오염원의 소멸, 농업용수로 또는 통행로의 신설, 그 밖에 이와 비슷한 것으로서 시장·군수·구청장이 인정하는 것을 말한다)으로 토지매수청구의 사유가 소멸된 경우

2. 협의에 의한 매수

국토교통부장관은 개발제한구역을 지정한 목적을 달성하기 위하여 필요하면 소유자와 협의하여 개발제한구역의 토지와 그 토지의 정

착물(이하 '토지등'이라 한다)을 매수할 수 있다. 개발제한구역의 토지 등을 협의매수하는 경우에 그 가격의 산정시기·방법 및 기준에 관하여는「공익사업을 위한 토지 등의 취득 및 보상에 관한 법률」제67조제1항, 제70조, 제71조, 제74조, 제75조, 제76조, 제77조, 제78조제5항·제6항·제9항을 준용한다. 실무적으로 협의에 의한 매수는「개발제한구역 토지매수 및 관리지침」제7조~9조에 의하여 처리되고 있다.

협의매수의 기본원칙

1. 개발제한구역 지정 목적을 달성하기 위하여 필요한 토지 등을 매수하여 개발압력을 원천적으로 차단한다.
2. 녹지축 유지에 필요한 토지 등을 국가가 매수하여 훼손을 방지함에 따라 도시환경보전에 기여한다.

협의매수 대상 토지 등의 선정

① 개발압력을 차단하고 녹지축 유지에 필요한 다음 각 호의 어느 하나에 해당하는 개발제한구역 토지 등(이하 '우선매수 대상 토지 등'이라 한다)을 우선 매수한다.
  1. 개발제한구역 내측 경계선으로부터 2킬로미터 이내 토지 등
  2. 해제된 지역 또는 해제예정지역(해제를 위하여 주민의견 수렴

등 행정절차를 진행 중인 지역)의 경계선으로부터 1킬로미터 이내 토지 등. 다만, 제4호에 해당하는 경우는 제외한다.
3. 개발제한구역 폭이 2킬로미터 미만인 지역에 위치한 토지 등
4. 개발제한구역에서 해제된 집단취락의 경계선으로부터 0.5킬로미터 이내 토지 등
5. 계획적 매수를 통하여 녹지축의 유지나 미래의 공공적 수요 등을 위하여 확보할 필요가 있다고 국토교통부장관이 인정하는 지역에 있는 토지 등

② 제1항 각 호에 해당하는 토지 등이 불법으로 형질변경 또는 용도변경된 경우에는 매수하지 아니한다. 다만, 개발제한구역의 불법행위 해소를 위하여 해당 토지 등을 원상복구하는 조건으로 매수할 수 있다.

③ 우선 및 일반매수 대상 토지 등(우선매수 대상 토지 등을 제외한 개발제한구역 토지)은 각각 우선순위를 정하여 예산범위에서 순차적으로 매수하여야 한다.

④ 한정된 매입예산을 효율적으로 운영하기 위하여 매입 후 보전 및 관리가 곤란하거나 매입하기에 부적정한 토지 등은 매수대상에서 제외할 수 있다.

⑤ 협의매수 대상 토지 등으로 선정되었으나 해당 연도 예산 부족으로 매수하지 못한 토지 등은 다음 연도 예산으로 매수한다.

협의매수 토지 등의 결정

　LH공사는 토지 등의 협의매수 신청이 있을 경우 토지매수심의위원회의 심의를 거쳐 협의매수 대상 토지 등을 선정하여 국토부에 제출하고, 국토부에서는 제출된 토지 등의 적정성 여부를 검토하여 최종 협의매수 대상 토지 등을 결정하고 그 결과를 LH공사에 통보한다.

토지 등의 협의매수 절차

① 국토교통부장관은 국토교통부와 한국토지주택공사 홈페이지 등에 토지 등의 협의매수계획을 게시하여 일반인에게 알려야 하며, 필요한 경우 전국을 보급지역으로 하는 둘 이상의 일간신문에 공고할 수 있다.
② 한국토지주택공사의 사장은 토지 등의 협의매수를 위하여 소유자로부터 매도신청을 원칙적으로 연중 접수한다.
③ 한국토지주택공사의 사장은 협의매수 대상토지에 대하여 현황도로, 지장물 설치 여부 등 토지이용 현황을 조사하여 매수여부를 결정하여야 한다.
④ 한국토지주택공사의 사장은 계획적 매수대상 토지에 대하여 토지소유자로부터 매도신청 여부에 관계없이 미리 토지현황과 시세의 조사, 지가동향 등을 면밀히 파악하고 토지소유자와 가격 협의하는 등 적극적으로 해당 토지를 매수할 수 있도록 노력을

기울여야 한다.

⑤ 매수가격 산정은 협의 성립 당시의 표준지공시지가를 기준으로 「부동산가격 공시 및 감정평가에 관한 법률」에 따른 감정평가업자 2명 이상이 평가한 금액을 산술평균한 금액으로 한다.

「개발제한구역 토지매수 및 관리지침」(시행 2015.7.10.)

「개발제한구역 토지매수 및 관리지침」은 부록으로 첨부하는 것보다, 해당 본문 뒤에 붙여서 소개하는 것이 독자들의 이해를 높이는 데 효율적이라 판단해 여기에 싣는다.

제1장 총칙

제1조(목적)

이 지침은 「개발제한구역의 지정 및 관리에 관한 특별조치법」 제17조부터 제20조까지에 따라 개발제한구역 토지 및 그 토지의 정착물의 매수 및 관리에 필요한 사항을 정함을 목적으로 한다.

제2조(법적근거)

이 지침의 법적근거는 다음과 같다.
1. 「개발제한구역의 지정 및 관리에 관한 특별조치법」(이하 '법'이라 한다) 제17조부터 제20조까지 및 제29조

2. 「국가균형발전 특별법」 제33조 및 제46조

제3조(정의)

이 지침에서 사용된 용어의 정의는 다음 각 호와 같다.

1. '매수청구'란 법 제17조에 따른 토지의 매수청구를 말한다.
2. '협의매수'란 법 제20조에 따라 토지와 그 토지의 정착물(이하 '토지 등'이라 한다)을 매수하는 것을 말한다.

제4조(적용범위)

개발제한구역 토지 등의 매수 및 관리에 관한 업무는 다른 법령에 별도의 규정이 있는 경우를 제외하고는 이 지침이 정하는 바에 따른다.

제2장 개발제한구역 토지 등의 매수업무 등

제5조(업무의 총괄·관리 및 위탁)

① 국토교통부장관은 개발제한구역의 토지 등의 취득·관리에 대한 업무를 총괄·관리한다.

② 국토교통부장관은 법 제17조 및 제20조의 토지 등의 취득 및 관리 등의 업무를 법 제29조제3항에 따라 한국토지주택공사에 위탁한다.

제6조(수탁기관장의 업무범위)

한국토지주택공사의 사장은 개발제한구역의 토지 등의 취득 및 관리 등을 위하여 다음 각 호의 업무를 수행한다.

1. 법 제17조제2항 및 제20조제1항에 따른 토지와 그 토지의 정착물의 매수
2. 법 제18조제1항에 따른 매수대상 여부와 매수예상가격 등의 통보
3. 법 제19조제2항에 따른 매수청구인에 대한 감정평가비용의 부과
4. 「개발제한구역의 지정 및 관리에 관한 특별조치법 시행령」(이하 '영'이라 한다) 제31조제1항에 따른 토지매수청구서의 접수
5. 영 제31조제4항에 따른 감정평가 의뢰 및 매수가격의 통보
6. 「행정권한의 위임 및 위탁에 관한 규정」 제41조제2항제2호의 각 목(나 및 너목은 제외한다)에 따른 재산의 관리

제7조(협의매수의 기본원칙)

① 개발제한구역 지정 목적을 달성하기 위하여 필요한 토지 등을 매수하여 개발압력을 원천적으로 차단한다.

② 녹지축 유지에 필요한 토지 등을 국가가 매수하여 훼손을 방지함에 따라 도시환경보전에 기여한다.

제8조(협의매수 대상 토지 등의 선정)

① 개발압력을 차단하고 녹지축 유지에 필요한 다음 각 호의 어느 하나에 해당하는 개발제한구역 토지 등(이하 '우선매수 대상 토지

등'이라 한다)을 우선 매수한다.

1. 개발제한구역 내측 경계선으로부터 2킬로미터 이내 토지 등
2. 해제된 지역 또는 해제예정지역(해제를 위하여 주민의견 수렴 등 행정절차를 진행 중인 지역)의 경계선으로부터 1킬로미터 이내 토지 등. 다만, 제4호에 해당하는 경우는 제외한다.
3. 개발제한구역 폭이 2킬로미터 미만인 지역에 위치한 토지 등
4. 영 제2조제3항제2호에 따라 해제된 집단취락의 경계선으로부터 0.5킬로미터 이내 토지 등
5. 계획적 매수를 통하여 녹지축의 유지나 미래의 공공적 수요 등을 위하여 확보할 필요가 있다고 국토교통부장관이 인정하는 지역에 있는 토지 등

② 제1항 각 호에 해당하는 토지 등이 불법으로 형질변경 또는 용도변경된 경우에는 매수하지 아니한다. 다만, 개발제한구역의 불법행위 해소를 위하여 해당 토지 등을 원상복구하는 조건으로 매수할 수 있다.

③ 우선 및 일반매수 대상 토지 등(우선매수 대상 토지 등을 제외한 개발제한구역 토지)은 각각 우선순위를 정하여 예산범위에서 순차적으로 매수하여야 한다.

④ 한정된 매입예산을 효율적으로 운영하기 위하여 매입 후 보전 및 관리가 곤란하거나 매입하기에 부적정한 토지 등은 매수대상에서 제외할 수 있다.

⑤ 협의매수 대상 토지 등으로 선정되었으나 해당 연도 예산 부족

으로 매수하지 못한 토지 등은 다음 연도 예산으로 매수한다.

제8조의2(협의매수 토지 등의 결정)
① 한국토지주택공사의 장은 토지 등의 협의매수 신청이 있을 경우 토지매수심의위원회의 심의를 거쳐 협의매수 대상 토지 등을 선정하여 국토교통부장관에게 제출하여야 한다.
② 국토교통부장관은 제출된 토지 등의 적정성 여부를 검토하여 최종 협의매수 대상 토지 등을 결정하고 그 결과를 한국토지주택공사의 장에게 통보한다.

제9조(토지 등의 협의매수 절차)
① 국토교통부장관은 국토교통부와 한국토지주택공사 홈페이지 등에 토지 등의 협의매수계획을 게시하여 일반인에게 알려야 하며, 필요한 경우 전국을 보급지역으로 하는 둘 이상의 일간신문에 공고할 수 있다.
② 한국토지주택공사의 사장은 토지 등의 협의매수를 위하여 소유자로부터 매도신청을 원칙적으로 연중 접수한다.
③ 한국토지주택공사의 사장은 협의매수 대상토지에 대하여 현황 도로, 지장물 설치 여부 등 토지이용 현황을 조사하여 매수여부를 결정하여야 한다.
④ 한국토지주택공사의 사장은 제8조제1항제5호에 해당하는 계획적 매수대상 토지에 대하여 토지소유자로부터 매도신청 여부에

관계없이 미리 토지현황과 시세의 조사, 지가동향 등을 면밀히 파악하고 토지소유자와 가격 협의하는 등 적극적으로 해당 토지를 매수할 수 있도록 노력을 기울여야 한다.

⑤ 매수가격 산정은 협의 성립 당시의 표준지공시지가를 기준으로 「부동산가격 공시 및 감정평가에 관한 법률」 제2조제9호에 따른 감정평가업자 2명 이상이 평가한 금액을 산술평균한 금액으로 한다.

제10조(토지 매수청구)

① 한국토지주택공사의 사장은 법 제17조에 따라 개발제한구역의 매수청구한 토지가 영 제28조의 판정기준에 부합하는 때에는 이를 매수하여야 한다.

② 한국토지주택공사의 사장은 토지를 매수청구 받은 날부터 2월 이내에 매수대상 여부 및 매수 예상가격을 매수청구인에게 통보하여 3년 이내에 매수하여야 한다.

③ 한국토지주택공사의 사장은 매수청구된 토지가 매수대상 토지로 판정되었을 때에는 협의매수 대상 토지보다 우선하여 매수할 수 있다.

④ 매수대상 판단기준, 매수 절차, 매수가격 산정 및 제출서류 등은 법 제17조부터 제19조까지, 같은 법 시행령 제28조부터 제33조까지 및 같은 법 시행규칙 제16조부터 제17조까지의 규정을 따른다.

제3장 개발제한구역 매수토지의 관리

제11조(기본원칙)

한국토지주택공사의 사장은 개발제한구역 지정 목적을 달성하기 위하여 매수한 토지 등(이하 '매수토지'라 한다)은 온전히 보전하여야 한다. 다만 매수토지는 토지이용의 효율성 제고 및 가치증대를 위하여 개발제한구역 지정 목적에 위배되지 않는 범위에서 제한적으로 활용할 수 있다.

제12조(실태점검)

① 국토교통부장관은 매수토지에 대한 무단 점용·사용과 훼손 방지 및 관리실태를 조사하기 위하여 연 1회 이상 한국토지주택공사와 합동점검을 실시하여야 한다.

② 한국토지주택공사의 사장은 매수토지에 대한 무단 점용·사용 및 훼손을 방지하고 환경을 보전하기 위하여 다음 각 호에 따라 관리실태를 점검하고 그 결과를 별지 제1호 서식에 기록하여 관리한다.

1. 정기점검은 매년 상반기 중에 실시한다.
2. 합동점검은 매년 하반기 중에 실시한다.
3. 무단 점용·사용 및 불법훼손 등이 우려되는 토지에 대하여는 수시로 점검을 실시한다.

제13조(현상유지 관리)

① 한국토지주택공사의 사장은 상습적인 무단 점용·사용, 쓰레기 투기 등 훼손이 우려되는 토지에 대하여는 안내간판 및 경계울타리 설치 등 관리방안을 강구하여 시행하여야 한다.

② 한국토지주택공사의 사장은 매수토지의 경계가 불분명하거나, 인접한 토지의 소유자가 매수토지를 잠식하여 사용할 경우 경계복원측량을 실시하여 매수토지를 온전히 보전하여야 한다.

제14조(관리대장 비치)

한국토지주택공사의 사장은 매수토지에 대하여 다음 각 호의 사항을 기재한 관리대장을 작성·비치하여야 한다.

1. 토지소재지, 지번, 지목, 면적
2. 장부 가격
3. 위치도 및 현황도면
4. 사용, 임대 등 토지관리에 관한 사항
5. 그 밖의 공부 등 토지관리에 필요한 사항

제15조(임대관리)

① 매수토지에 대하여 영농 또는 공원(지방자치단체에서 직접 조성하는 도시공원을 말한다)조성을 목적으로 하는 경우에는 대부할 수 있다.

② 한국토지주택공사의 사장은 매수토지 등을 대부, 매각, 교환, 양

여, 신탁 등을 할 경우에는 사전 국토교통부장관의 의견을 들은 후 관리·처분하여야 한다.

제16조(시설물 설치 범위)

임대·대부한 토지에는 시설물을 설치할 수 없다. 다만, 다음 각 호의 어느 하나에 해당하는 경우에는 그러하지 아니하다.
1. 순수 농업용 경비닐하우스(유리 또는 강화프라스틱 제외)
2. 10제곱미터 이하의 농업용 원두막(개방형)
3. 여가녹지조성사업에 필요한 화장실, 관리사무소 등 국토교통부장관과 협의한 시설물

제17조(다른 법의 준용)

임대계약 방법, 임대기간, 임대요율 및 임대료 납부방법 등은 「국유재산법」 및 「국가균형발전특별법」을 준용한다.

제18조(목적 외 이용금지)

한국토지주택공사의 사장은 임대·대부한 토지를 임대 목적과 상이하게 이용하는 경우에는 적정한 기간을 정하여 시정을 요구하여야 하며, 시정요구에 응하지 않을 경우에는 계약을 해지하여야 한다.

제19조(가치증대 관리)

한국토지주택공사의 사장은 매수토지의 가치 증대를 위하여 필요

한 경우 분할·합병, 성토·절토, 정지, 축대의 축조 및 옹벽 등을 설치하여 관리할 수 있다.

제20조(매수토지의 활용)

제8조제1항제5호에 따라 계획적으로 토지를 매수할 경우에는 수목원 조성 등 개발제한구역 지정목적에 위배되지 않는 범위에서 활용방안을 강구하여야 한다.

제21조(매수토지의 처분금지)

매수토지는 원칙적으로 처분할 수 없다. 다만, 국가 또는 지방자치단체와 「공익사업을 위한 토지 등의 취득 및 보상에 관한 법률」 제2조에 따라 사업시행자가 같은 법 제4조의 공익사업을 시행하기 위하여 사업부지로 사용하는 경우에는 「국유재산법」 및 「국가균형발전특별법」을 따라야 한다.

제4장 수탁기관의 의무 및 자문기구 운영 등

제22조(선관주의 의무)

한국토지주택공사의 사장은 매수토지에 대한 선량한 관리자로서의 주의의무를 다하여야 한다.

제23조(세부기준 수립 등)

한국토지주택공사의 사장은 개발제한구역 토지매수 및 관리업무를 효율적으로 수행하기 위하여 본 지침에 대한 세부 절차, 방법 및 기준 등을 수립하여 시행할 수 있다.

제24조(개선방안 강구)

한국토지주택공사의 사장은 개발제한구역 토지매수 및 매수토지 관리업무의 효율적 수행을 위한 방안을 강구하여야 한다.

제25조(자문기구 설치)

한국토지주택공사의 사장은 개발제한구역의 토지매수업무의 효율적 추진과 투명성 제고 등을 위하여 필요한 경우 자문기구를 설치 운영할 수 있다.

제26조(보고사항)

개발제한구역 토지매수 및 매수토지 관리와 관련하여 한국토지주택공사의 사장은 다음 각 호의 사항을 국토교통부장관에게 보고하여야 한다.

1. 총괄계획보고 : 토지매수 및 매수토지관리 세부계획
2. 매수보고 : 대상토지 선정결과 및 매수결과
3. 월간보고 : 매수토지의 임대 등 토지관리 실적
4. 수시보고 : 그 밖에 개발제한구역 토지 매수 및 토지매수 관리와

관련한 중요사항

제27조(수수료 등 지급)

국토교통부장관은 한국토지주택공사의 사장에게 위탁수수료와 위탁업무 수행에 드는 다음 각 호의 경비를 지급하여야 한다.

1. 공고료 및 홍보비용
2. 감정평가수수료
3. 등기이전 및 공부 발급 비용
4. 측량수수료
5. 위탁업무 수행을 위한 출장비
6. 매수토지 관리를 위하여 고용한 인력의 인건비, 자동차의 유지·관리비, 환경정화비용 및 시설물 설치비
7. 그 밖에 토지 등의 매수 및 관리에 필요한 부대비용

제28조(지도 및 감독)

① 국토교통부장관은 위탁업무와 관련하여 필요한 경우 한국토지주택공사의 사장에게 업무지시 또는 자료제출을 요구할 수 있다.

② 국토교통부장관은 업무처리의 적정성, 예산집행의 공정성 등 위탁업무전반 또는 분야별로 점검을 실시할 수 있으며, 점검 15일 전에 한국토지주택공사장에게 점검계획을 통보하여야 한다.

③ 한국토지주택공사의 사장은 특별한 사유가 없는 한 위탁업무에 관하여 국토교통부장관의 지시나 요구사항을 충실히 따라야 하

며, 점검에 적극 협조하여야 한다.

제5장 행정사항

제29조(관리실적 보고)

한국토지주택공사의 사장은 관리실적을 매월 10일까지 보고하여야 한다.

제30조(사업계획 승인)

한국토지주택공사의 사장은 다음 각 호의 사항을 포함한 세부사업계획을 매년 2월말까지 수립하여 국토교통부장관의 승인을 얻어야 한다.

1. 해당 연도 협의매수 일정 및 방향
2. 매수 및 관리에 대한 홍보계획
3. 매수토지에 대한 임대 등 관리계획
4. 사업시행에 소요되는 경비 산출내역

제31조(사업계획 보고)

한국토지주택공사의 사장은 매년 6월말까지 다음 연도 위탁업무에 대한 사업계획을 수립하여 보고하여야 한다.

제32조(정산 및 지급)

한국토지주택공사의 사장은 매년 12월 31일까지의 추정 예산집행 실적 및 증빙서류 등 정산 내역서를 12월 15일까지 국토교통부장관에게 제출하고 국토교통부장관은 12월 31일 이전에 이를 정산하여 정산한 금액을 위탁수수료와 같이 지급하여야 한다.

제33조(예산배정 및 집행)

국토교통부장관은 토지매수 및 매수토지 관리에 필요한 예산을 한국토지주택공사의 사장에게 배정하고 한국토지주택공사의 사장은 배정받은 예산의 범위에서 정부의 예산회계 관계법령이 정하는 바에 따라 집행하여야 한다.

제34조(재검토 기한)

「훈령·예규 등의 발령 및 관리에 관한 규정」(대통령 훈령 제334호)에 따라 이 지침 발령 후 법령이나 현실여건의 변화 등을 검토하여 이 지침의 폐지·개정 등의 조치를 하여야 하는 기한은 2018년 09월 10일까지로 한다.

부칙 〈제2015-554호, 2015.7.10.〉

이 지침은 발령한 날부터 시행한다.

[서식] 개발제한구역법 시행규칙(별지 제3호서식)

(앞쪽)

토지매수청구서			처리기간		*접수	년 월 일	
			3년			접수번호	제 호
매수청구인 (토지소유자)	① 성명 (법인의 명칭)	한글			② 주민등록번호 (법인 등록번호)		
		한자					
	③ 주소				(전화:)		

매수를 청구하는 토지의 표시 및 이용 현황

④ 번호	⑤ 소재지	⑥ 지번	⑦ 지목	⑧ 면적(㎡)	⑨ 이용 현황
1					
2					
3					

매수를 청구하는 토지에 설정된 소유권 외의 권리에 관한 사항

⑩ 번호	⑪ 권리의 종류	⑫ 권리의 내용	⑬ 권리자의 성명 및 주소
1			
2			
3			

매수청구 사유

「개발제한구역의 지정 및 관리에 관한 특별조치법」 제18조제1항 및 같은 법 시행령 제31조제1항에 따라 위와 같이 토지의 매수를 청구합니다.

년 월 일

매수청구인 (서명 또는 인)

한국토지주택공사사장 귀하

수수료	없음	
구비서류	청구인(대표자) 제출 서류	처리기관 확인사항
	1. 삭제 〈2013.10.30〉 2. 토지의 매수를 청구하는 사유를 증명할 수 있는 서류 1부	1. 토지대장 2. 토지등기부 등본 3. 토지이용계획 확인서

210mm×297mm(보존용지(1종) 120g/㎡)

이 청구서는 다음과 같이 처리됩니다. (뒤쪽)

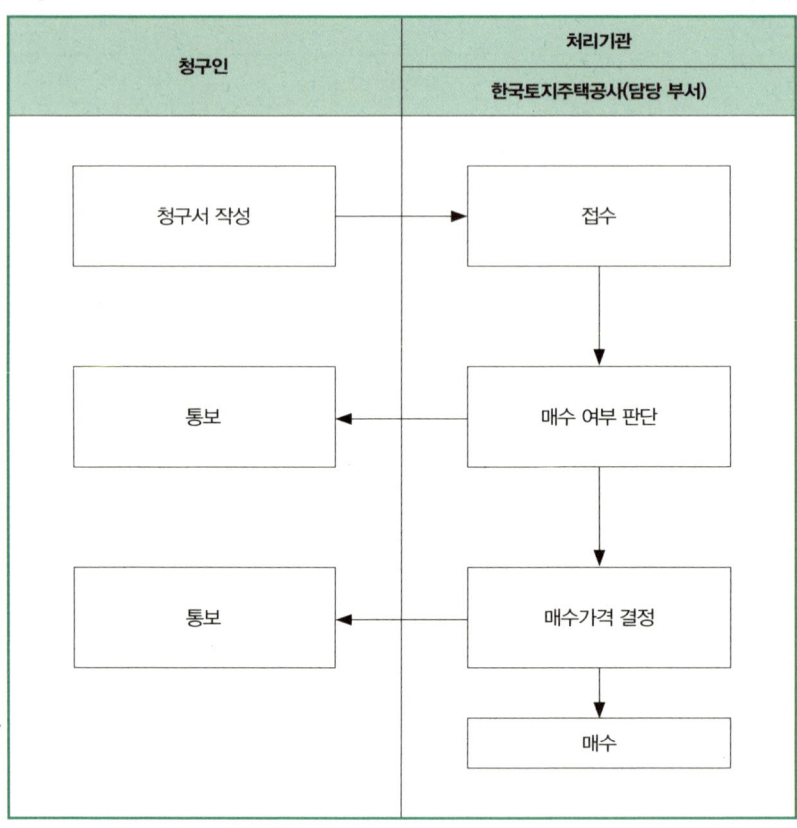

[서식] 협의매수용 매도신청서 (LH공사)

토지 등의 매도신청서

신청인	① 성명 (법인의 명칭)		② 주민(법인) 등록번호	
	③ 주소			

토지의 표시

④ 번호	⑤ 소재지	⑥ 지번	⑦ 지목	⑧ 면적(㎡)	매수대상 토지 외의 물건	
					⑨ 종류	⑩ 등기설정여부
1						
2						
3						
4						
5						

토지에 설정된 소유권이외의 권리에 관한 사항

⑪ 번호	⑫ 권리의 종류	⑬ 권리의 내용	⑭ 권리자의 성명 및 주소
1			
2			
3			

상기와 같이 본인의 토지를 매도하고자 하니, 매수하여 주시기 바랍니다.

본 매도신청서를 제출함으로써 귀 공사가 본인의 편의를 위하여 신청 토지 등과 관련 아래의 구비서류를 발급받는 것에 대하여 동의하는 것으로 간주되는 것에 대하여 이의를 제기하지 않겠습니다.

2017 년   월   일

매도신청인(소유자)   (인)

한국토지주택공사 ○○지역본부장 귀하

※ 구비서류

1. 토지소유자 주민등록등본(법인등기등본) 1부 및 신분증
2. 토지등기부등본 1부(공사발급 가능)
3. 토지대장(임야대장) 1부(공사발급 가능)
4. 지적도(임야도) 1부(공사발급 가능)
5. 토지이용계획확인서 1부(공사발급 가능)
6. 기타 당해 토지의 상황파악 및 권리를 증명하기 위하여 필요한 서류

[자료] LH공사 개발제한구역 토지 매수공고

● 공지사항

제목	개발제한구역 토지를 매수합니다		
지사	본사	분류	알림
등록일	2016-02-03	조회수	10198
첨부파일	개인정보수집동의서(0).hwp 토지동의매도신청서(0).hwp 위임장(1).hwp		

□ 신청일시 및 장소
▶ 신청대상자 : 개발제한구역 내 토지소유자
▶ 신청기간: 연중 수시접수
▶ 신청장소: LH 관할 지역본부
※ 2016년 2월 29일까지 접수분에 한하여 2016년도 심의대상에 포함됨

□ 매수절차
▶ 매도신청서접수 → 현장조사 → 매수대상토지 결정 → 감정평가 및 계약체결 → 소유권이전 및 매매대금 지급

□ 신청서류
▶ 매도신청서(공사소정양식), 주민등록등본, 신분증
※ 대리인인 경우 본인발급 인감증명서가 첨부된 위임장과 본인신분증 사본 및 대리인 신분증 추가제출

□ 매수가격 결정방법
▶ 2개 이상의 감정평가법인이 평가한 금액을 산술평균한 금액으로함

04 그린벨트 내 취락지구

취락지구의 개념

취락지구는 「국토계획법」상의 개념이다. 취락지구는 녹지지역·관리지역·농림지역·자연환경보전지역·개발제한구역 또는 도시자연공원구역의 취락을 정비하기 위하여 도시·군관리계획 결정으로 지정된 「국토계획법」상 '용도지구'를 말한다. 취락지구는 자연취락지구와 그린벨트 내의 집단취락지구 두 가지가 있다. 여기에서는 개발제한구역 안의 집단취락지구를 분석 대상으로 하겠다.

① 자연취락지구
녹지지역·관리지역·농림지역 또는 자연환경보전지역 안의 취락

을 정비하기 위하여 지정된 지구를 말한다.

② 집단취락지구

개발제한구역 안의 취락을 정비하기 위하여 지정된 지구를 말한다. 집단취락지구 내에 소재하는 토지는 같은 그린벨트 토지일지라도 집단취락지구 밖에 소재하는 그린벨트 토지와 비교하여 다음과 같은 장점을 가지고 있다.

1. 집단취락지구로 지정되어 있는 토지는 일정한 요건을 충족하면 그린벨트에서 해제될 가능성이 높다.
2. 그린벨트 내 '대'가 아닌 토지에서 주택이나 근린생활시설로 건축허가를 받으려면 이축권이 필요한데 집단취락지구 내 토지는 공익사업으로 인하여 발생하는 이축권(일명 '도로딱지' 또는 '길딱지'라고 한다)이 아닌 이축권으로도 허가를 받을 수 있다.
3. 건축물의 용도·높이·연면적 및 건폐율과 관련하여 일부 특례를 인정받는다.

취락지구 안에서의 건축제한

취락지구 안에서는 건축물이나 그 밖의 시설의 용도·종류 및 규모 등의 제한에 관하여 취락지구의 지정목적 범위에서 따로 정하고 있다.

① 자연취락지구 안에서의 건축제한

자연취락지구 안에서의 건축제한은 「국토계획법」에서 정하는 바에 따른다.

② 집단취락지구 안에서의 건축제한

집단취락지구 안에서의 건축제한에 관하여는 「개발제한구역법」에서 정하는 바에 따른다.

③ 집단취락지구 건축물의 용도 및 규모 등에 관한 특례

집단취락지구 건축물의 용도·높이·연면적 및 건폐율은 다음의 경우에 한하여 특례를 인정해 주는 것을 제외하고는 취락지구 밖의 개발제한구역에 적용되는 기준과 동일한 기준을 적용한다.

1. 주택 또는 공장 등 신축이 금지된 건축물을 「건축법 시행령」 별표 1의 제1종 및 제2종 근린생활시설(단란주점, 안마시술소 및 안마원은 제외한다), 액화가스 판매소, 세차장, 병원, 치과병원 또는 한방병원으로 용도변경하는 경우
2. 「개발제한구역법시행령」 별표 1 제5호다목에 따른 주택 또는 라목에 따른 근린생활시설을 다음 각 목의 기준에 따라 건축하는 경우

   가. 건폐율 100분의 60 이내로 건축하는 경우: 높이 3층 이하, 용적률 300퍼센트 이하로서 기존 면적을 포함하여 연면적 300

제곱미터 이하

나. 건폐율 100분의 40 이내로 건축하는 경우: 높이 3층 이하, 용적률 100퍼센트 이하

집단취락지구의 지정 기준

　시·도지사는 개발제한구역에서 주민이 집단적으로 거주하는 취락(「개발제한구역법」 제12조제1항제3호에 따른 이주단지를 포함한다)을 「국토계획법」에 따른 취락지구로 지정할 수 있다. 개발제한구역 안에서의 집단취락지구의 지정기준은 다음과 같다.

① 취락을 구성하는 주택의 수가 10호 이상일 것

※ 취락지구의 지정에 관한 주택 수의 산정기준(개발제한구역법 시행규칙 제14조)

1. 해당 취락의 토지로서 영 별표 1 제5호다목가) 및 라목나)에 따른 주택 또는 근린생활시설을 신축할 수 있는 토지는 1필지를 주택 1호로 산정한다. 이 경우 영 제16조 본문에 따라 토지 분할이 가능한 토지는 분할이 가능한 필지 수만큼 주택의 수를 산정할 수 있다.
2. 개발제한구역 지정 당시부터 개발제한구역에 거주하고 있는 자가 종전의 「도시계획법 시행규칙」(2000년 7월 4일 건설교통부령 제

245호로 개정되기 전의 것을 말한다) 제7조제1항제2호나목(3)에 따라 동거하는 기혼자녀를 분가시키기 위하여 건축한 다세대주택은 다 합쳐서 주택 1호로 산정하고, 그 밖의 공동주택은 1가구를 주택 1호로 산정한다.
3. 주택을 용도변경한 근린생활시설 및 사회복지시설은 그 시설을 주택의 수로 산정할 수 있다.

② 호수밀도(취락지구 1만 제곱미터당 주택의 수)가 10호 이상일 것

다만, 시·도지사는 해당 지역이 상수원보호구역에 해당하거나 이축(移築) 수요를 수용할 필요가 있는 등 지역의 특성상 필요한 경우에는 취락지구의 지정 면적, 취락지구의 경계선 설정 및 취락지구정비계획의 내용에 대하여 국토교통부장관과 협의한 후, 해당 시·도의 도시·군계획에 관한 조례로 정하는 바에 따라 호수밀도를 5호 이상으로 할 수 있다.

③ 취락지구의 경계 설정은 도시·군관리계획 경계선, 다른 법률에 따른 지역·지구 및 구역의 경계선, 도로, 하천, 임야, 지적 경계선, 그 밖의 자연적 또는 인공적 지형지물을 이용하여 설정하되, 지목이 '대'인 경우에는 가능한 한 필지가 분할되지 아니하도록 할 것

취락지구의 지정면적

개발제한구역 안에서 취락지구로 지정할 수 있는 면적은 아래의 별표 5의 기준에 따른 면적 이하로 한다. 다만, 취락지구의 지정 이후 개발제한구역법시행령 제25조제4항에 따라 취락지구정비계획을 수립하는 경우에는 그 계획에서 정하는 바에 따라 그 면적을 조정할 수 있다.

■ 지구의 지정 면적 산정기준(개발제한구역법 시행규칙: 별표5) ■

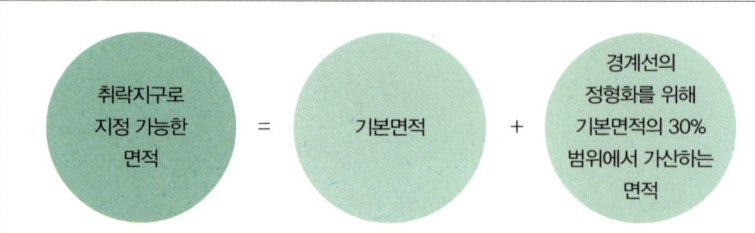

※ 기본면적(㎡)
= 취락을 구성하는 주택의 수(호) ÷ 호수밀도(호/10,000㎡) + 도시계획시설 부지면적(㎡)

※ 참고
1. '경계선의 정형화'란 영 제25조제1항제3호에 따라 취락지구의 경계선을 직사각형·타원형 등 합리적인 형태로 설정하는 것을 말한다.
2. '취락을 구성하는 주택의 수'란 제14조에 따라 산정된 수를 말한다.
3. '호수밀도'란 영 제25조제1항제2호에 따른 호수밀도를 말한다.
4. '도시계획시설 부지면적'이란 취락에 설치되었거나 설치될 예정인 도시계획시설의 부지면적을 말한다.

취락지구의 개발제한구역 해제와 지구단위계획 수립의무

취락지구로 지정된 지역을 개발제한구역에서 해제하려는 경우에는 「국토계획법」 제51조에 따라 지구단위계획구역으로 지정하고 지구단위계획을 수립하여야 한다. 해제와 관련된 내용은 뒤에서(그린벨트의 해제 및 개발) 설명할 예정이다.

사례❺ 그린벨트 밖의 자연취락지구 토지

지목	대	면적	489 m²
개별공시지가 (m²당)	353,500원 (2016/01)		
지역지구등 지정여부	「국토의 계획 및 이용에 관한 법률」에 따른 지역·지구등	도시지역, 자연녹지지역, 자연취락지구	
	다른 법령 등에 따른 지역·지구등	가축사육제한구역(2013-02-25)(전부제한지역)〈가축분뇨의 관리 및 이용에 관한 법률〉, 자연보전권역〈수도권정비계획법〉, 배출시설설치제한지역〈수질 및 수생태계 보전에 관한 법률〉, 수질보전특별대책지역〈환경정책기본법〉	
	「토지이용규제 기본법 시행령」 제9조제4항 각 호에 해당되는 사항		
확인도면	(지적도 - 범례: 자연취락지구, 소하천구역, 자연녹지지역, 도시지역, 생산녹지지역, 법정동, 가축사육제한구역 / 축척 1/1200)		

> **POINT** 그린벨트 밖의 자연취락지구 토지는 건폐율, 건축물의 용도, 건축물의 높이에 대해서 다음과 같이 건축제한을 받게 된다.

건폐율

자연취락지구에서의 건폐율은 60퍼센트 이하의 범위 내에서 특별시·광역시·특별자치시·특별자치도·시 또는 군의 도시·군계획조례로 정한다.

건축물의 용도

자연취락지구에서의 건축물의 용도는 「국토계획법시행령」 별표 23에 의하여 '자연취락지구 안에서 건축할 수 있는 건축물'로 다음과 같이 규정하고 있다.

1. 건축할 수 있는 건축물(4층 이하의 건축물에 한한다. 다만, 4층 이하의 범위 안에서 도시·군계획조례로 따로 층수를 정하는 경우에는 그 층수 이하의 건축물에 한한다)

    가. 「건축법 시행령」 별표 1 제1호의 단독주택

    나. 「건축법시행령」 별표 1 제3호의 제1종 근린생활시설

    다. 「건축법 시행령」 별표 1 제4호의 제2종 근린생활시설〔같은 호 아목, 자목, 더목 및 러목(안마시술소만 해당한다)은 제외한다〕.

    라. 「건축법 시행령」 별표 1 제13호의 운동시설

    마. 「건축법 시행령」 별표 1 제18호가목의 창고(농업·임업·축산업·수산업용만 해당한다)

    바. 「건축법 시행령」 별표 1 제21호의 동물 및 식물관련시설

    사. 「건축법 시행령」 별표 1 제23호의 교정 및 국방·군사시설

아. 「건축법 시행령」 별표 1 제24호의 방송통신시설

자. 「건축법 시행령」 별표 1 제25호의 발전시설

2. 도시 · 군계획조례가 정하는 바에 의하여 건축할 수 있는 건축물(4층 이하의 건축물에 한한다. 다만, 4층 이하의 범위 안에서 도시 · 군계획조례로 따로 층수를 정하는 경우에는 그 층수 이하의 건축물에 한한다)

   가. 「건축법 시행령」 별표 1 제2호의 공동주택(아파트를 제외한다)

   나. 「건축법 시행령」 별표 1 제4호아목 · 자목 및 러목(안마시술소만 해당한다)에 따른 제2종 근린생활시설

   다. 「건축법 시행령」 별표 1 제5호의 문화 및 집회시설

   라. 「건축법 시행령」 별표 1 제6호의 종교시설

   마. 「건축법 시행령」 별표 1 제7호의 판매시설 중 다음의 어느 하나에 해당하는 것

      (1) 「농수산물유통 및 가격안정에 관한 법률」 제2조에 따른 농수산물공판장

      (2) 「농수산물유통 및 가격안정에 관한 법률」 제68조제2항에 따른 농수산물직판장으로서 해당용도에 쓰이는 바닥면적의 합계가 1만 제곱미터 미만인 것(「농어업 · 농어촌 및 식품산업 기본법」 제3조제2호에 따른 농업인 · 어업인, 같은 법 제25조에 따른 후계농어업경영인, 같은 법 제26조에 따른 전업농어업인 또는 지방자치단체가 설치 · 운영하는 것에 한한다)

   바. 「건축법 시행령」 별표 1 제9호의 의료시설 중 종합병원 · 병

원·치과병원·한방병원 및 요양병원

사. 「건축법 시행령」 별표 1 제10호의 교육연구시설

아. 「건축법 시행령」 별표 1 제11호의 노유자시설

자. 「건축법 시행령」 별표 1 제12호의 수련시설(같은 표 제29호의 야영장 시설을 포함한다)

차. 「건축법 시행령」 별표 1 제15호의 숙박시설로서 「관광진흥법」에 따라 지정된 관광지 및 관광단지에 건축하는 것

카. 「건축법 시행령」 별표 1 제17호의 공장 중 도정공장 및 식품공장과 읍·면지역에 건축하는 제재업의 공장 및 첨단업종의 공장으로서 별표 19 제2호자목(1) 내지 (4)의 어느 하나에 해당하지 아니하는 것

타. 「건축법 시행령」 별표 1 제19호의 위험물저장 및 처리시설

파. 「건축법 시행령」 별표 1 제20호의 자동차 관련 시설 중 주차장 및 세차장

하. 「건축법 시행령」 별표 1 제22호의 자원순환 관련 시설

건축물의 높이

4층 이하를 규정하고 있다.

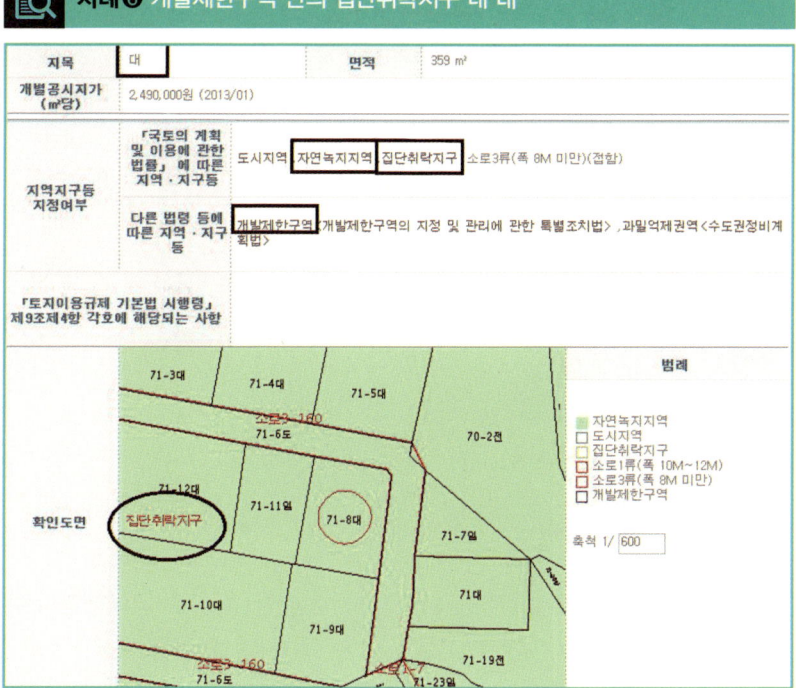

👆 POINT 사례 토지는 확인도면상 주변에 '대'가 많이 분포되어 있는 것으로 보아 그린벨트 내 주택이 밀집된 지역을 집단취락지구로 지정하였음을 알 수 있다.

사례 ❼ 개발제한구역 안의 집단취락지구 내 전

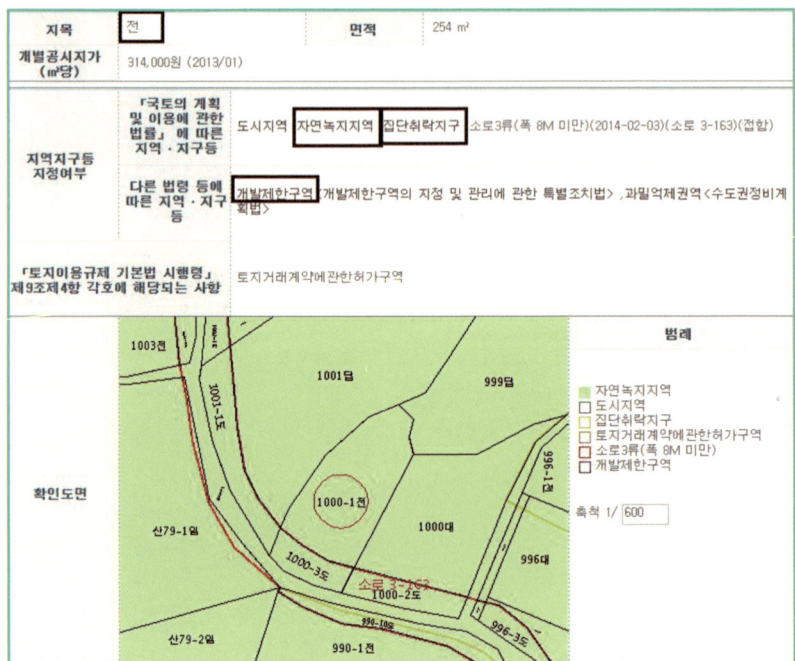

POINT 사례 토지는 집단취락지구 내 소재하는 농지(구체적으로는 지목이 '전')다. 비록 집단취락지구 내 토지일지라도 지목이 '대'가 아니면 주택이나 근린생활시설을 신축하기 위해서는 반드시 이축권이 있어야 한다.

사례 ❽ 개발제한구역 / 집단취락지구에서 해제된 토지

지목	대	면적	503 m²
개별공시지가 (m²당)	751,000원 (2016/01)		
지역지구등 지정여부	「국토의 계획 및 이용에 관한 법률」에 따른 지역·지구등	도시지역 제1종일반주거지역 지구단위계획구역	
	다른 법령 등에 따른 지역·지구등	가축사육제한구역(2013-12-13)(전부제한지역)<가축분뇨의 관리 및 이용에 관한 법률> ,비행안전제3구역(전술)<군사기지 및 군사시설 보호법>,대기환경규제지역<대기환경보전법>,교통기타용도지역지구미분류<도로법>,도시교통정비지역<도시교통정비촉진법>,과밀억제권역<산업집적활성화 및 공장설립에 관한 법률> ,생활소음진동규제지역<소음진동규제법>,대기관리권역<수도권대기환경개선에 관한특별법>,과밀억제권역<수도권정비계획법> , 배수구역(부곡배수구역)<하수도법>,하수처리구역(부곡처리구역)<하수도법>	
	「토지이용규제 기본법 시행령」 제9조제4항 각 호에 해당되는 사항		
확인도면			범례 ■ 개발제한구역 □ 대기환경규제지역 □ 도시지역 □ 가축사육제한구역 □ 공공공지 ■ 제1종일반주거지역 □ 지구단위계획구역 □ 하수처리구역 □ 공익용산지 □ 준보전산지 □ 보전산지 □ 생활소음진동규제지역 □ 지역특화발전특구 □ 교통기타용도지역지구미분류 □ 철도 □ 배수구역 □ 과밀억제권역 □ 소로3류(폭 8m 미만) ■ 자연녹지지역 ■ 과밀억제권역 □ 도시교통정비지역 □ 법정동 □ 대기관리권역 □ 상대정화구역

 POINT 사례 토지는 확인도면상 주변이 개발제한구역으로 둘러 쌓여있는 것으로 보아 '개발제한구역/집단취락지구'로 지정되어 있던 토지에서 해제되어 용도지역은 제1종일반주거지역으로, 동시에 지구단위계획구역으로 지정되어 있는 토지임을 알 수 있다.

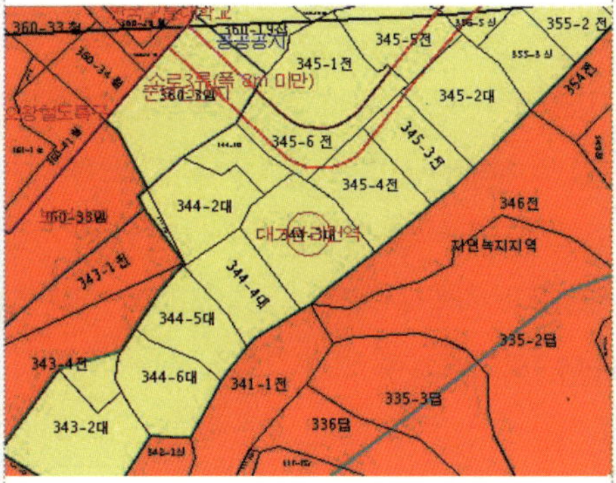

그린벨트에서 해제되었기 때문에 토지이용계획확인서에 더 이상 '개발제한구역'이라는 용도구역과 '집단취락지구'라는 용도지구는 표시되지 않는다. 그에 따라 개발제한구역 안에서의 건축제한도 적용되지 않고, 제1종일반주거지역과 지구단위계획에서 정한 계획에 부합하는 건축행위를 할 수 있다.

법령해석례 ❸

「개발제한구역의 지정 및 관리에 관한 특별조치법 시행규칙」 제9조제1호(취락지구의 주택호수 산정기준) 관련

[법제처 08-0001, 2008.4.22, 경기도 시흥시 도시주택국 도시정책과]

질의요지 취락지구 지정에 관한 주택수의 산정기준을 규정하고 있는 「개발제한구역의 지정 및 관리에 관한 특별조치법 시행규칙」 제9조제1호 전단은 해당 취락 안의 토지로서 영 별표 1 제3호(가) 및 동표 제4호(나)의 규정에 의하여 주택 또는 근린생활시설의 신축이 가능한 토지는 필지 당 주택 1호로 산정한다고 되어 있고, 같은 조 제3호는 주택을 용도변경한 근린생활시설 및 사회복지시설은 이를 주택으로 산정할 수 있다고 되어 있는데, 취락지구의 주택수 산정기준을 적용함에 있어 개발제한구역 지정 당시 지목이 '대(垈)'인 토지에 근린생활시설 또는 사회복지시설이 건축되어 있는 경우에도 같은 규칙 제9조제1호 전단에 따라 주택수로 산정할 수 있는지?

회답 개발제한구역 지정 당시부터 지목이 '대'인 토지에 근린생활시설 또는 사회복지시설이 건축되어 있는 경우에도 「개발제한구역의 지정 및 관리에 관한 특별조치법 시행규칙」 제9조제1호 전단에 따라 주택수로 산정할 수 있습니다.

이유 ○ 「국토의 계획 및 이용에 관한 법률」 제37조제1항제8호에서는 국토해양부장관 또는 시·도지사는 개발제한구역 안의 취락을 정비하기 위한 지구(이하 '취락지구'라 함)의 지정 또는 변경을 도시관리계획으로 결정한다고 되어 있고, 「개발제한구역의 지정 및 관리에 관한 특별조치법」(이하 "특별조치법"이라 함) 제14조는 개발제한구역 안에 주민이 집단적으로 거주하는 취락(개발제한구역 안에서 시행하는 공익사업의 시행으로 철거된 건축물의 이축을 위한 이주단지를 포함)을 취락지구로 지정할 수 있다고 되어 있으며, 취락을 구성하는 주택의 수, 단위면적당 주택의 수, 취락지구의 경계설정기준 등 취락지구의 지정기준 및 정비에 관한 사항은 대통령령으로 정한다고 되어 있습니다.

○ 「개발제한구역의 지정 및 관리에 관한 특별조치법 시행령」(이하 "특별조치법 시행령,"이라 함) 제25조에서는 취락지구의 지정요건으로 취락을 구성하는 주택의 수가 10호 이상이고, 취락지구 1만 제곱미터당 주택의 수(호수밀도)가 10호 이상이어야 하며, 취락지구의 경계설정은 도시관리계획 경계선, 다른 법률에 의한 지역·지구 및 구역의 경계선, 도로, 하천, 임야, 지적경계선 기타 자연적 또는 인공적 지형지물을 이용하여 설정하되, 지목이 '대'인 경우에는 가능한 한 필지가 분할되지 아니하도록 하여야 하며, 위와 같은 주택의 수는 국토해양부령이 정하는 기준에 따라 산정하도록 하고 있습니다.

○ 「특별조치법 시행령」 제25조에 따라 주택의 수를 산정하는 기준을 정한 「개발제한구역의 지정 및 관리에 관한 특별조치법 시행규칙」(이하 "특별조치법 시행규칙,"이라 함) 제9조에서는 해당 취락 안의 토지로서 개발제한구역 지정 당시부터 지목이 대인 토지(이축된 건축물이 있었던 토지의 경우에는 개발제한구역 지정 당시부터 해당 토지의 소유자와 건축물의 소유자가 다른 경우에 한함)와 개발제한구역 지정 당시부터 있던 기존의 주택("특별조치법 시행규칙」 제24조에 의한 개발제한구역건축물관리대장에 등재된 주택을 말함)이 있는 토지는 필지당 주택 1호로 산정(제1호 전단)하고, 개발제한구역 지정 당시부터 개발제한구역 안에 거주하고 있는 자가 동거하는 기혼자녀의 분가를 위하여 건축한 다세대주택은 주택 1호로 기타의 공동주택은 가구당 주택 1호로 산정(제2호)하며, 주택을 용도변경한 근린생활시설 및 사회복지시설은 이를 주택으로 산정(제3호)할 수 있도록 하고 있습니다.

○ 이 사안에서는 취락지구의 지정을 위한 주택수를 산정함에 있어서 개발제한구역 지정 당시 지목인 '대'인 토지 등 개발제한구역 안에서 주택을 신축할 수 있는 토지에 취락지구 지정기준일 당시 근린생활시설이나 사회복지시설이 건축되어 있는 경우 그러한 토지(근린생활시설이 건축되어 있는 토지)도 주택수 산정 대상에 포함되는지 여부가 문제됩니다.

○ 「특별조치법 시행령」 제13조제1항 및 별표 1 제3호(가) 및 동표 제4호(나)에 따르면, 개발제한구역 안에서는 원칙적으로 개발제한구역 지정 당시부터 지목이 '대'인 토지(이축된 건축물이 있었던 경우에는 개발제한구역 지정 당시부터 토지소유자와 건축물소유자가 다른 경우에 한함)와 개발제한구역 지정 당시부터 있던 기존의 주택으로서 개발제한구역건축물관리대장에 등재된 주택이 있는 토지에만 주택(단독주택을 말함)을 신축할 수 있습니다.

○ 「특별조치법 시행령」 별표 1 제3호(가)의 규정상 개발제한구역 지정 당시 지목이 '대'인 토지에 근린생활시설 등의 다른 건축물이 건축되어 있다고 하더라도 그 건축물을 철거(이축을 하는 경우는 제외됨)한다면 언제든지 주택을 새로 신축할 수 있을 것이므로 위의 '토지'는 나대지인 토지는 물론 현재 건축물이 건축되어 있는 토지도 포함된다고 할 것입니다.

○ 그런데, 「특별조치법 시행규칙」 제9조제1호에서 취락을 구성하는 주택수를 산정함에 있어서 「특별조치법 시행령」 별표 1 제3호(가) 및 동표 제4호(나)의 규정에 따라 주택 또는 근린생활시설의 신축이 가능한 토지를 필지당 주택 1호로 산정하도록 하고 있는 점에 미루어볼 때, 동 규정은 취락지구의 산정대상으로서 '주택수'를 산정함에 있어서는 건축물인 '주택'보다는 개발제한구역 안에서 주택을 신축할 수 있는 '토지'에 중점을 두고 규정한 것이라 할 것입니다.

○ 한편, 「지적법」상 '지목'은 토지의 주된 용도에 따라 토지의 종류를 구분하여 지적공부에 등록한 것을 말하는 바(「지적법」 제2조제7호), 지목이 '대'라는 것은 공부상 토지의 이용상태를 나타내는 것이므로 개발제한구역 지정 전후로 지목이 '대'가 아닌 곳에도 건축된 주택이 있을 수 있고, 개발제한구역 지정 당시부터 있던 기존의 주택이라도 개발제한구역 건축물관리대장에 등재되지 않았을 수도 있는데, 개발제한구역 지정 당시부터 있던 기존의 주택 중 개발제한구역 건축물관리대장에 등재되지 않은 주택이나 그 밖의 사정으로 「특별조치법 시행령」 별표 1 제3호(가)에 해당되지 않는 토지에 지어진 주택이 적법하게 건축되어질 수 있으며, 이러한 주택도 「특별조치법」 제11조제1항제8호 및 같은 법

시행령 제18조제1항제1호 및 제2호에 따라 근린생활시설이나 사회복지시설 등으로 용도변경될 수는 있다고 할 것입니다.

○ 위와 같은 사정을 고려할 때, 「특별조치법 시행규칙」 제9조제3호는 같은 조 제1호와의 체계적인 해석상 제1호에 해당되는 토지 외에도 추가적으로 주택수로 산정될 수 있는 경우를 규정한 것으로서 위에서 본 바와 같이 「특별조치법 시행규칙」 제9조제1호에 해당되는 토지가 아닌 곳에 건축된 주택(「특별조치법 시행령」 별표 1 제3호(가)에 따라 주택의 신축이 가능한 토지가 아닌 토지에 건축된 주택)이 근린생활시설 또는 사회복지시설 등으로 용도변경된 경우를 말한다고 할 것입니다.

○ 만약 「특별조치법 시행규칙」 제9조제1호를 취락지구 지정을 위한 기준일 당시 주택이 아닌 건축물이 있는 경우를 포함하지 아니하고 나대지인 토지로만 해석한다면 취락지구 지정권자가 취락지구 지정기준일을 어떻게 설정하느냐에 따라 산정되는 주택수가 달라지는 결과가 되고, 「특별조치법 시행령」 별표 1 제3호(가)에 해당하는 토지에 근린생활시설이 건축되어 있어도 그 토지의 소유권자가 해당 건축물을 철거하고 주택을 신축하는 것을 내용으로 하는 건축허가를 신청할 경우 이를 허가할 수 있음에도 특정한 시점에 주택이 아닌 다른 건축물이 건축되었다는 이유로 이를 취락지구 지정 대상에서 제외하게 되면 이는 동일한 규정이 취락지구 지정 대상 예정지역의 건축상황에 따라 달리 적용되는 것이므로 법 체계적으로 타당하지 않게 됩니다.

○ 따라서, 개발제한구역 지정 당시부터 지목이 '대'인 토지상에 근린생활시설 또는 사회복지시설이 건축되어 있는 경우에도 「특별조치법 시행규칙」 제9조제1호 전단에 따라 주택수로 산정할 수 있습니다.

그린벨트에서의 행위제한

05 허가를 받지 않고 할 수 있는 행위

그린벨트에서 할 수 있는 행위(또는 행위제한)에 대하여 「개발제한구역법」에서는 ①허가를 받아서 할 수 있는 행위 ②관리계획을 수립하여야 허가를 받을 수 있는 행위 ③신고를 하고 할 수 있는 행위 ④허가 또는 신고 없이 할 수 있는 행위 ⑤주민의견청취 및 도시계획위원회의 심의를 거쳐야 하는 행위의 5가지로 구분하고 있다.

관련법령 스터디

개발제한구역법 제12조(개발제한구역에서의 행위제한)

① 개발제한구역에서는 건축물의 건축 및 용도변경, 공작물의 설치, 토지의 형질변경, 죽목竹木의 벌채, 토지의 분할, 물건을 쌓아놓는 행위 또는 「국토계획법」 제2조제11호에 따른 도시·군계획사업의 시행을 할 수 없다. 다만, 다음 각 호의 어느 하나에 해당하는 행위를 하려는 자는 특별자치시장·특별자치도지사·시

장·군수 또는 구청장(이하 '시장·군수·구청장'이라 한다)의 허가를 받아 그 행위를 할 수 있다. (중략)

② 시장·군수·구청장은 제1항 단서에 따라 허가를 하는 경우 허가 대상 행위가 제11조에 따라 관리계획을 수립하여야만 할 수 있는 행위인 경우에는 미리 관리계획이 수립되어 있는 경우에만 그 행위를 허가할 수 있다.

③ 제1항 단서에도 불구하고 주택 및 근린생활시설의 대수선 등 대통령령으로 정하는 행위는 시장·군수·구청장에게 신고하고 할 수 있다.

④ 제1항 단서와 제3항에도 불구하고 국토교통부령으로 정하는 경미한 행위는 허가를 받지 아니하거나 신고를 하지 아니하고 할 수 있다.

⑤ 시장·군수·구청장이 제1항 각 호의 행위 중 대통령령으로 정하는 규모 이상으로 건축물을 건축하거나 토지의 형질을 변경하는 행위 등을 허가하려면 대통령령으로 정하는 바에 따라 주민의 의견을 듣고 관계 행정기관의 장과 협의한 후 특별자치시·특별자치도·시·군·구 도시계획위원회의 심의를 거쳐야 한다. 다만, 도시·군계획시설 또는 제1항제1호라목의 시설 중 국방·군사에 관한 시설의 설치와 그 시설의 설치를 위하여 토지의 형질을 변경하는 경우에는 그러하지 아니하다.

1. 허가 또는 신고 없이 할 수 있는 행위

그린벨트 내에서 허가를 받지 아니하거나 신고를 하지 아니하고 할 수 있는 경미한 행위는 「개발제한구역법 시행규칙」(별표4)에 다음과 같이 열거되어 있다. 농지에 농업용 비닐하우스의 설치·영농을 위한 지하수의 개발 등 농림수산업의 영위와 관련된 행위와 주택을 관리하는 행위 등 허가의 난이도가 가장 낮은 행위들이 여기에 해당한다.

1. 농림수산업을 하기 위한 다음 각 목의 어느 하나에 해당하는 행위

    가. 농사를 짓기 위하여 논·밭을 갈거나 50센티미터 이하로 파는 행위

    나. 홍수 등으로 논·밭에 쌓인 흙·모래를 제거하는 행위

    다. 경작 중인 논·밭의 지력地力을 높이기 위하여 환토換土·객토客土를 하는 행위(영리 목적의 토사 채취는 제외한다)

    라. 밭을 논으로 변경하기 위한 토지의 형질변경(머목의 행위와 병행할 수 있다)

    마. 과수원을 논이나 밭으로 변경하기 위한 토지의 형질변경

    바. 농경지를 농업생산성 증대를 목적으로 정지, 수로 등을 정비하는 행위(휴경지의 죽목을 벌채하는 경우에는 영 제15조 및 제19조제4호의 규정에 따른다)

    사. 채소·연초(건조용을 포함한다)·버섯의 재배와 원예를 위한 것으로서 다음의 요건을 모두 갖춘 비닐하우스(이하 '농업용 비닐하우스'라 한다)를 설치(가설 및 건축을 포함한다. 이하 이 표에서 같다)하는 행위

        1) 구조상 골조 부분만 목제·철제·폴리염화비닐PVC 등의 재료를 사용하고, 그 밖의 부분은 비닐로 설치하여야 하며, 유리 또는 강화플라스틱FRP이 아니어야 한다. 다만, 출입문의 경우는 투명한 유리 또는 강화플라스틱 등 이와 유사한 재료를 사용할 수 있다.

        2) 화훼직판장 등 판매전용시설은 제외하며, 비닐하우스를 설

치하여도 녹지가 훼손되지 아니하는 농지에 설치해야 한다.

3) 기초는 가로, 세로 및 높이가 각각 40센티미터 이하인 규모에 한하여 콘크리트 타설을 할 수 있으며, 바닥은 콘크리트 타설을 하지 아니한 비영구적인 임시가설물(보도블록이나 부직포 등 이와 유사한 것을 말한다)이어야 한다.

아. 농업용 분뇨장(탱크 설치를 포함한다)을 설치하는 행위

자. 과수원이나 경제작물을 보호하기 위하여 철조망(녹색이나 연두색 등의 펜스를 포함한다)을 설치하는 행위

차. 10제곱미터 이하의 농업용 원두막을 설치하는 행위

카. 밭 안에 야채 등을 저장하기 위하여 토굴 등을 파는 행위

타. 나무를 베지 아니하고 나무를 심는 행위

파. 축사에 사료를 배합하기 위한 기계시설을 설치하는 행위(일반인에게 배합사료를 판매하기 위한 경우는 제외한다)

하. 기존의 대지(담장으로 둘러싸인 내부를 말한다)에 15제곱미터 이하의 간이축사를 설치하는 행위

거. 가축의 분뇨를 이용한 분뇨장에 취사·난방용 메탄가스 발생시설을 설치하는 행위

너. 농업용 비닐하우스 및 온실에서 생산되는 화훼 등을 판매하기 위하여 벽체 없이 33제곱미터 이하의 화분진열시설을 설치하는 행위

더. 농업용 비닐하우스에 탈의실 또는 농기구보관실, 난방용 기계실, 농작물의 신선도 유지를 위한 냉장시설 등의 용도로 30제

곱미터 이하의 임시시설을 설치하는 행위

러. 토지의 형질변경이나 대지 등으로의 지목변경을 하지 아니하는 범위에서 축사에 딸린 가축방목장을 설치하는 행위

머. 영농을 위하여 높이 50센티미터 미만(최근 1년간 성토한 높이를 합산한 것을 말한다)으로 성토하는 행위

버. 생산지에서 50제곱미터 이하의 곡식건조기 또는 비가림시설을 설치하는 행위

서. 축사운동장에 개방형 비닐하우스(축산분뇨용 또는 톱밥발효용을 말한다)를 설치하는 행위(축사용도로 사용하는 것을 제외한다)

어. 토지의 형질변경 없이 논에 참게·우렁이·지렁이 등을 사육하거나 사육을 위한 울타리 및 비닐하우스를 설치하는 행위

저. 농산물수확기에 농지에 설치하는 30제곱미터 이하의 판매용 야외 좌판(그늘막 등을 포함한다)을 설치하는 행위

처. 삭제 〈2015.2.5.〉

커. 저수지를 관리하기 위한 단순한 준설행위(골재를 채취하기 위한 경우는 제외한다)

터. 영농을 위한 지하수의 개발·이용시설을 설치하는 행위

2. 주택을 관리하는 다음 각 목의 어느 하나에 해당하는 행위

가. 사용 중인 방을 나누거나 합치거나 부엌이나 목욕탕으로 바꾸는 경우 등 가옥 내부를 개조하거나 수리하는 행위

나. 지붕을 개량하거나 기둥벽을 수선하는 행위

다. 외장을 변경하거나 칠하거나 꾸미는 행위

라. 내벽 또는 외벽에 창문을 설치하는 행위

마. 외벽 기둥에 차양을 달거나 수리하는 행위

바. 외벽과 담장 사이에 차양을 달아 헛간으로 사용하는 행위

사. 높이 2미터 미만의 담장·축대(옹벽을 포함한다)를 설치하는 행위(택지 조성을 위한 경우는 제외한다)

아. 우물을 파거나 장독대(광을 함께 설치하는 경우는 제외한다)를 설치하는 행위

자. 재래식 변소를 수세식 변소로 개량하는 행위

3. 마을공동사업인 다음 각 목의 어느 하나에 해당하는 행위

　가. 공동우물(「지하수법」에 따른 음용수용 지하수를 포함한다)을 파거나 빨래터를 설치하는 행위

　나. 마을도로(진입로를 포함한다) 및 구거溝渠를 정비하거나 석축石築을 개수·보수하는 행위

　다. 농로를 개수·보수하는 행위

　라. 나지裸地에 녹화사업을 하는 행위

　마. 토관을 매설하는 행위

4. 비주택용 건축물에 관련된 다음 각 목의 어느 하나에 해당하는 행위

　가. 주택의 경우와 같이 지붕 개량, 벽 수선, 미화작업 또는 창문 설치를 하는 행위

나. 기존의 종교시설 경내(공지)에 종각·불상 또는 석탑을 설치하는 행위

다. 기존의 묘역에 분묘를 설치하는 행위

라. 종교시설의 경내에 일주문一柱門을 설치하는 행위

마. 임업시험장에 육림연구·시험을 위하여 임목을 심거나 벌채하는 행위

5. 건축물의 용도변경으로서 다음 각 목의 어느 하나에 해당하는 경우

가. 축사·잠실蠶室 등의 기존 건축물을 일상 생업에 필요한 물품·생산물의 저장소나, 새끼·가마니를 짜는 등의 농가부업용 작업장으로 일시적으로 사용하는 경우

나. 주택의 일부를 이용하여 부업의 범위에서 상점 등으로 사용하는 경우(관계 법령에 따른 허가 또는 신고 대상이 아닌 것만 해당한다)

다. 주택의 일부(종전의 부속건축물을 말한다)를 다용도시설 및 농산물건조실(건조를 위한 공작물의 설치를 포함한다)로 사용하는 경우

라. 새마을회관의 일부를 경로당으로 사용하는 경우

6. 기존 골프장을 통상적으로 운영·관리할 목적으로 골프장을 유지·보수하는 다음 각 목의 어느 하나에 해당하는 행위

가. 차량정비고나 부품보관창고 부지의 바닥 포장

나. 잔디의 배토培土작업에 소요되는 부엽토 및 토사를 일시적으로 쌓아놓는 행위

다. 골프장 배수로 정비

라. 잔디를 심고 가꾸는 행위

마. 티 그라운드의 모양 및 크기를 변경하는 행위

바. 벙커의 위치·모양 및 크기를 변경하는 행위

사. 코스 내 배수 향상을 위하여 부분적으로 절토·성토하는 행위

아. 염해(鹽害)를 입은 잔디의 생육이 가능하도록 하기 위한 통상적인 성토

자. 작업도로 변경 및 포장

7. 재해의 긴급한 복구를 위한 다음 각 목의 어느 하나에 해당하는 행위

　가. 벌채 면적 500제곱미터 미만의 죽목(竹木) 베기(연간 1천 제곱미터를 초과할 수 없다)

　나. 벌채 수량 5세제곱미터 미만의 죽목(竹木) 베기(연간 10세제곱미터를 초과할 수 없다)

8. 기존 건축물의 대지(적법하게 조성된 대지로 한정한다) 안에 물건을 쌓아 놓는 행위

2. 신고를 하고 할 수 있는 행위

그린벨트 내에서 주택 및 근린생활시설의 대수선 등 「개발제한구

역법시행령」제19조에서 정하는 다음의 행위는 시장·군수·구청장에게 신고하고 할 수 있다.

1. 주택 및 근린생활시설로서 다음 각 목의 어느 하나에 해당하는 증축·개축 및 대수선 大修繕

   가. 기존 면적을 포함한 연면적의 합계가 100제곱미터 이하인 경우

   나. 증축·개축 및 대수선되는 연면적의 합계가 85제곱미터 이하인 경우

2. 농림수산업용 건축물(관리용 건축물은 제외한다) 또는 공작물로서 다음 각 목의 어느 하나에 해당하는 경우의 증축·개축 및 대수선

   가. 증축·개축 및 대수선되는 건축면적 또는 바닥면적의 합계가 50제곱미터 이하인 경우

   나. 축사, 동물 사육장, 작물 재배사 栽培舍, 퇴비사(발효퇴비장을 포함한다) 및 온실의 기존 면적을 포함한 연면적의 합계가 200제곱미터 미만인 경우

   다. 창고의 기존 면적을 포함한 연면적의 합계가 100제곱미터 미만인 경우

2의2. 「농어촌정비법」제2조제16호다목에 따른 주말농원사업 중 주말영농을 위하여 토지를 임대하는 이용객이 50명 이상인 주말농원사업에 이용되는 10제곱미터 초과 20제곱미터 이하의 농업용 원두막(벽이 없고 지붕과 기둥으로 설치한 것을 말한다)을 설치하는 행위. 다만, 주말농원을 운영하지 아니하는 경우에는

지체 없이 철거하고 원상복구하여야 한다.
3. 근린생활시설 상호 간의 용도변경. 다만, 휴게음식점·제과점 또는 일반음식점으로 용도변경하는 경우는 제외한다.
4. 벌채 면적이 500제곱미터 미만이거나 벌채 수량이 5세제곱미터 미만인 죽목의 벌채
5. 다음 각 목의 어느 하나에 해당하는 물건을 쌓아두는 행위

    가. 개발제한구역법 시행령 제17조제1항에 따른 물건(모래, 자갈, 토석, 석재, 목재, 철재, 폴리비닐클로라이드PVC, 컨테이너, 콘크리트제품, 드럼통, 병, 그 밖에 「폐기물관리법」 제2조제1호에 따른 폐기물이 아닌 물건으로서 물건의 중량이 50톤을 초과하거나 부피가 50세제곱미터를 초과하는 것)을 1개월 미만 동안 쌓아두는 행위

    나. 중량이 50톤 이하이거나 부피가 50세제곱미터 이하로서 개발제한구역특별법 시행령 제17조제1항에 따른 물건을 15일 이상 쌓아두는 행위

6. 「매장문화재 보호 및 조사에 관한 법률」에 따른 문화재의 조사·발굴을 위한 토지의 형질변경
7. 생산품의 보관을 위한 임시 가설 천막(벽 또는 지붕이 합성수지 재질로 된 것을 포함한다)의 설치(기존의 공장 및 제조업소의 부지에 설치하는 경우만 해당한다)
8. 지반의 붕괴 또는 그 밖의 재해를 예방하거나 복구하기 위한 축대·옹벽·사방시설 등의 설치
9. 삭제 〈2016.6.30.〉

10. 논을 밭으로 변경하기 위한 토지의 형질변경

11. 논이나 밭을 과수원으로 변경하기 위한 토지의 형질변경

12. 대지화되어 있는 토지를 논·밭·과수원 또는 초지로 변경하기 위한 토지의 형질변경

13. 개발제한구역 지정 당시부터 있던 기존 주택 대지 안에서의 지하수의 개발·이용시설의 설치(상수도가 설치되어 있지 아니한 경우로 한정한다)

06 허가를 받아서 할 수 있는 행위

1. 토지의 형질변경, 분할, 적치 및 벌채 등

개발제한구역에서는 건축물의 건축 및 용도변경, 공작물의 설치, 토지의 형질변경, 죽목竹木의 벌채, 토지의 분할, 물건을 쌓아놓는 행위 또는 「국토계획법」에 따른 도시·군계획사업의 시행을 할 수 없다. 다만, 다음 각 호의 어느 하나에 해당하는 행위는 특별자치시장·특별자치도지사·시장·군수 또는 구청장(이하 '시장·군수·구청장'이라 한다)의 허가를 받아 그 행위를 할 수 있다.

1. 다음 각 목의 어느 하나에 해당하는 건축물이나 공작물로서 대통령령으로 정하는 건축물의 건축 또는 공작물의 설치와 이에 따르는 토지의 형질변경

가. 공원, 녹지, 실외체육시설, 시장·군수·구청장이 설치하는 노인의 여가활용을 위한 소규모 실내 생활체육시설 등 개발제한구역의 존치 및 보전관리에 도움이 될 수 있는 시설

나. 도로, 철도 등 개발제한구역을 통과하는 선형線形시설과 이에 필수적으로 수반되는 시설

다. 개발제한구역이 아닌 지역에 입지가 곤란하여 개발제한구역내에 입지하여야만 그 기능과 목적이 달성되는 시설

라. 국방·군사에 관한 시설 및 교정시설

마. 개발제한구역 주민의 주거·생활편익·생업을 위한 시설

1의2. 도시공원, 물류창고 등 정비사업을 위하여 필요한 시설로서 대통령령으로 정하는 시설을 정비사업 구역에 설치하는 행위와 이에 따르는 토지의 형질변경

2. 개발제한구역의 건축물로서 제15조에 따라 지정된 취락지구로의 이축移築

3. 「공익사업을 위한 토지 등의 취득 및 보상에 관한 법률」 제4조에 따른 공익사업(개발제한구역에서 시행하는 공익사업만 해당한다. 이하 이 항에서 같다)의 시행에 따라 철거된 건축물을 이축하기 위한 이주단지의 조성

3의2. 「공익사업을 위한 토지 등의 취득 및 보상에 관한 법률」 제4조에 따른 공익사업의 시행에 따라 철거되는 건축물 중 취락지구로 이축이 곤란한 건축물로서 개발제한구역 지정 당시부터 있던 주택, 공장 또는 종교시설을 취락지구가 아닌 지역으로 이

축하는 행위

4. 건축물의 건축을 수반하지 아니하는 토지의 형질변경으로서 영농을 위한 경우 등 대통령령으로 정하는 토지의 형질변경

5. 벌채 면적 및 수량樹量, 그 밖에 대통령령으로 정하는 규모 이상의 죽목竹木 벌채

6. 대통령령으로 정하는 범위의 토지 분할

7. 모래·자갈·토석 등 대통령령으로 정하는 물건을 대통령령으로 정하는 기간까지 쌓아놓는 행위

8. 제1호 또는 제13조에 따른 건축물 중 대통령령으로 정하는 건축물을 근린생활시설 등 대통령령으로 정하는 용도로 용도변경하는 행위

9. 개발제한구역 지정 당시 지목地目이 대垈인 토지가 개발제한구역 지정 이후 지목이 변경된 경우로서 제1호마목의 시설 중 대통령령으로 정하는 건축물의 건축과 이에 따르는 토지의 형질변경

허가를 받은 건축물의 건축 또는 공작물의 설치와 이에 따르는 토지의 형질변경

1. 허가를 받아 할 수 있는 건축물의 건축 또는 공작물의 설치 등

다음의 어느 하나에 해당하는 건축물이나 공작물로서 「개발제한구역법 시행령」으로 정하는 건축물의 건축 또는 공작물의 설치와 이에 따르는 토지의 형질변경은 허가를 받아 할 수 있다.

- 공원, 녹지, 실외체육시설, 시장·군수·구청장이 설치하는 노인의 여가활용을 위한 소규모 실내 생활체육시설 등 개발제한구역의 존치 및 보전관리에 도움이 될 수 있는 시설
- 도로, 철도 등 개발제한구역을 통과하는 선형線形시설과 이에 필수적으로 수반되는 시설
- 개발제한구역이 아닌 지역에 입지가 곤란하여 개발제한구역내에 입지하여야만 그 기능과 목적이 달성되는 시설
- 국방·군사에 관한 시설 및 교정시설
- 개발제한구역 주민의 주거·생활편익·생업을 위한 시설

☞ 「개발제한구역법 시행령」에 따른 건축물 또는 공작물의 종류, 건축 또는 설치의 범위는 부록(별첨 1)로 첨부하였다.

2. 인접한 용도지역에서 허용되는 건축물의 건축 및 공작물의 설치

개발제한구역의 토지가 다음의 어느 하나에 해당하는 경우에는 인접한 용도지역에서 허용되는 건축물 또는 공작물을 건축하거나 설치할 수 있다.

1. 개발제한구역 지정 당시부터 개발제한구역의 경계선이 건축물 또는 공작물(개발제한구역법 제12조 제7항에 따라 개발제한구역 지정 당시 이미 관계 법령에 따라 허가 등을 받아 공사 또는 사업에 착수한 건축물 또는 공작물을 포함한다)을 관통하는 경우 그 건축물 또는 공작물의 부지(개발제한구역 지정 당시부터 담장 등으로 구획되어 있어 기능상 일체가 되는 토지를 말한다)
2. 개발제한구역 지정 당시부터 해당 필지의 2분의 1 미만이 개발제한구역에 편입된 토지로서 지목地目이 대垈인 토지(개발제한구역 지정 후에 개발제한구역 경계선을 기준으로 분할된 토지를 포함한다)

도시공원, 물류창고 등 정비사업을 위하여 필요한 시설로서 다음의 시설을 정비사업 구역에 설치하는 행위와 이에 따르는 토지의 형질변경

1. 「도시공원 및 녹지 등에 관한 법률」 제2조에 따른 도시공원 또는 녹지
2. 다음 각 목의 요건을 모두 갖춘 물류창고(「물류시설의 개발 및 운영에 관한 법률」 제2조 제5호의2에 따른 물류창고를 말한다)
   가. 저장물질이 「고압가스 안전관리법」에 따른 고압가스, 「위험물안전관리법」 제2조제1호에 따른 위험물 또는 「화학물질관리법」 제2조제2호에 따른 유독물질이 아닐 것
   나. 높이가 8미터 이하일 것
   다. 용적률이 120퍼센트 이하일 것
3. 정비사업 구역 내의 법 제13조에 따른 건축물을 철거하고 종전과 같은 용도로 신축하는 건축물

「공익사업을 위한 토지 등의 취득 및 보상에 관한 법률」 제4조에 따른 공익사업(개발제한구역에서 시행하는 공익사업만 해당한다)의 시행에 따라 철거된 건축물을 이축하기 위한 이주단지의 조성

「공익사업을위한토지등의취득및보상에관한법률」 제4조(공익사업)에 의한 공익사업의 종류는 다음과 같다. 지면의 편의상 제8호의 별표는 생략하였다.

이 법에 따라 토지등을 취득하거나 사용할 수 있는 사업은 다음 각 호의 어느 하나에 해당하는 사업이어야 한다.

1. 국방·군사에 관한 사업
2. 관계 법률에 따라 허가·인가·승인·지정 등을 받아 공익을 목적으로 시행하는 철도·도로·공항·항만·주차장·공영차고지·화물터미널·궤도軌道·하천·제방·댐·운하·수도·하수도·하수종말처리·폐수처리·사방砂防·방풍防風·방화防火·방조防潮·방수防水·저수지·용수로·배수로·석유비축·송유·폐기물처리·전기·전기통신·방송·가스 및 기상 관측에 관한 사업
3. 국가나 지방자치단체가 설치하는 청사·공장·연구소·시험소·보건시설·문화시설·공원·수목원·광장·운동장·시장·묘지·화장장·도축장 또는 그 밖의 공공용 시설에 관한 사업
4. 관계 법률에 따라 허가·인가·승인·지정 등을 받아 공익을 목적으로 시행하는 학교·도서관·박물관 및 미술관 건립에 관한 사업
5. 국가, 지방자치단체,「공공기관의 운영에 관한 법률」제4조에 따른 공공기관,「지방공기업법」에 따른 지방공기업 또는 국가나 지방자치단체가 지정한 자가 임대나 양도의 목적으로 시행하는 주택 건설 또는 택지 및 산업단지 조성에 관한 사업
6. 제1호부터 제5호까지의 사업을 시행하기 위하여 필요한 통로, 교량, 전선로, 재료적치장 또는 그 밖의 부속시설에 관한 사업
7. 제1호부터 제5호까지의 사업을 시행하기 위하여 필요한 주택, 공장 등의 이주단지 조성에 관한 사업
8. 그 밖에 별표에 규정된 법률에 따라 토지등을 수용하거나 사용할 수 있는 사업

영농을 위한 경우 등
건축물의 건축을 수반하지 아니하는 토지의 형질변경

영농을 위한 경우 등 건축물의 건축을 수반하지 아니하는 토지의 형질변경의 범위는 다음과 같다(개발제한구역법 제14조).

1. 농림수산업을 위한 개간 또는 초지 조성. 이 경우 개간 예정지는 경사도가 21도 이하, 초지 조성 예정지는 경사도가 36도 이하이어야 한다.
2. 경작 중인 논·밭을 환토換土하거나 객토客土하기 위한 토석의 채취, 논·밭의 환토·개답開畓·개간(개간의 경우에는 경사도가 5도 이하로서 나무가 없는 토지만 해당한다)에 수반되는 골재의 채취
3. 농로農路, 임도林道, 사도私道를 설치하기 위한 토지의 형질변경
4. 삭제 〈2009.8.5.〉
5. 「공익사업을 위한 토지 등의 취득 및 보상에 관한 법률」 제2조제2호에 따른 공익사업의 시행이나 재해로 인하여 인접지보다 지면이 낮아진 논밭의 영농을 위하여 50센티미터 이상 성토盛土하는 행위
6. 삭제 〈2010.10.14.〉
7. 기존의 공동묘지를 그 묘역의 범위에서 공설묘지로 정비하기 위한 토지의 형질변경
9. 다음 각 목의 어느 하나에 해당하는 시설의 진입로 설치를 위한 토지의 형질변경
   가. 주택 또는 근린생활시설[개발제한구역 지정 당시 건축되었거나 별표 1 제5호다목가) 또는 같은 호 라목나)에 따라 신축하려는 것만 해당한다]
   나. 별표 1 제5호마목에 따른 주민 공동이용시설 중 개발제한구역 지정 당시 건축되었거나 설치된 마을공동작업장·마을공동회관·공동구판장·공판장 또는 목욕장

9의2. 「전통사찰의 보존 및 지원에 관한 법률」에 따른 전통사찰의 진입로 설치를 위한 토지의 형질변경. 이 경우 그 진입로의 너비는 4미터 이내로 하되, 차량의 교행交行이나 대피 등 안전확보를 위한 곳에서는 그 너비를 8미터까지로 할 수 있다.

10. 개발제한구역의 지정 이전부터 방치된 광업폐기물·폐석廢石 및 광물찌꺼기를 제거하기 위한 토지의 형질변경

11. 법 제15조제1항에 따라 지정된 취락지구를 정비하기 위한 사업의 시행에 필요한 토지의 형질변경

12. 건축물이 철거된 토지 및 그 인접 토지를 녹지 등으로 조성하기 위한 토지의 형질변경

13. 「공익사업을 위한 토지 등의 취득 및 보상에 관한 법률」 제4조제1호 및 제2호에 따른 공익사업을 시행하기 위한 토석의 채취

14. 하천구역에서의 토석 및 모래·자갈의 채취와 저수지 및 수원지의 준설浚渫에 따른 골재의 채취

15. 국토교통부령으로 정하는 지하자원의 조사 및 개발(이를 위한 공작물의 설치를 포함한다)

16. 대지화되어 있는 토지(관계 법령에 따른 허가 등 적법한 절차에 따라 조성된 토지의 지목이 대·공장용지·철도용지·학교용지·수도용지·잡종지로서 건축물이나 공작물이 건축 또는 설치되어 있지 아니한 나무가 없는 토지를 말한다. 이하 같다)에 노외주차장을 설치(주차 관리를 위한 연면적 20제곱미터 이하의 가설건축물의 설치를 포함한다)하기 위한 토지의 형질변경

17. 「주차장법」에 따른 건축물 부설주차장을 설치하기 위한 토지의 형질변경(기존의 대지에 설치할 수 없는 경우만 해당한다)

18. 「농어촌정비법」에 따른 주말농원에 노외주차장을 설치하기 위한 토지의 형질변경(노외주차장의 면적이 600제곱미터 이하인 경우만 해당한다)

죽목^{竹木}의 벌채

벌채 면적 500제곱미터 또는 벌채 수량 5세제곱미터 이상은 허가를 받아서 할 수 있다.

토지의 분할

분할된 후 각 필지의 면적이 200제곱미터 이상(지목이 대인 토지를 주택 또는 근린생활시설을 건축하기 위하여 분할하는 경우에는 330제곱미터 이상)인 경우의 토지분할은 허가를 받아서 할 수 있다. 기획부동산의 그린벨트 땅 쪼개기를 차단하기 위하여 지방자치단체가 그린벨트 토지 분할을 허가할 때는 사유, 면적, 필지수 등을 검토해 허가 여부를 결정하도록 하는 「개발제한구역법 시행령」 개정안이 2017.1.31.자로 입법예고 되어 있다. 다만, 다음 각 호의 어느 하나에 해당하는 경우에는 그 미만으로도 분할할 수 있다.

1. 「공익사업을 위한 토지 등의 취득 및 보상에 관한 법률」 제4조제1호 및 제2호에 따른 공익사업을 시행하기 위한 경우
2. 인접 토지와 합병하기 위한 경우
3. 「사도법」에 따른 사도^{私道}, 농로, 임도, 그 밖에 건축물 부지의 진입로를 설치하기 위한 경우
4. 「개발제한구역법 시행령」 별표 2 제3호가목에 따른 토지의 형질변경을 위한 경우. 다만, 분할 후 형질변경을 하지 아니하는 다른 필지의 면적이 60제곱미터 미만인 경우는 제외한다.

※ 「개발제한구역 시행령」 별표 2 제3호가목이란?

가. 토지의 형질변경면적은 건축물의 건축면적 및 공작물의 바닥면적의 2배 이하로 한다. 다만, 다음의 어느 하나의 경우에는 그 해당 면적으로 한다.

1) 축사 및 미곡종합처리장은 바닥면적의 3배 이하

2) 주택 또는 근린생활시설의 건축을 위하여 대지를 조성하는 경우에는 기존면적을 포함하여 330제곱미터 이하. 다만, 별표 1 제5호다목다)① 또는 같은 호 라목1)부터 11)까지 외의 부분 다)에 따라 「공익사업을 위한 토지 등의 취득 및 보상에 관한 법률」에 따른 공익사업의 시행으로 인하여 철거된 건축물을 신축하는 경우 해당 대지의 조성면적은 철거 당시의 대지면적까지로 할 수 있다.

3) 별표 1의 건축물 및 공작물과 관련하여 이 영 및 다른 법령에서 토지의 형질변경을 수반하는 시설을 설치할 것을 따로 규정한 경우에는 그 규정에서 허용하는 범위

4) 법 제4조의2에 따른 훼손지 정비사업을 위한 경우에는 그 정비사업 구역 전체

물건의 적치

모래, 자갈, 토석, 석재, 목재, 철재, 폴리비닐클로라이드^{PVC}, 컨테이너, 콘크리트제품, 드럼통, 병, 그 밖에 「폐기물관리법」 제2조제1호에 따른 폐기물이 아닌 물건으로서 물건의 중량이 50톤을 초과하거나 부피가 50세제곱미터를 초과하는 것을 1개월 이상 12개월 이하의 기간 동안 쌓아두는 것은 허가를 받아서 할 수 있다.

법령해석례 ❹

개발제한구역 지정 당시부터 지목이 대였으나 도로에 접하지 않은 토지에서의 주택 신축을 위한 진입로의 설치가 허용되는지?

• 「개발제한구역의 지정 및 관리에 관한 특별조치법 시행령」 제14조제9호 등 관련) •
[법제처 15-0088, 2015.3.18, 대구광역시 달성군]

질의요지 개발제한구역 지정 당시부터 지목이 대(垈)인 토지로서 「개발제한구역의 지정 및 관리에 관한 특별조치법 시행령」 별표 1 제5호다목가)에 따라 주택을 신축할 수 있는 토지가 도로에 접하지 아니하여 주택을 신축하기 위해 진입로가 필요한 경우, 같은 법 시행령 제14조제9호에 따라 허가를 받아 진입로 설치를 위한 토지의 형질변경을 할 수 있는지?

질의 배경 국토교통부는 개발제한구역 지정 당시부터 지목이 '대'인 토지에서의 주택 신축을 위한 진입로 설치에 대하여 종전에는 건축물의 건축을 수반한다고 보아 허용되지 않는다는 입장이었으나, 규제완화 차원에서 그와 같은 경우는 건축물의 건축을 수반하지 아니하므로 진입로 설치를 허용할 수 있다고 입장을 변경하여 각 지방자치단체에 전파하였는데, 달성군에서 국토교통부의 변경된 입장에 대해 이견이 있어 법제처에 법령해석을 요청한 사안임.

회답 개발제한구역 지정 당시부터 지목이 대인 토지로서 「개발제한구역의 지정 및 관리에 관한 특별조치법 시행령」 별표 1 제5호다목가)에 따라 주택을 신축할 수 있는 토지가 도로에 접하지 아니하여 주택을 신축하기 위해 진입로가 필요한 경우에는 같은 법 시행령 제14조제9호에 따라 허가를 받아 진입로 설치를 위한 토지의 형질변경을 할 수 있습니다.

이유 「개발제한구역의 지정 및 관리에 관한 특별조치법」(이하 '개발제한구역법'이라 함) 제12조제1항 본문에서는 개발제한구역에서 건축물의 건축 및 용도변경, 공작물의 설치, 토지의 형질변경 등을 할 수 없다고 규정하고 있고, 같은 항 단서에서는 같은 항 각 호의 어느 하나에 해당하는 행위를 하려는 자는 시장·군수·구청장의 허가를 받아 그 행위를 할 수 있다고 규정하고 있으며, 같은 항 제1호마목에서는 개발제한구역 주민의 주거·생활편익·생업을 위한 시설에 해당하는 건축물로서 대통령령으로 정하는 건축물의 건축을 개발제한구역에서 허용되는 행위의 하나로 규정하고 있고, 그 위임에 따라 같은 법 시행령 별표 1 제5호다목가)에서는 개발제한구역 지정 당시부터 지목이 대인 토지에는 주택을 신축할 수 있다고 규정하고 있습니다.

그리고, 개발제한구역법 제12조제1항제4호에서는 건축물의 건축을 수반하지 아니하는 토지의 형질변경으로서 영농을 위한 경우 등 대통령령으로 정하는 토지의 형질변경을 개발제한구역에서 허용되는 행위의 하나로 규정하고 있고, 그 위임에 따라 같은 법 시행령 제14조제9호에서는 개발제한구역에서 허용되는 토지의 형질변경의 하나로 주택 등의 진입로 설치를 위한 토지의 형질변경을 규정하고 있습니다.

한편, 「건축법」 제44조제1항 본문에서는 건축물의 대지는 2미터 이상이 도로에 접하여야 한다고 규정하고 있는 바,
이 사안은 개발제한구역 지정 당시부터 지목이 대인 토지로서 개발제한구역법 시행령 별표 1 제5호다목가)에 따라 주택을 신축할 수 있는 토지가 도로에 접하지 아니하여 주택을 신축하기 위해 진입로가 필요한 경우, 같은 법 시행령 제14조제9호에 따라 허가를 받아 진입로 설치를 위한 토지의 형질변경을 할 수 있는지에 관한 것이라 하겠습니다.

먼저, 개발제한구역법의 입법취지는 도시의 무질서한 확산을 방지하고 도시 주변의 자연환경을 보전하여 도시민의 건전한 생활환경을 확보하기 위한 것인 바, 개발제한구역에서는 그 지정 목적상 건축물의 건축 및 용도변경, 공작물의 설치, 토지의 형질변경 등의 행위가 원칙적으로 금지되고, 다만 구체적인 경우에 위와 같은 개발제한구역의 지정 목적

에 위배되지 아니하면 예외적으로 허가를 받아 금지된 행위를 할 수 있습니다.

그리고, 개발제한구역법 시행령 제14조제9호에서는 개발제한구역에서 허용되는 토지의 형질변경의 하나로 '주택 등의 진입로 설치를 위한 토지의 형질변경'을 규정하고 있는데, 주택을 신축하기 위하여 도로와 연결되는 진입로를 설치하는 경우와 기존에 건축된 주택에 도로와 연결되는 진입로를 설치하는 경우는 주택의 진입로 설치를 목적으로 한다는 점에서는 동일하고, 또한 같은 법 제12조제1항제4호에서는 '건축물의 건축을 수반하지 아니하는 토지의 형질변경'을 허용하고 있는데, 이 사안의 경우 토지의 형질변경 대상이 되는 토지에 건축물이 건축되는 것도 아니라는 점에서, 여기에서 주택의 의미를 기존에 건축되어 있는 주택만으로 한정하여 해석할 필요는 없다고 할 것입니다.

또한, 개발제한구역 지정 당시부터 지목이 대인 토지에 주택 신축을 허용할 수 있도록 규정한 취지는 개발제한구역 안에 거주하는 주민들의 불편을 덜어주고 재산권 행사에 대한 규제를 완화하려는 것입니다[구 「도시계획법 시행령」(1999. 6. 16. 대통령령 제16403호로 일부개정·시행된 것을 말함) 개정이유 참조]. 그런데 「건축법」 제44조제1항 본문에 따라 건축물의 대지는 도로에 접하여야 하므로 이 사안의 경우에 진입로의 설치는 필수적인데, 개발제한구역법 시행령 제14조제9호에서 주택의 의미를 기존에 건축된 주택만으로 좁게 해석하면 도로와 연결되는 진입로를 확보하지 못하여 주택을 신축할 수 없게 되어 위와 같은 입법취지에 반할 소지가 있습니다.

아울러, 이 사안의 경우에 주택의 신축은 개발제한구역법 제12조제1항제4호 및 같은 법 시행령 제14조제9호에 따른 진입로 설치를 위한 토지의 형질변경과는 별개의 요건인, 같은 법 제12조제1항제1호 및 같은 법 시행령 별표 1 제5호다목가)에 해당하여 발생하는 것입니다. 따라서 주택 신축을 위해 진입로 설치를 위한 토지의 형질변경을 허용하더라도, 도시의 무질서한 확산을 방지하고 도시 주변의 자연환경을 보전하려는 개발제한구역의 지정 목적에 배치되지는 않는다고 할 것입니다.

이상과 같은 점을 종합해 볼 때, 개발제한구역 지정 당시부터 지목이 대인 토지로서 개발제한구역법 시행령 별표 1 제5호다목가)에 따라 주택을 신축할 수 있는 토지가 도로에 접하지 아니하여 주택을 신축하기 위해 진입로가 필요한 경우에는 같은 법 시행령 제14조제9호에 따라 허가를 받아 진입로 설치를 위한 토지의 형질변경을 할 수 있습니다.

※ **법령정비 권고사항**

「건축법」제44조제1항 본문에서는 건축물의 대지는 2미터 이상이 도로에 접하여야 한다고 규정하고 있는 바, 대지가 도로에 접하지 아니한 이른바 '맹지'에 건축 허가를 받기 위해서는 진입로의 설치가 선행되어야 합니다. 그런데 「개발제한구역의 지정 및 관리에 관한 특별조치법」제12조제1항제4호 및 같은 법 시행령 제14조제9호에서는 '주택의 진입로 설치를 위한 토지의 형질변경'을 허용할 수 있도록 규정하고 있는 바, 이에 맹지에 주택을 신축하기 위하여 진입로 설치가 선행되어야 하는 경우가 포함되는지 여부가 명확하지 아니하여 법령 해석·집행상 혼란이 발생하고 있으므로, 입법취지를 고려하여 해당 규정을 정비할 필요가 있습니다.

☞ 개발제한구역법 시행령 제14조 제9호는 2016.2.11.자로 법령이 개정되어 시행되고 있다.

> **법령해석례 ❺**

개발제한구역에서 허가받아 할 수 있는 행위인 '사도를 설치하기 위한 토지의 형질변경'에서 '사도'의 의미
• 「개발제한구역의 지정 및 관리에 관한 특별조치법 시행령」 제14조제3호 등 관련 •
[법제처 15-0324, 2015.6.4., 민원인]

질의요지 「개발제한구역의 지정 및 관리에 관한 특별조치법 시행령」 제14조제3호에서는 같은 법 제12조제1항에 따라 개발제한구역에서 허가를 받아 할 수 있는 행위의 하나로 '사도를 설치하기 위한 토지의 형질변경'을 규정하고 있는 바,

「개발제한구역의 지정 및 관리에 관한 특별조치법 시행령」 제14조제3호에 규정된 '사도'는 「사도법」에 따른 사도'만을 의미하는지?

질의 배경 민원인은 법령상 도로에 해당하지 않으나 사실상 도로로 사용하고 있는 폭 6m 가량의 아스팔트 도로에 연결되는 길을 개발제한구역에 만들고자 하는데, 국토교통부에서 그러한 길은 「사도법」에 따른 사도가 아니므로 「개발제한구역의 지정 및 관리에 관한 특별조치법 시행령」 제14조제3호에 따라 허가받을 수 있는 경우에 해당하지 않는다고 하자, 이견을 갖고 법제처에 법령해석을 요청함.

회답 「개발제한구역의 지정 및 관리에 관한 특별조치법 시행령」 제14조제3호에 규정된 '사도'는 「사도법」에 따른 사도'를 의미합니다.

이유 「개발제한구역의 지정 및 관리에 관한 특별조치법」(이하 '개발제한구역법'이라 함) 제12조제1항 각 호 외의 부분 본문에서는 개발제한구역에서 건축물의 건축 및 용도변경, 공작물의 설치, 토지의 형질변경 등을 할 수 없다고 규정하고 있고, 같은 항 각 호 외의 부분 단서에서는 건축물의 건축을 수반하지 아니하는 토지의 형질변경으로서 영농을 위

한 경우 등 대통령령으로 정하는 토지의 형질변경(제4호) 등 각 호의 어느 하나에 해당하는 행위를 하려는 자는 시장·군수·구청장의 허가를 받아 그 행위를 할 수 있다고 규정하고 있으며, 그 위임에 따라 같은 법 시행령 제14조제3호에서는 '농로農路, 임도林道, 사도私道를 설치하기 위한 토지의 형질변경'을 규정하고 있는 바, 이 사안은 개발제한구역법 시행령 제14조제3호에 규정된 '사도'는 「사도법」에 따른 사도'만을 의미하는지에 관한 것이라 하겠습니다.

먼저, 법령에서 사용되는 용어의 의미는 법적 안정성과 예측가능성을 확보하기 위하여 명확하게 정의되어 있어야 할 것이지만, 해당 법령에서 용어의 의미를 별도로 정의하지 않거나 의미와 내용을 제한·확대하여야 할 특별한 규정을 두고 있지 않는 등 그 용어의 의미가 불명확한 경우에는 그 법령의 규정 내용과 입법 취지는 물론 입법 취지가 유사한 다른 법령과의 관계, 사회에서 일반적으로 통용되는 의미 등을 종합적으로 고려하여 그 의미를 판단하여야 할 것입니다(법제처 2014. 12. 1. 회신 14-0646 해석례 및 2014. 10. 10. 회신 14-0572 해석례 참조).

아울러, 개발제한구역법 제3조에서는 도시의 무질서한 확산을 방지하고 도시주변의 자연환경을 보전하여 도시민의 건전한 생활환경을 확보하기 위하여 개발제한구역을 지정할 수 있도록 규정하고 있고, 같은 법 제12조제1항 각 호 외의 부분 본문에서는 건축물의 건축, 토지의 형질변경 등의 행위를 원칙적으로 금지하되, 같은 항 각 호 외의 부분 단서에서는 일정한 요건과 기준을 충족하는 경우에 한하여 이를 예외적으로 허용하고 있는 점에 비추어, 개발제한구역에서의 금지가 예외적으로 해제되는 사유를 정한 규정을 해석할 때에는 위와 같은 개발제한구역법의 입법 목적과 규율방식도 함께 고려할 필요가 있습니다.

한편, 사도私道의 사전적 의미는 '개인이 사사로이 내어 쓰는 길'을 말하는 것인데, 현행 법령상 사도에 관한 사항을 일반적으로 규율하는 법률로는 「사도법」이 있습니다. 「사도법」 제2조에서는 사도를 「도로법」 제2조제1호에 따른 도로, 「도로법」의 준용을 받는 도로, 「농어촌도로 정비법」 제2조제1항에 따른 농어촌도로 또는 「농어촌정비법」에 따라 설치된 도로가 아닌 것으로서 그 도로에 연결되는 길'이라 정의하고 있고, 같은 법 제4조에서는 사도를 개설하려는 자는 특별자치시장, 특별자치도지사 또는 시장·군수·구청장의 허가를 받도록 규정하는 등 사도私道의 설치, 관리, 사용 및 구조 등 사도에 관하여 기본적인 사항을 정하고 있습니다. 따라서, 현행 법령상 '개인이 사사로이 내어 쓰는 길'이라도 「사도법」에 따라 설치·관리되지 않는 도로는 이를 법적인 의미에서 '사도'라 할 수는 없을 것입니다.

위와 같은 개발제한구역법의 취지와 규율 방식, 「사도법」의 규정 등에 비추어 볼 때, 비록 개발제한구역법 및 같은 법 시행령에서 사도의 의미에 관하여 별도의 규정을 두고 있지 않다 하더라도, 개발제한구역법령에서 사용되는 사도의 의미는 「사도법」에 따른 사도를 가리키는 것으로 이해하여야 할 것인 바, 「사도법」에 따라 설치하지 아니하고 개인이 사사로이 설치하는 길은 개발제한구역법 시행령 제14조제3호에서 규정하는 '사도'에 해당하지 않는다고 할 것입니다.

이상과 같은 점을 종합해 볼 때, 개발제한구역법 시행령 제14조제3호에 규정된 '사도'에는 「사도법」에 따른 사도만이 해당한다고 할 것입니다.

2. 건축물의 용도변경

용도변경대상 건축물

주택이나 근린생활시설 등 「개발제한구역법」에서 정하는 용도로 변경할 수 있는 용도변경 대상 건축물은 다음과 같다.

> **1. 개발제한구역법 제12조 제1항 제1호의 건축물**
> 가. 공원, 녹지, 실외체육시설, 시장·군수·구청장이 설치하는 노인의 여가활용을 위한 소규모 실내 생활체육시설 등 개발제한구역의 존치 및 보전관리에 도움이 될 수 있는 시설
> 나. 도로, 철도 등 개발제한구역을 통과하는 선형線形시설과 이에 필수적으로 수반되는 시설
> 다. 개발제한구역이 아닌 지역에 입지가 곤란하여 개발제한구역 내에 입지하여야만 그 기능과 목적이 달성되는 시설
> 라. 국방·군사에 관한 시설 및 교정시설
> 마. 개발제한구역 주민의 주거·생활편익·생업을 위한 시설
>
> **2. 개발제한구역법 제13조(존속 중인 건축물 등에 대한 특례)에 의한 건축물**
> 시장·군수·구청장은 법령의 개정·폐지나 그 밖에 대통령령으로 정하는 사유로 인하여 그 사유가 발생할 당시에 이미 존재하고 있던 대지·건축물 또는 공작물이 이 법에 적합하지 아니하게 된 경우에는 대통령령으로 정하는 바에 따라 건축물의 건축이나 공작물의 설치를 허가할 수 있다.

■ 개발제한구역 내 건축물 현황 ■

(단위: 동)

총계(동)	주택	축사	창고	공공건축물	공장 및 작업장	근린생활시설	종교시설	교육시설	군사시설	주유소	기타
121,550	65,060	25,984	12,428	4,710	2,877	4,450	2,303	457	392	384	2,505

＊출처: 2014년 국토부 보도자료

건축물의 용도변경행위

허가를 받아서 할 수 있는 건축물의 용도변경행위는 다음과 같다.

1. 주택을 다음 각 목의 시설로 용도변경하는 행위

다만, 「수도법」 제3조제2호에 따른 상수원의 상류 하천(「하천법」에 따른 국가하천 및 지방하천을 말한다)의 양안兩岸 중 그 하천의 경계로부터 직선거리 1킬로미터 이내의 지역(「하수도법」 제2조제15호에 따른 하수처리구역은 제외한다)에서 1999년 6월 24일 이후에 신축된 주택을 근린생활시설로 용도변경하는 경우에는 「한강수계 상수원수질개선 및 주민지원 등에 관한 법률」 제5조에 따라 설치할 수 없는 시설을 제외한 근린생활시설만 해당한다.

가. 「건축법 시행령」 별표 1 제3호에 따른 제1종 근린생활시설(안마원은 제외한다)
나. 「건축법 시행령」 별표 1 제4호에 따른 제2종 근린생활시설(단란주점, 안마시술소, 노래연습장은 제외한다)
다. 「건축법 시행령」 별표 1 제6호에 따른 종교시설
라. 「건축법 시행령」 별표 1 제11호에 따른 노유자시설
마. 「박물관 및 미술관 진흥법」 제2조에 따른 박물관 및 미술관

2. 「개발제한구역법시행령」 별표 1 제5호라목에 따른 근린생활시설(주택에서 용도변경되었거나 1999년 6월 24일 이후에 신축된 경우만 해당한다)을 다음 각 목의 시설로 용도변경하는 행위

가. 주택
나. 「건축법 시행령」 별표 1 제3호에 따른 제1종 근린생활시설(안마원은 제외한다)
다. 「건축법 시행령」 별표 1 제4호에 따른 제2종 근린생활시설(단란주점, 안마시술소, 노래연습장은 제외한다)
라. 「건축법 시행령」 별표 1 제6호에 따른 종교시설
마. 「건축법 시행령」 별표 1 제11호에 따른 노유자시설
바. 「박물관 및 미술관 진흥법」 제2조에 따른 박물관 및 미술관

※ 별표1 제5호 라목에 따른 근린생활시설

1) 슈퍼마켓 및 일용품소매점
2) 휴게음식점 · 제과점 및 일반음식점
3) 이용원 · 미용원 및 세탁소
4) 의원 · 치과의원 · 한의원 · 침술원 · 접골원 및 조산소

> 5) 탁구장 및 체육도장
> 6) 기원
> 7) 당구장
> 8) 금융업소 · 사무소 및 부동산중개업소
> 9) 수리점
> 10) 사진관 · 표구점 · 학원 · 장의사 및 동물병원
> 11) 목공소 · 방앗간 및 독서실

3. 주택을 다른 용도로 변경한 건축물을 다시 주택으로 용도변경하는 행위

4. 개발제한구역에서 공장 등 신축이 금지된 건축물을 다음 각 목의 시설로 용도변경(용도변경된 건축물을 다시 다음 각 목의 시설로 용도변경하는 경우를 포함한다)하는 행위. 다만, 라목 및 사목의 시설로의 용도변경은 공장을 용도변경하는 경우로 한정한다.

> 가. 「건축법 시행령」 별표 1 제3호에 따른 제1종 근린생활시설(안마원은 제외한다)
> 나. 「건축법 시행령」 별표 1 제4호에 따른 제2종 근린생활시설(단란주점, 안마시술소, 노래연습장은 제외한다)
> 다. 「건축법 시행령」 별표 1 제6호에 따른 종교시설
> 라. 「건축법 시행령」 별표 1 제10호나목 및 마목에 따른 교육원 및 연구소
> 마. 「건축법 시행령」 별표 1 제11호에 따른 노유자시설
> 바. 「박물관 및 미술관 진흥법」 제2조에 따른 박물관 및 미술관
> 사. 「물류시설의 개발 및 운영에 관한 법률」 제2조제5호의2에 따른 물류창고(「고압가스 안전관리법」에 따른 고압가스, 「위험물안전관리법」 제2조제1호에 따른 위험물 및 「화학물질관리법」 제2조제2호에 따른 유독물질이 아닌 물품을 저장하는 창고를 말한다)

5. 삭제 〈2015.9.8.〉

6. 폐교된 학교시설을 기존 시설의 연면적의 범위에서 자연학습시설, 청소년수련시설(청소년수련관·청소년수련원 및 청소년야영장만 해당한다), 연구소, 교육원, 연수원, 도서관, 박물관, 미술관 또는 종교시설로 용도변경하는 행위

7. 「가축분뇨의 관리 및 이용에 관한 법률」 제8조에 따라 가축의 사육이 제한된 지역에 있는 기존 축사를 기존 시설의 연면적의 범위에서 그 지역에서 생산되는 농수산물보관용 창고로 용도변경하는 행위

8. 기존 공항의 여유시설을 활용하기 위하여 「항공법」 제95조제1항에 따른 공항개발사업 실시계획에 따라 기존 건축물을 연면적의 범위에서 용도변경하는 행위

9. 삭제 〈2009.8.5.〉

10. 「개발제한구역법시행령」 별표 1에 따른 건축 또는 설치의 범위에서 시설 상호 간에 용도변경을 하는 행위. 이 경우 기존 건축물의 규모·위치 등이 새로운 용도에 적합하여 기존 시설의 확장이 필요하지 아니하여야 하며, 주택이나 근린생활시설로 용도변경하는 것은 개발제한구역 지정 당시부터 지목이 대인 토지에 개발제한구역 지정 이후에 건축물이 건축되거나 공작물이 설치된 경우만 해당한다.

11. 기존 공공업무시설(「공공기관 지방이전에 따른 혁신도시 건설 및 지원에 관한 특별법」에 따라 이전하는 중앙행정기관(소속기관 포함)의

청사를 말한다. 이하 이 호에서 같다]을 일반업무시설[「공공기관의 운영에 관한 법률」에 따른 공공기관(「민법」 제32조 또는 다른 법률에 따라 설립한 비영리법인으로서 「수도권정비계획법」 제21조에 따른 수도권정비위원회의 심의를 거쳐 기존 공공업무시설 대지의 이용이 허용된 법인 포함)의 업무용 시설을 말한다]로 용도변경하는 행위

휴게음식점, 제과점 또는 일반음식점으로 용도변경을 할 수 있는 자격 요건

제1항 제1호, 제2호 및 제4호에 따라 휴게음식점, 제과점 또는 일반음식점으로 용도변경을 할 수 있는 자는 다음 각 호의 어느 하나에 해당하는 자이어야 하며, 용도변경하려는 건축물의 연면적은 300제곱미터 이하이어야 한다. 용도변경을 하는 휴게음식점, 제과점 또는 일반음식점에는 인접한 토지를 이용하여 300제곱미터 이내의 주차장을 설치할 수 있으며, 주차장을 다른 용도로 변경하는 경우에는 주차장 부지를 원래의 지목으로 되돌려야 한다.

1. 허가신청일 현재 해당 개발제한구역에서 5년 이상 계속 거주하고 있는 자(이하 '5년이상거주자'라 한다)
2. 허가신청일 현재 해당 개발제한구역에서 해당 시설을 5년 이상 계속 직접 소유하면서 경영하고 있는 자
3. 개발제한구역 지정 당시부터 해당 개발제한구역에 거주하고 있는 자(개발제한구역 지정 당시 해당 개발제한구역에 거주하고 있던 자로서 개발제한구역에 주택이나 토지를 소

> 유하고, 생업을 위하여 3년 이하의 기간 동안 개발제한구역 밖에 거주하였던 자를 포함하되, 세대주 또는 직계비속 등의 취학을 위하여 개발제한구역 밖에 거주한 기간은 개발제한구역에 거주한 기간으로 본다. 이하 '지정당시거주자'라 한다)

3. 건축물의 이축

건축물의 이축은 취락지구로 이축하는 경우와 취락지구가 아닌 지역으로 이축하는 경우의 두 가지가 있다.

개발제한구역의 건축물로서 「개발제한구역법」 제15조에 따라 지정된 취락지구로의 이축移築

시·도지사는 개발제한구역에서 주민이 집단적으로 거주하는 취락(「개발제한구역법」 제12조제1항제3호에 따른 이주단지를 포함한다)을 「국토계획법」 제37조 제1항 제8호에 따른 취락지구로 지정할 수 있으며 개발제한구역 내 건축물은 허가를 받아 취락지구로 이축할 수 있다.

「공익사업을 위한 토지 등의 취득 및 보상에 관한 법률」 제4조에 따른 공익사업의 시행에 따라 철거되는 건축물 중 취락지구로 이축이 곤란한 건축물로서 개발제한구역 지정 당시부터 있던 주택, 공장 또는 종교시설을 취락지구가 아닌 지역으로 이축하는 행위

> 법령해석례 ❻

개발제한구역에서 취락지구가 아닌 지역으로의 이축행위에 대한 허가기준

• 「개발제한구역의 지정 및 관리에 관한 특별조치법 시행령」 별표 2 제5호 등 관련 •
[법제처 13-0199, 2013.6.4, 민원인]

질의요지 「개발제한구역의 지정 및 관리에 관한 특별조치법」 제12조제1항제3호의2에 따라 공익사업의 시행에 따라 철거되는 공장 또는 종교시설을 취락지구가 아닌 지역으로 이축하려는 행위와 관련하여 이미 해당 공익사업의 시행에 따른 이주대책이 수립된 경우에, 취락지구로의 이축에 관한 허가기준인 같은 법 시행령 별표 2 제4호다목(공익사업의 시행에 따른 이주대책이 수립된 경우에는 이축을 허가하여서는 아니 된다)의 규정을 적용할 수 있는지?

회답 「개발제한구역의 지정 및 관리에 관한 특별조치법」 제12조제1항제3호의2에 따라 공익사업의 시행에 따라 철거되는 공장 또는 종교시설을 취락지구가 아닌 지역으로 이축하려는 행위와 관련하여 이미 해당 공익사업의 시행에 따른 이주대책이 수립된 경우에, 개발제한구역의 지정취지, 개발제한구역의 훼손방지 및 같은 호에 따른 이축 요건에의 해당 여부 등을 고려하여 그 허가를 할 수 있을지의 문제는 별론으로 하더라도, 취락지구로의 이축에 관한 허가기준인 같은 법 시행령 별표 2 제4호다목(공익사업의 시행에 따른 이주대책이 수립된 경우에는 이축을 허가하여서는 아니 된다)의 규정을 적용할 수는 없다고 할 것입니다.

이유 ○ 「개발제한구역의 지정 및 관리에 관한 특별조치법」(이하 '개발제한구역법'이라 함) 제12조제1항 각 호 외의 부분 본문에 따라 개발제한구역에서는 건축물의 건축 등의 행위를 할 수 없으나, 같은 항 단서에 따라 예외적으로 같은 항 각 호의 어느 하나에 해당하는 행위는 특별자치도지사·시장·군수 또는 구청장의 허가를 받아 할 수 있는데, 같은 항 제3호의2에서는 「공익사업을 위한 토지 등의 취득 및 보상에 관한 법률」(이하 '공익사업법'이라 함) 제4조에 따른 공익사업(이하 '공익사업'이라 함)의 시행에 따라 철거되는 건축물 중 취락지구로 이축이 곤란한 건축물로서 개발제한구역 지정 당시부터 있던 주택, 공장 또는 종교시설을 취락지구가 아닌 지역으로 이축하는 행위를 규정하고 있습니다.

○ 한편, 개발제한구역에서 예외적으로 허용되는 행위에 대한 허가기준으로서 개발제한구역법 제12조제7항의 위임에 따른 같은 법 시행령 별표 2 제1호에서는 일반적 기준을, 제2호부터 제5호까지에서는 건축물의 건축 또는 공작물의 설치(제2호), 토지의 형질변경 및 물건의 적치(제3호), 취락지구로의 이축 및 이주단지의 조성(제4호), 취락지구가 아닌 지역으로의 이축(제5호) 등 각 행위별로 세부기준을 정하고 있는 바, 이 사안에서는 공익사업의 시행에 따라 철거되는 공장 또는 종교시설을 취락지구가 아닌 지역으로 이축하려는 행위와 관련하여 이미 해당 공익사업의 시행에 따른 이주대책이 수립된 경우에, 취락지구로의 이축에 관한 허가기준인 같은 법 시행령 별표 2 제4호다목(공익사업의 시행에 따른 이주대책이 수립된 경우에는 이축을 허가하여서는 아니 된다)의 규정을 적용할 수 있는지가 문제됩니다.

○ 먼저, 개발제한구역법 제12조제1항에 따른 행위제한 규정은 도시의 무질서한 확산을 방지하고 도시 주변의 자연환경을 보전하여 도시민의 건전한 생활환경을 확보하기 위하여 개발제한구역에서의 건축행위 및 용도변경 등의 행위를 원칙적으로 금지하면서 법령에서 정한 일정한 요건과 기준을 충족하는 경우에만 예외적이고 제한적으로 허용하려는 취지인 점에 비추어 볼 때, 그 허용되는 행위의 요건과 기준은 법령상 특별한 사유가 없는 한 제한적이고 엄격하게 해석해야지, 이를 확대하거나 유추해석하는 것은 곤란하다고 할 것입니다.

○ 그렇다면, 개발제한구역법 시행령 별표 2에서 개발제한구역법 제12조제1항 각 호의 허가대상 행위별로 각각 그 기준을 정하고 있고, 특히 취락지구로의 이축(제4호)과 취락

지구가 아닌 지역으로의 이축(제5호)을 구분하여 규정하고 있으므로, 취락지구가 아닌 지역으로 이축하려는 행위에 대하여 취락지구로의 이축과 관련된 기준을 적용하는 것은 허용될 수 없다고 할 것인 바, 비록 취락지구가 아닌 지역으로 이축하려는 행위의 대상 건축물이 공익사업의 시행에 따라 철거되는 건축물로서 해당 공익사업의 시행에 따른 이주대책이 수립되어 있다고 하더라도, 취락지구로의 이축에 관한 허가기준인 같은 표 제4호다목(공익사업의 시행에 따른 이주대책이 수립된 경우에는 이축을 허가하여서는 아니 된다)의 규정을 취락지구가 아닌 지역으로의 이축 행위에 확대하거나 유추하여 적용하는 것은 타당하지 않다고 할 것입니다.

○ 물론, 개발제한구역법 시행령 별표 2 제4호다목에 따라 공익사업법 제78조에 따른 이주대책이 수립된 경우에는 취락지구로의 이축을 엄격히 제한함으로써 개발제한구역을 보다 효율적으로 관리하려는 취지가 있음에 비추어 볼 때, 통상 취락지구가 아닌 개발제한구역의 경우에는 취락지구에 비하여 보존과 관리의 필요성이 한층 더 높다고 할 수 있으므로, 공익사업법에 따른 이주대책이 수립된 경우에는 취락지구가 아닌 지역으로의 이축행위도 당연히 제한될 수 있다는 논리도 합리적인 측면이 있다고 할 것이나, 개발제한구역에서의 행위허가에 대한 제한요건은 국민의 기본권을 실질적으로 제약하는 규정이므로, 그 제한요건은 법령상 명확한 근거가 필요하다고 할 것이고, 더구나 개발제한구역법 시행령 별표 2 제4호다목의 규정은 주거용 건축물에 대한 이주대책(공익사업법 제78조)에 불과할 뿐 공장에 대한 이주대책(공익사업법 제78조의2)은 아닌 점에 비추어 볼 때, 이 건의 경우와 같이 공장 또는 종교시설을 취락지구가 아닌 지역으로 이축하는 행위에 대하여 개발제한구역법 시행령 별표 2 제4호다목에 따른 이주대책의 허가제한 기준을 확대 적용하는 것은 곤란하다고 할 것입니다.

○ 따라서, 개발제한구역법 제12조제1항제3호의2에 따라 공익사업의 시행에 따라 철거되는 공장 또는 종교시설을 취락지구가 아닌 지역으로 이축하려는 행위와 관련하여 이미 해당 공익사업의 시행에 따른 이주대책이 수립된 경우에, 개발제한구역의 지정취지, 개발제한구역의 훼손방지 및 같은 호에 따른 이축 요건에의 해당 여부 등을 고려하여 그

허가를 할 수 있을지의 문제는 별론으로 하더라도, 취락지구로의 이축에 관한 허가기준인 같은 법 시행령 별표 2 제4호다목(공익사업의 시행에 따른 이주대책이 수립된 경우에는 이축을 허가하여서는 아니 된다)의 규정을 적용할 수는 없다고 할 것입니다.

※ 법령정비 의견

「개발제한구역의 지정 및 관리에 관한 특별조치법」 제12조제1항제3호의2에 따른 취락지구가 아닌 지역으로의 이축과 관련하여 그 허가기준을 정하고 있는 같은 법 시행령 별표 2 제5호에서 공익사업의 시행에 따른 이주대책이 수립된 경우에 해당 이축을 허용할지 여부에 대하여 별도의 입법조치 등을 통하여 명확히 할 필요성이 있다고 할 것입니다.

4. 지목이 변경된 토지에 주민의 주거 · 생활편익 · 생업을 위한 시설의 건축 및 토지의 형질변경

지목이 변경된 토지에 주민의 주거 · 생활편익 · 생업을 위한 시설의 건축 및 토지의 형질변경

개발제한구역 지정 당시 지목地目이 대垈인 토지가 개발제한구역 지정 이후 지목이 변경된 경우로서, 개발제한구역 주민의 주거 · 생활편익 · 생업을 위한 시설 중 다음에 해당하는 건축물의 건축과 이에 따르는 토지의 형질변경은 허가를 받아서 할 수 있다.

1. 주택(「건축법 시행령」 별표 1 제1호가목에 따른 단독주택을 말한다)
2. 근린생활시설
   1) 슈퍼마켓 및 일용품소매점
   2) 휴게음식점 · 제과점 및 일반음식점
   3) 이용원 · 미용원 및 세탁소
   4) 의원 · 치과의원 · 한의원 · 침술원 · 접골원 및 조산소
   5) 탁구장 및 체육도장
   6) 기원
   7) 당구장
   8) 금융업소 · 사무소 및 부동산중개업소
   9) 수리점
   10) 사진관 · 표구점 · 학원 · 장의사 및 동물병원
   11) 목공소 · 방앗간 및 독서실

07

관리계획 수립 및 주민의견청취 대상 허가행위

1. 관리계획을 수립하여야 하는 허가행위

행위허가와 개발제한구역관리계획

그린벨트에서 허가를 받아야 할 수 있는 행위 중 도시·군계획시설의 설치, 개발제한구역에서 대통령령으로 정하는 규모 이상인 건축물의 건축 및 토지의 형질변경, 정비사업 등 「개발제한구역법」 제11조에서 열거된 행위는 개발제한구역관리계획(이하 '관리계획'이라 한다)을 수립하여야 행위 허가를 받을 수 있다. 관리계획은 5년 단위로 시·도지사가 수립하며, 국토교통부장관의 승인을 받아야 한다. 관리계획과 관련된 실무 행정규칙으로 「개발제한구역관리계획 수립 및 입지대상시설의 심사에 관한 규정」(시행 2016.7.4.)이 있다.

관리계획의 내용

개발제한구역을 관할하는 시·도지사는 개발제한구역을 종합적으로 관리하기 위하여 5년 단위로 다음 각 호의 사항이 포함된 개발제한구역관리계획을 수립하여 국토교통부장관의 승인을 받아야 한다. 시·도지사 및 시장·군수·구청장은 건축물·공작물의 설치 허가, 토지의 형질변경 허가, 취락지구의 지정 및 주민지원사업의 시행 등 개발제한구역을 관리할 때 관리계획을 위반하여서는 아니 된다.

1. 개발제한구역 관리의 목표와 기본방향
2. 개발제한구역의 현황 및 실태에 대한 조사
3. 개발제한구역의 토지이용 및 보전
4. 개발제한구역에서「국토계획법」제2조제7호에 따른 도시·군계획시설의 설치. 다만, 제12조 제1항제1호가목 및 나목의 시설 등으로서 국토교통부장관이 정하는 도시·군계획시설은 관리계획을 수립하지 아니할 수 있다.
5. 개발제한구역에서 대통령령으로 정하는 규모(건축 연면적 3천 제곱미터, 토지의 형질변경 1만 제곱미터) 이상인 건축물의 건축 및 토지의 형질변경. 다만, 다음 각 목의 어느 하나에 해당하는 경우에는 제외한다.

가. 제12조제1항제1호라목의 건축물로서 국토교통부장관이 정하는 건축물을 건축하는 경우
　　나. 제13조에 따른 건축물의 건축으로서 개발제한구역 지정 이전에 조성된 기존 부지 안에서의 증축인 경우
5의2. 정비사업에 관한 사항
6. 제15조에 따른 취락지구의 지정 및 정비
7. 제16조에 따른 주민지원사업(이하 '주민지원사업'이라 한다)
8. 개발제한구역의 관리와 주민지원사업에 필요한 재원의 조달 및 운용
9. 그 밖에 개발제한구역의 합리적인 관리를 위하여 대통령령으로 정하는 다음의 사항
- 「국토계획법」에 따른 도시·군기본계획 또는 광역도시계획에 따라 개발제한구역 해제 대상으로 설정된 지역의 관리
- 방치된 폐기물의 수거, 훼손된 환경의 복구 등 환경 정비
- 훼손지 복구가 필요한 지역의 현황 및 그 복구계획
- 개발제한구역 관리의 전산화
- 개발제한구역의 경계선을 표시하기 위하여 국토교통부령으로 정하는 표석(標石)의 설치 및 관리
- 그 밖에 개발제한구역을 합리적으로 관리하기 위하여 국토교통부장관이 정하는 사항

관리계획수립의 기본원칙

① 개발제한구역의 지정형태에 따라 7개 광역권별로 관계 시·도지사가 협의하여 공동으로 관리계획을 수립하여야 한다.
② 개발제한구역 외에 도시권 전체의 현황 및 특성을 고려하여, 개발제한구역이 도시의 성장관리 및 인접도시 간 연담화 방지에 기여할 수 있도록 계획하여야 한다.
③ 전국건설종합계획, 광역권계획, 도건설종합계획, 광역도시계획, 도시·군기본계획, 도시관리계획 등 상위계획 또는 관련계획의 내용을 중점적으로 고려하여야 한다.
④ 개발제한구역 안의 환경보전을 위한 대책을 포함하여 계획하여야 하며, 환경보전에 필요하다고 판단되는 때에는 지방환경관서와 협의하여 수립할 수 있다.
⑤ 개발제한구역 안의 훼손지 등 환경적 보전가치가 낮은 지역은 구역의 지정목적에 위배되지 않는 자연친화적 시설을 확충하여 도시민의 여가공간으로 기능할 수 있도록 하여야 한다.
⑥ 시·도지사는 도시계획시설 또는 대규모 건축물 및 시설의 설치계획을 입안하고자 하는 경우에는 기존의 시가화지역, 해제지역, 해제대상지역 및 개발제한구역이 아닌 다른 지역을 우선 활용하는 방안을 고려하여야 한다.
⑦ 시·도지사는 관리계획의 입안 시 유관 시장·군수 또는 구청장의 의견을 듣도록 하며, 의견을 요청받은 시장·군수 또는 구청

장은 주민의견을 수렴하여 의견을 제출하여야 한다.
⑧ 관리계획에는 개발제한구역을 해제하는 것에 관한 내용을 포함하지 않도록 한다.
⑨ 관리계획은 주민불편의 해소와 구역의 친환경적 관리를 위한 기본방향과 원칙을 제시하는 계획으로서, 토지이용계획도와 같은 구체적인 도면은 작성하지 아니한다.
⑩ 개발제한구역의 안정적인 관리를 위하여 관리계획은 원칙적으로 변경하지 않으며, 매 5년마다 계획의 타당성을 재검토한다. 다만, 다음 각 호의 어느 하나를 위하여 필요한 경우에는 이를 변경할 수 있다.
1. 국가적 행사의 개최
2. 재난의 예방 및 복구
3. 훼손지의 복구
4. 「개발제한구역법」 제12조제1항제1호에 따른 개발제한구역의 존치 및 보전관리에 도움이 될 수 있는 시설의 설치
5. 집단취락의 정비 및 주민지원사업을 위한 사항
6. 도로·철도 등 국가계획의 시행
7. 광역도시계획에 따른 광역도시계획시설의 설치
8. 기타 시설 설치가 시급하고 불가피성이 특히 요구되는 경우
⑪ 각 부문별 계획은 집행가능성을 고려하여 수립하여야 한다.

관리계획 수립절차

관리계획의 입안

　관리계획의 입안권자는 시·도지사로 하되, 개발제한구역이 2 이상의 시·도에 걸치는 경우에는 관계 시·도지사가 협의하여 공동으로 입안한다.

주민의견 청취

　시장·군수 또는 구청장이 관리계획안에 대한 의견을 제시하고자 하는 경우에는 미리 주민의 의견을 청취하여야 한다. 이 경우 그 의견이 타당하다고 인정하는 때에는 이를 관리계획에 반영하여야 한다. 다만, 국방상 기밀을 요하는 사항에 대하여는 주민의견 청취를 생략할 수 있다.

관리계획의 승인신청

　관리계획을 관계 시·도지사가 협의하여 공동으로 수립한 경우에는 관리계획협의회에서 정한 시·도지사가 국토교통부장관에게 승인을 신청한다. 시·도지사는 국토교통부장관에게 관리계획에 대한 승인 신청 시에 각 부문별 계획과 관련된 중앙행정기관의 소속기관과의 협의결과를 함께 제출하여 승인 시 중앙행정기관과의 협의기간을 단축할 수 있도록 한다. 관리계획 승인 신청 시에는 다음 각 호의 서류를 제출하여야 한다.

1. 관리계획승인신청 공문
2. 주민의견청취 및 관계행정기관과의 협의에 대한 조치내용 각 1부
3. 관리계획(안)
4. 관련도면
    가. 도시계획시설 및 대규모 건축물·시설의 위치: 축척 5천분의 1 이하부터 1만분의 1까지의 적정한 도면에 표시
    나. 기타 해제지역의 주변지역 및 훼손지 복구가 필요한 지역 등의 위치: 축척 2만 5천분의 1 이하의 도면에 표시

관리계획의 승인

국토교통부장관은 신청된 관리계획(안)을 관계 중앙행정기관과의 협의와 중앙도시계획위원회의 심의를 거쳐 승인한다. 국토교통부장관은 승인된 관리계획을 시·도지사에게 송부한다.

관리계획의 공고

시·도지사는 국토교통부장관이 승인한 관리계획에 대하여 다음 각 호의 사항을 지방자치단체가 발행하는 공보에 게재하여 일반에 공고하여야 한다. 시·도지사는 관리계획을 일반인이 열람할 수 있도록 관리계획의 사본과 관련서류를 시·군·구에 송부하여야 한다. 시장·군수 또는 구청장은 시·도지사로부터 송부된 관리계획서 및 관련서류 등을 14일 이상 일반인이 열람할 수 있도록 조치하여야 한다.

1. 승인일자
2. 관리계획의 주요내용
3. 열람장소
4. 열람기간

관리계획의 변경승인 신청

시·도지사는 앞의 관리계획 수립의 기본원칙 제10항 단서에 해당하는 사업의 시행을 위하여 원칙적으로 연 2회에 한하여 국토교통부장관에게 관리계획의 변경승인 신청을 할 수 있다. 관리계획의 변경절차는 '관리계획 수립절차'에 따른다.

입지대상시설의 시설별 심사방향

① 제1종시설은 중앙심사의 중점적 심사대상으로서, 지방심사에서는 입지에 특별한 결격사유가 없는 한 원칙적으로 반영한다.
② 제2종시설은 지방심사의 중점적 심사대상으로서, 시·도지사는 자체심사계획을 미리 수립한 후, 그 계획에 의하여 심사하여야 하며 최소한 입지 반영을 원칙으로 한다.

※ 제1종시설과 제2종시설:「개발제한구역관리계획 수립 및 입지대상시설의 심사에 관한 규정」제3조

1. 제1종시설

'제1종시설'이란 입지대상시설 중 국가정책목표 달성과 개발제한구역의 효용성 증대를 위하여 계획적 관리가 필요한 시설로서 다음 각 목의 어느 하나에 해당하는 시설을 말한다.

가. 개발제한구역법 시행령 제13조제1항 관련 별표 1(부록으로 첨부함) 제1호에 따른 개발제한구역의 보전 및 관리에 도움이 될 수 있는 시설
나. 개발제한구역법 시행령 제13조제1항 관련 별표 1 제2호에 따른 개발제한구역을 통과하는 선형시설과 필수시설 중 철도·도로시설
다. 개발제한구역법 시행령 제13조제1항 관련 별표1 제3호에 따른 개발제한구역내 입지하여야만 기능과 목적이 달성되는 시설 중 공항·항만시설(각 부속·부대시설을 포함한다)
라. 영 제13조제1항 관련 별표 1 제4호에 따른 국방·군사시설

2. 제2종시설

'제2종시설'이란 개발제한구역법 시행령 제13조제1항 관련 별표 1 시설 중 제1종시설 이외의 시설을 말한다.

훼손 저감대책의 강구

① 개발제한구역내 시설물 입지는 환경평가 결과 3등급지 내지 5등급지를 우선적으로 활용하는 것을 원칙으로 하되, 1등급지 내지 2등급지와 실제현황이 상이한 경우, 해당 지자체가 이를 입증하는 자료를 제출하여 국토부장관이 확인하면 시정 가능하다. 다만, 입지여건상 불가피한 경우에는 환경평가결과 1등급지 내지 2등급지를 활용할 수 있다(농업적성도 1등급 내지 2등급지는 농림축

산식품부와 협의된 경우 활용가능).

② 중앙심사 및 지방심사를 함에 있어, 입지대상시설이 당해지역 및 그 주변지역 등에 미치는 해로운 영향을 최소화하기 위한 훼손 저감대책을 검토하여야 하며 관할 시·도지사는 환경오염 방지시설, 재해·위험 방지시설, 조경시설, 완충녹지 등의 설치 등 필요한 훼손 저감대책을 관리계획에 반영하여야 한다.

2. 도시계획위원회 심의 및 주민의견청취대상 허가행위

시장·군수·구청장은 허가대상 행위 중 법령으로 정하는 규모 이상으로 건축물을 건축하거나 토지의 형질을 변경하는 행위 등을 허가하려면 주민의 의견을 듣고 관계 행정기관의 장과 협의한 후 특별자치시·특별자치도·시·군·구 도시계획위원회의 심의를 거쳐야 한다. 주민의 의견청취 등의 대상 및 절차는 다음과 같다.

주민의 의견청취 등의 대상 및 절차

① 「개발제한구역법」 제12조 제5항 본문에서 '대통령령으로 정하는 규모 이상으로 건축물을 건축하거나 토지의 형질을 변경하는 행위'란 다음 각 호의 건축 또는 형질변경을 말한다. 다만, 동법 제11조 제1항 제5호 본문에 따른 건축물의 건축 또는 토지의 형

질변경은 제외한다.

1. 연면적(하나의 필지를 분할하여 각각의 필지에 건축물을 건축하는 경우에는 각 필지에 건축하는 건축물의 연면적을 합한 총면적을 말한다)이 1천 500제곱미터 이상인 건축물의 건축

2. 면적(하나의 필지를 분할하여 토지의 형질을 변경하는 경우에는 각 필지의 형질변경면적을 합한 총면적을 말한다)이 5천 제곱미터 이상인 토지의 형질변경. 다만 경작을 위한 경우에는 1만 제곱미터 이상으로 한다.

② 특별자치시장·특별자치도지사·시장·군수 또는 구청장이 「개발제한구역법」 제12조제5항 본문에 따라 주민의 의견을 들으려면 다음 각 호의 사항을 시·군·구와 읍·면·동의 게시판에 14일 이상 게시하고, 일반인이 열람할 수 있게 하여야 한다.

1. 사업 목적

2. 사업규모(건축물의 높이, 건축 면적, 건축 연면적 및 토지의 형질변경 면적)

3. 사업시행자

4. 열람 장소

5. 그 밖에 주민이 알아야 할 사항으로서 시장·군수·구청장이 필요하다고 인정하는 사항

③ 제2항에 따라 게시된 내용에 관하여 의견이 있는 자는 제2항에 따른 열람 기간에 시장·군수·구청장에게 의견서를 제출할 수 있으며, 시장·군수·구청장은 제출된 의견이 타당하다고 인정

되는 경우에는 그 의견을 반영하여야 한다.

3. 존속 중인 건축물 등에 대한 특례

「개발제한구역법」 제13조(존속 중인 건축물 등에 대한 특례)에 의하여 시장·군수·구청장은 법령의 개정·폐지나 그 밖에 「개발제한구역법 시행령」으로 정하는 사유로 인하여 그 사유가 발생할 당시에 이미 존재하고 있던 대지·건축물 또는 공작물이 이 법에 적합하지 아니하게 된 경우에는 「개발제한구역법 시행령」으로 정하는 바에 따라 건축물의 건축이나 공작물의 설치를 허가할 수 있다.

존속 중인 건축물 등에 관한 특례가 적용되는 사유

1. 도시·군관리계획을 결정 또는 변경하거나 행정구역을 변경하는 경우
2. 도시·군계획시설을 설치하거나 「도시개발법」에 따른 도시개발사업을 시행하는 경우
3. 「특정건축물 정리에 관한 특별조치법」(법률 제3719호 및 법률 제6253호를 말한다)에 따라 준공검사필증을 받았거나 사용승인서를 받은 경우
4. 「도시저소득주민의 주거환경개선을 위한 임시조치법」(법률 제

4115호로 제정되어 2004년 12월 31일까지 시행되던 것을 말한다)에 따라 준공검사필증 · 사용검사필증 또는 사용승인서를 발급받은 경우
5. 종전의 「공유토지분할에 관한 특례법」(법률 제3811호로 제정되어 1991년 12월 31일까지 시행되던 것, 법률 제4875호로 제정되어 2000년 12월 31일까지 시행되던 것 및 법률 제7037호로 제정되어 2006년 12월 31일까지 시행되던 것을 말한다)에 따라 대지가 분할된 경우

존속 중인 건축물 등에 관한 특례가 적용되는 경우

시장 · 군수 · 구청장은 존속 중인 대지 · 건축물 또는 공작물이 법령의 제정 · 개정이나 앞에서 열거한 사유로 「개발제한구역법」 또는 동법 시행령의 규정에 부적합하더라도 다음 각 호의 어느 하나에 해당하는 건축을 허가할 수 있다.

1. 건축물의 재축 · 개축 또는 대수선
2. 증축하려는 부분이 건폐율 · 용적률 등 법 또는 이 영의 규정에 적합한 경우의 증축. 이 경우 토지의 형질변경을 수반하는 증축은 별표 3에 따른 시설만 해당한다.

※ 증축 시 토지의 형질변경 허용시설: 개발제한구역법 시행령[별표 3]
1. 서울특별시 강남구 내곡동에 설치한 시립아동병원시설 및 그 부대

시설
2. 행정자치부가 과천지구 정부청사단지에 설치한 정부과천청사, 공공기관의 청사 및 그 부대시설
3. 전라남도교육위원회가 전라남도 담양군에 설치한 충의교육원 및 그 부대시설
4. 부산광역시 기장군 기장읍 시량리 일원에 설치한 국립수산과학원의 청사·시험연구시설·교육훈련시설 및 한국해양수산연수원의 사무실·교육훈련시설과 각각의 그 부대시설
5. 환경부가 경기도 양평군 양서면 양수리에 설치한 국립환경과학원 부설 팔당임호연구소 및 그 부대시설
6. 개발제한구역의 지정 전에 개발제한구역에 설치한 공공청사
7. 부산광역시가 부산광역시 해운대구 석대동에 설치한 농수산물도매시장
8. 산업통상자원부장관이 부산광역시 강서구 대저동에 설치한 우편집중국
9. 담양군수가 전라남도 담양군 남면 지곡리에 설치한 가사문학회관 및 그 부대시설
10. 국민안전처장관이 경기도 남양주시 별내면 덕송리에 설치한 중앙119구조대의 청사·헬기계류장 및 훈련시설과 그 부대시설
11. 인천광역시 문학경기장의 부대시설
12. 한국보훈복지의료공단이 설치한 보훈병원시설 및 그 부대시설
13. 한국항공대학시설 및 그 부대시설

14. 국토교통부의 내륙화물기지조성계획에 따라 경기도 의왕시(군포시의 일부지역을 포함한다) 및 경상남도 양산시 일원에 설치한 「물류시설의 개발 및 운영에 관한 법률」 제2조제2호에 따른 물류터미널 및 그 부대시설
15. 한국교육개발원의 교육연구시설과 한국교육방송공사의 방송시설 및 그 부대시설
16. 대한체육회가 경상남도 진해시 자은동에 설치한 국가대표급 선수(우수선수를 포함한다)의 전지훈련장 및 그 부대시설
17. 「농업협동조합법」에 따른 농업협동조합중앙회가 경기도 고양시의 가축개량사업소 부지에 설치한 젖소개량사업시설 및 한국마사회가 그 부지에 설치한 종마의 보급·사육을 위한 시설과 그 부대시설
18. 한국원자력연구원이 대전광역시 유성구 덕진동 대덕연구개발특구에 설치한 시험연구시설 및 그 부대시설
19. 한전원자력연료주식회사가 대전광역시 유성구 덕진동 대덕연구개발특구에 설치한 핵연료주기시설·원자력폐기물시설 및 그 부대시설
20. 한국산업인력공단이 경상남도 창원시 대방동에 설치한 한국직업훈련대학의 교육시설 및 그 부대시설
21. 국토교통부의 경인운하건설사업계획에 따라 경기도 김포시 일원에 설치한 「물류시설의 개발 및 운영에 관한 법률」 제2조제2호에 따른 물류터미널 및 그 부대시설

22. 부산교통공사가 경상남도 양산시 호포차량기지에 설치한 교육훈련시설
23. 「과학기술분야 정부출연연구기관 등의 설립·운영 및 육성에 관한 법률」에 따른 한국기계연구원 및 한국전기연구원의 연구·시험시설
24. 부산광역시 금정구 지하철차량기지에 설치한 여객자동차터미널 및 그 부대시설
25. 중소기업진흥공단이 광주광역시 북구 일원에 설치한 중소기업연수원
26. 경기도 양주시 유양동의 양주별산대 놀이마당 공연장 및 그 부대시설
27. 개발제한구역 지정 전에 설치된 공장(법 제12조제6항에 따라 공사 또는 사업이 계속 시행되고 있는 경우를 포함한다)으로서 다음 각 목에 따른 증축과 그 부대시설의 설치

    가. 공장의 증축면적과 그 부대시설의 설치면적은 개발제한구역 지정 당시 기존 시설의 연면적 이하로 한다. 다만, 종전의 도시계획법령에 따라 수출품의 생산 가공공장이나 그 밖에 수출 진흥 등 경제발전에 기여할 수 있는 시설로 승인을 받아 증축한 공장의 경우에는 개발제한구역 지정 당시 기존 시설의 연면적과 종전의 도시계획법령에 따라 증축한 시설의 연면적을 합한 면적의 2분의 1 이하로 한다.

    나. 가목에도 불구하고 건폐율이 100분의 20에 미달하는 경우에

는 건폐율이 100분의 20이 될 때까지 공장을 증축하거나 부대시설을 설치할 수 있다. 다만, 「대기환경보전법」 제2조제9호에 따른 특정대기유해물질, 「수질 및 수생태계 보전에 관한 법률」 제2조제8호에 따른 특정수질유해물질을 배출하는 공장은 제외한다.

다. 가목 및 나목에도 불구하고 다음의 요건을 모두 갖춘 경우에는 해당 지방도시계획위원회의 심의를 거쳐 건폐율이 100분의 40이 될 때까지 공장을 증축하거나 부대시설을 설치할 수 있다. 다만, 2017년 12월 31일까지 증축 또는 설치 허가를 신청한 경우에 한정한다.

1) 국제법규, 수출상대국 또는 국내 법령에 규정된 규격·인증·안전·위생기준 등을 충족하기 위하여 불가피하다고 인정되거나 기존 공장의 시설자동화 또는 공정개선을 하는 데 필요하다고 인정될 것

2) 공장의 증축 또는 부대시설의 설치로 인하여 「대기환경보전법」 또는 「수질 및 수생태계 보전에 관한 법률」에 따라 기존에 허가·신고하지 아니한 새로운 종류의 대기오염물질 또는 수질오염물질을 발생시키지 아니할 것

3) 대기오염물질발생량 또는 폐수배출량이 증가하지 아니할 것

라. 가목부터 다목까지의 경우 새로운 대지를 조성하는 것은 허용되지 아니한다. 다만, 관계 법령에 따라 직장어린이집을 의

무적으로 설치하여야 하는 공장의 경우에는 그 시설 설치에 필요한 면적만큼 새로운 대지를 조성할 수 있다.

28. 개발제한구역 지정 이전에 설치한 주유소의 증축(시장·군수·구청장이 수립하는 배치계획에 포함되어 그 계획에 따라 증축하는 경우만 해당한다)

29. 도축장(증축되는 면적은 개발제한구역 지정 당시의 연면적의 범위로 한다. 다만, 증축하더라도 축산물가공처리법령에서 정하는 최소기준면적에 미달하는 경우에는 그 최소기준면적까지 증축할 수 있다)

30. 「골재채취법」(법률 제5966호로 개정되기 전의 것을 말한다) 제8조에 따라 국토교통부장관으로부터 골재의 집중개발 또는 비축에 관한 명령을 받은 골재채취업자가 하천구역에서 바다모래의 염분을 제거하기 위하여 설치한 공작물과 그 시설의 운영에 필요한 부대시설

31. 개발제한구역에 그 노선의 시점과 종점을 이미 두고 있는 「여객자동차 운수사업법 시행령」제3조제1호가목에 따른 시내버스운송사업을 위하여 기존 정류장에 설치한 운수종사원의 후생복지시설, 자가연료공급시설(「대기환경보전법」에 따른 무공해·저공해자동차에 천연가스를 공급하기 위한 시설을 포함한다) 및 간이정비시설

32. 사회복지시설(양로시설 및 고아원 등)의 운영·관리를 위하여 설치한 부대시설

33. 종교시설 또는 문화재(「문화재보호법」제2조제2항에 따른 지정문화재 또는 같은 조 제3항에 따른 등록문화재에 해당하는 건축물 또는 공작물

을 말한다. 이하 이 호에서 같다).

다만, 다음 각 목의 어느 하나에 해당하는 증축으로 한정한다.

가. 증축되는 부분을 포함한 전체 연면적이 개발제한구역 지정 당시 연면적(제24조에 따른 개발제한구역 건축물관리대장에 등재된 연면적을 말한다)의 2배 이내(개발제한구역 지정 당시 연면적이 330제곱미터 미만인 경우에는 660제곱미터 이내)이고, 증축되는 부분을 포함한 전체 대지면적이 건축면적의 2배 이내인 증축

나. 문화재 및 「전통사찰의 보존 및 지원에 관한 법률」에 따른 전통사찰의 증축으로서 가목에 따른 연면적 또는 대지면적을 초과하여 문화체육관광부장관(문화재의 경우에는 문화재청장을 말한다)이 국토교통부장관과 협의하는 규모 이내의 증축. 다만, 전통사찰의 증축을 위하여 새로운 대지를 조성할 수 있는 면적은 건축물의 수평투영면적의 2배 이내로 하며, 1만 제곱미터를 초과하는 새로운 대지조성이 수반되는 때에는 「전통사찰의 보존 및 지원에 관한 법률」에 따른 전통사찰보존위원회 심의를 거쳐야 한다.

34. 사회복지시설(새로운 대지조성은 허용되지 아니하며, 증축되는 면적은 개발제한구역 지정 당시 연면적의 범위로 한다)

35. 나환자촌으로서 보건복지가족부장관이 일정한 구역을 설정하여 국토교통부장관과의 협의를 거쳐 정비계획을 수립하는 경우 그에 따라 건축한 주거시설, 농산·축산시설 등 소득증대시설, 진료시설 및 종교시설

36. 다음 각 목의 어느 하나에 해당하는 청소년수련시설 및 그 부대시설

    가. 개발제한구역 지정 전에 설치된 청소년수련시설 및 그 부대시설(청소년수련시설 및 그 부대시설을 증축할 수 있는 면적은 개발제한구역 지정 당시 연면적의 범위로 하되, 증축되는 부분을 포함한 전체 대지면적은 건축면적의 2배 이내로 한다)

    나. 천주교서울대교구장이 경기도 양주시 어둔동에 설치한 청소년심신수련장 시설 및 그 부대시설

37. 한국마사회가 경기도 과천시 주암동 일원에 있는 경마장의 기존 부지에 설치한 경마장의 운영에 직접 필요한 시설 및 그 부대시설

38. 서울올림픽기념국민체육진흥공단이 경기도 하남시 미사동에 설치한 조정경기장(그 안에 설치하는 경정장을 포함한다) 및 그 부대시설

39. 대한체육회 또는 대한사격연맹이 태릉선수촌 또는 태릉사격장에 설치한 선수훈련용 시설

40. 「농업협동조합법」에 따른 농업협동조합중앙회가 경기도 고양시 덕양구 일원에 설치한 농협대학 안의 교육시설

41. 한국마사회가 부산광역시 강서구 및 경상남도 김해시 일원에 설치한 경마장 및 그 부대시설

42. 서울올림픽기념국민체육진흥공단이 경기도 광명시 일원에 설치한 경륜장 및 그 부대시설

43. 「문화예술진흥법 시행령」 별표 1 제1호가목의 공연장 중 시·도 종합문화예술회관 및 시·군·구 문화예술회관

44. 다음 각 목의 어느 하나에 해당하는 박물관 또는 미술관
    가. 국가 또는 지방자치단체가 설치한 「박물관 및 미술관 진흥법」 제2조제1호 및 제2호에 따른 박물관 또는 미술관
    나. 국가 또는 지방자치단체가 아닌 자가 설치한 박물관(동물원에 한정한다). 이 경우 「야생생물 보호 및 관리에 관한 법률」 등 관계 법령에서 정하는 시설기준을 충족하기 위하여 증축하는 경우로 한정한다.
    다. 국가 또는 지방자치단체가 아닌 자가 설치한 박물관 또는 미술관의 건축물식 주차장이 아닌 부설주차장[이용객의 주차 수요를 충족하기 위한 것으로서 비투수성非透水性 재질로 포장하는 방법 외의 방법으로 증설하는 경우로 한정하되, 박물관 또는 미술관을 다른 용도로 변경하는 경우에는 증설한 주차장 부지를 원래의 지목으로 환원하여야 한다]
    라. 「자연공원법」 제2조제10호에 따라 공원시설로 설치한 박물관
45. 「과학관의 설립·운영 및 육성에 관한 법률」 제3조제1호 및 제2호에 따른 국립과학관 및 공립과학관
46. 「집단에너지사업법」에 따라 설치한 집단에너지공급시설
47. 농업기술센터 및 수산기술관리소
48. 「도서관법」 제2조제4호에 따라 설치한 공공도서관
49. 시청, 군청, 구청, 경찰서, 경찰청, 교육청(각각의 출장소를 포함한다)과 그 부대시설
50. 농림축산업 및 수산업 시험·연구시설

51. 「체육시설의 설치·이용에 관한 법률 시행령」 제3조에 따른 전문체육시설과 그 부대시설

52. 국제행사 관련 체육시설 및 편익시설

53. 「무형문화재 보전 및 진흥에 관한 법률」에 따라 국가나 지방자치단체가 설치한 무형문화재의 관리용 건축물

54. 제18조제1항제11호에 따라 용도변경된 일반업무시설[「공공기관의 운영에 관한 법률」에 따른 공공기관(「민법」 제32조 또는 다른 법률에 따라 설립한 비영리법인으로서 「수도권정비계획법」 제21조에 따른 수도권정비위원회의 심의를 거쳐 기존의 공공업무시설 대지의 이용이 허용된 법인을 포함한다)]의 업무용 시설 및 그 부대시설

55. 제18조제1항제4호사목에 따라 용도변경된 물류창고 및 그 부대시설(새로운 대지조성은 허용되지 않으며, 건폐율 100분의 40 이하로 증축하는 경우로 한정한다)

08 그린벨트에서의 행위허가와 신고

1. 허가 또는 신고의 세부 기준

 그린벨트에서 허가 또는 신고의 기준과 관련하여 임야 또는 경지 정리된 농지는 건축물의 건축 또는 공작물의 설치를 위한 부지에서 가능하면 제외하여야 하며, 도로·상수도 및 하수도가 설치되지 아니한 지역에 대하여는 원칙적으로 건축물의 건축(건축물의 건축을 목적으로 하는 토지형질변경을 포함한다)을 허가하여서는 아니 되며, 주택 또는 근린생활시설의 건축을 위하여 대지를 조성하는 경우에는 기존 면적을 포함하여 330제곱미터 이하로 하여야 한다.

허가 또는 신고의 세부기준 「개발제한구역법시행령」 [별표 2]

　허가 또는 신고의 대상이 되는 건축물이나 공작물의 규모 · 높이 · 입지기준, 대지 안의 조경, 건폐율, 용적률, 토지의 분할, 토지의 형질변경의 범위 등 허가나 신고의 세부 기준은 다음과 같다.

1. 일반적 기준

　가. 개발제한구역의 훼손을 최소화할 수 있도록 필요한 최소 규모로 설치하여야 한다.

　나. 해당 지역과 그 주변지역에 대기오염, 수질오염, 토질오염, 소음 · 진동 · 분진 등에 따른 환경오염, 생태계 파괴, 위해 발생 등이 예상되지 아니하여야 한다. 다만, 환경오염의 방지, 위해의 방지, 조경, 녹지의 조성, 완충지대의 설치 등의 조건을 붙이는 경우에는 그러하지 아니하다.

　다. 해당 지역과 그 주변지역에 있는 역사적 · 문화적 · 향토적 가치가 있는 지역을 훼손하지 아니하여야 한다.

　라. 토지의 형질을 변경하거나 죽목을 벌채하는 경우에는 표고, 경사도, 숲의 상태, 인근 도로의 높이와 배수 등을 고려하여야 한다.

　마. 도시계획시설의 설치, 법 제11조제1항제5호 본문에 따른 건축물의 건축 및 토지의 형질변경에 대하여는 관리계획이 수립되지 아니하였거나 수립된 관리계획의 내용에 위반되는 경우에

는 그 설치 등을 허가하여서는 아니 된다.
바. 임야 또는 경지 정리된 농지는 건축물의 건축 또는 공작물의 설치를 위한 부지에서 가능하면 제외하여야 한다.
사. 건축물을 건축하기 위한 대지면적이 60제곱미터 미만인 경우에는 건축물의 건축을 허가하지 아니하여야 한다. 다만, 기존의 건축물을 개축하거나 재축하는 경우에는 그러하지 아니하다.
아. 빗물이 땅에 쉽게 스며들 수 있도록 가능하면 투수성 포장을 하여야 한다.
자. 「국토의 계획 및 이용에 관한 법률」에 따른 방재지구, 「자연재해대책법」에 따른 자연재해위험개선지구 및 「급경사지재해예방에 관한 법률」에 따른 붕괴위험지역에는 건축물의 건축을 허가하여서는 아니 된다. 다만, 안전·침수대책을 수립한 경우에는 그러하지 아니하다.

2. 건축물의 건축 또는 공작물의 설치
   가. 건폐율 100분의 60 이하로 건축하되 높이 5층 이하, 용적률 300퍼센트 이하로 한다.
   나. 가목에도 불구하고 주택 또는 근린생활시설을 건축하는 경우에는 다음의 어느 하나에 따른다. 다만, 별표 1 제5호다목다) ① 또는 같은 호 라목1)부터 11)까지 외의 부분 다)에 따라 「공익사업을 위한 토지 등의 취득 및 보상에 관한 법률」에 따른 공익사업의 시행으로 인하여 철거된 건축물을 신축하는 경우

해당 건축물의 층수 및 연면적은 철거 당시의 건축물의 층수 및 연면적까지로 할 수 있다.

    1) 건폐율 100분의 60 이하로 건축하는 경우: 높이 3층 이하, 용적률 300퍼센트 이하로서 기존 면적을 포함하여 연면적 232제곱미터(지정 당시 거주자는 300제곱미터) 이하. 이 경우 지정 당시 거주자가 연면적 232제곱미터를 초과하여 연면적 300제곱미터까지 건축할 수 있는 경우는 1회로 한다.

    2) 건폐율 100분의 20 이하로 건축하는 경우: 높이 3층 이하, 용적률 100퍼센트 이하

다. 둘 이상의 필지에 같은 용도의 건축물이 각각 있는 경우 그 필지를 하나의 필지로 합칠 수 있다. 이 경우 주택 및 근린생활시설은 나목2)(취락지구의 경우에는 「개발제한구역법 시행령」 제26조제1항제2호나목)의 기준에 적합하여야 하며, 주택을 다세대주택으로 건축하는 경우에는 기존의 주택호수를 초과하지 아니하여야 한다.

라. 건축물 또는 공작물 중 기반시설로서 건축 연면적이 1천 500제곱미터 이상이거나 토지의 형질변경 면적이 5천 제곱미터 이상인 시설은 「국토계획법 시행령」 제35조에도 불구하고 도시계획시설로 설치하여야 한다. 다만, 별표 1에서 별도로 규정하고 있는 경우에는 그에 따른다.

마. 도로·상수도 및 하수도가 설치되지 아니한 지역에 대하여는 원칙적으로 건축물의 건축(건축물의 건축을 목적으로 하는 토지형

질변경을 포함한다)을 허가하여서는 아니 된다. 다만, 무질서한 개발을 초래하지 아니하는 경우 등 시장·군수·구청장이 인정하는 경우에는 그러하지 아니하다.

바. 법 또는 이 영에서 건축이 허용되는 건축물 또는 공작물에 대해서는 「옥외광고물 등 관리법」에 적합하게 간판 등을 설치할 수 있다.

3. 토지의 형질변경 및 물건의 적치

가. 토지의 형질변경면적은 건축물의 건축면적 및 공작물의 바닥면적의 2배 이하로 한다. 다만, 다음의 어느 하나의 경우에는 그 해당 면적으로 한다.

1) 축사 및 미곡종합처리장은 바닥면적의 3배 이하

2) 주택 또는 근린생활시설의 건축을 위하여 대지를 조성하는 경우에는 기존면적을 포함하여 330제곱미터 이하. 다만, 별표 1 제5호다목1) ① 또는 같은 호 라목1)부터 11)까지 외의 부분 다)에 따라 「공익사업을 위한 토지 등의 취득 및 보상에 관한 법률」에 따른 공익사업의 시행으로 인하여 철거된 건축물을 신축하는 경우 해당 대지의 조성면적은 철거 당시의 대지면적까지로 할 수 있다.

3) 별표 1의 건축물 및 공작물과 관련하여 이 영 및 다른 법령에서 토지의 형질변경을 수반하는 시설을 설치할 것을 따로 규정한 경우에는 그 규정에서 허용하는 범위

4) 법 제4조의2에 따른 훼손지 정비사업을 위한 경우에는 그 정비사업 구역 전체

나. 가목에 따른 토지의 형질변경을 할 때 해당 필지의 나머지 토지의 면적이 60제곱미터 미만이 되는 경우에는 그 나머지 토지를 포함하여 토지의 형질변경을 할 수 있다. 다만, 토지의 형질변경 전에 미리 토지분할을 한 경우로서 가목에 따른 토지의 형질변경 면적에 적합하게 분할할 수 있었음에도 해당 면적을 초과하여 분할한 경우에는 그러하지 아니하다.

다. 법 제12조제1항제1호 각 목의 건축물(축사, 공사용 임시가설건축물 및 임시시설은 제외한다)의 건축 또는 공작물의 설치를 위한 토지의 형질변경 면적이 200제곱미터를 초과하는 경우에는 토지의 형질변경 면적의 100분의 5 이상에 해당하는 면적에 대하여 식수 등 조경을 하여야 한다.

라. 개발제한구역에서 시행되는 공공사업에 대지(건축물 또는 공작물이 있는 토지를 말한다)의 일부가 편입된 경우에는 그 편입된 면적만큼 새로 대지를 조성하는 데 따르는 토지의 형질변경을 할 수 있다. 이 경우 편입되지 아니한 대지와 연접하여 새로 조성한 면적만으로는 관계 법령에 따른 시설의 최소 기준면적에 미달하는 경우에는 그 최소 기준면적까지 대지를 확장할 수 있다.

마. 토지의 형질변경의 대상인 토지가 연약한 지반인 경우에는 그 두께·넓이·지하수위 등의 조사와 지반의 지지력·내려앉음·솟아오름에 대한 시험을 하여 환토·다지기·배수 등의

방법으로 그 토지를 개량하여야 한다.

바. 토지의 형질변경에 수반되는 성토 및 절토切土에 따른 비탈면 또는 절개면에 대하여는 옹벽 또는 석축의 설치 등 안전조치를 하여야 한다.

사. 토석의 채취는 다음의 기준에 따른다.

1) 주변의 상황·교통 및 자연경관 등을 종합적으로 고려하여야 한다.

2) 철도, 고속도로, 국도 및 시가지와 연결되는 간선도로의 가시권可視圈에서는 재해에 따른 응급조치가 아니면 토석의 채취를 허가하여서는 아니 된다. 이 경우 철도·고속도로의 가시권은 철도·고속도로로부터 2킬로미터 이내의 지역을, 국도·간선도로의 가시권은 국도·간선도로로부터 1킬로미터 이내의 지역을 말한다.

아. 물건의 적치는 대지화되어 있는 토지에만 할 수 있으며, 물건의 적치장에는 물건의 단순관리를 위한 가설건축물을 연면적 20제곱미터 이하의 범위에서 설치할 수 있다.

4. 취락지구로의 이축 및 이주단지의 조성

가. 법 제12조제1항제3호에 따른 이주단지의 규모는 주택 20호 이상으로 한다. 다만, 이축 또는 이주대상인 건축물로부터 2킬로미터 이내의 지역에 취락지구가 없거나 인근 취락지구의 지형이나 그 밖의 여건상 이축을 수용할 수 없는 경우로서 시장·

군수·구청장이 이주단지의 위치를 지정하는 경우에는 10호 이상으로 할 수 있다.

나. 이축 및 이주단지는 철거지를 관할하는 시·군·구의 지역에만 조성할 수 있다. 다만, 철거지를 관할하는 시·군·구의 개발제한구역에 취락지구가 없거나 관할 지역의 취락지구에 이축수요를 수용할 수 없는 경우 또는 이주단지의 조성을 위한 적정한 부지가 없는 경우에는 인접 시장·군수·구청장과 협의하여 그 시·군·구의 지역에 이축 또는 이주단지의 조성을 허가할 수 있다.

다. 공익사업에 따른 이주대책의 일환으로 「공익사업을 위한 토지 등의 취득 및 보상에 관한 법률」 제78조에 따른 개발제한구역 밖으로의 이주대책이 수립된 경우에는 공익사업과 관련하여 따로 이축을 허가하여서는 아니 된다.

라. 철거 등으로 멸실되어 현존하지 아니하는 건축물을 근거로 이축 또는 이주단지의 조성을 허가하여서는 아니 된다. 다만, 공익사업의 시행으로 철거된 건축물은 그러하지 아니하다.

마. 이주단지를 조성한 후 또는 건축물을 이축한 후의 종전 토지는 다른 사람의 소유인 경우와 공익사업에 편입된 경우를 제외하고는 그 지목을 전·답·과수원, 그 밖에 건축물의 건축을 위한 용도가 아닌 지목으로 변경하여야 한다.

5. 취락지구가 아닌 지역으로의 이축

　가. 종교시설은 「건축법 시행령」 별표 1 제6호에 해당하는 것이어야 한다.

　나. 공장 또는 종교시설을 이축하려는 경우에는 다음의 기준에 따라야 한다.

　　1) 기존의 공장 또는 종교시설이 위치하고 있는 시·군·구의 지역으로 이축하여야 한다. 다만, 공장의 경우 인접 시장·군수·구청장과 협의하여 그 시·군·구의 지역(인접한 읍·면·동으로 한정한다)에 이축을 허가할 수 있다.

　　2) 우량농지(경지정리·수리시설 등 농업생산기반이 정비되어 있는 농지) 및 임야가 아닌 지역이어야 한다.

　　3) 「하천법」 제7조에 따른 국가하천의 경계로부터 5백 미터 이상 떨어져 있는 지역이어야 한다.

　　4) 새로운 진입로를 설치할 필요가 없는 지역이어야 한다.

　　5) 전기·수도·가스 등 새로운 간선공급설비를 설치할 필요가 없는 지역이어야 한다.

주요 시설별 허가 또는 신고의 세부기준

수도권 및 부산권의 개발제한구역에 설치하는 축사의 규모

　「개발제한구역법 시행령」 별표 1 제5호가목1)가) 단서에 따라 수도권 및 부산권의 개발제한구역에 설치할 수 있는 축사의 규모는 1가구당 기존 면적을 포함하여 500제곱미터 이하로 한다.

골프장

　골프장은「체육시설의 설치·이용에 관한 법률 시행령」별표 1의 골프장과 그 골프장에 설치하는 골프연습장을 포함한다. 숙박시설은 설치할 수 없으며, 훼손된 지역이나 보전가치가 낮은 토지를 활용하는 등 자연환경을 보전할 수 있도록 국토해양부령으로 정하는 입지기준에 적합하게 설치하여야 한다.「개발제한구역법 시행령」별표 1 제1호사목다)에 따라 개발제한구역에 골프장을 설치할 수 있는 토지의 입지기준은 다음 각 호와 같다.

1. 경사도 15도를 넘는 부분의 면적이 골프장의 사업계획 면적의 100분의 50 이하일 것
2. 절토(切土) 또는 성토(盛土)하는 부분의 높이가 15미터를 초과하지 아니할 것. 다만, 제3호나목 및 다목에 따른 지역의 경우에는 그러하지 아니하다.
3. 다음 각 목의 어느 하나 또는 둘 이상을 합한 면적이 골프장의 사업계획 면적의 100분의 60을 초과할 것. 이 경우 각 목의 둘 이상의 면적을 합할 때에 서로 중복되는 부분은 한 번만 계산한다.
   가. 원형으로 보존되는 임야의 면적
   나. 행위허가 신청 당시 이미 쓰레기 매립지, 취토장(取土場), 그 밖에 이와 비슷한 용도로 사용됨에 따라 훼손된 지역의 면적

다. 잡종지, 나대지(裸垈地), 그 밖에 이와 비슷한 토지의 면적
   라. 골프 코스가 조성되는 면적 외의 사업계획 면적 중 나무를 심어 녹지로 조성되는 면적
   마. 골프 코스에 연못으로 조성되는 면적
4. 간이골프장에 설치하는 골프연습장의 면적은 간이골프장 면적의 100분의 10 이하일 것

수목장림

「장사 등에 관한 법률」에 따른 수목장림을 말하며, 다음의 요건을 모두 갖춘 경우에만 설치할 수 있다.

1. 「장사 등에 관한 법률 시행령」 제21조제2항, 별표 5 제1호부터 제4호까지의 규정에 따른 수목장림에 한정할 것
2. 해당 시장·군수·구청장이 설치하려는 지역 주민의 의견을 청취하여 수립하는 배치계획에 따를 것
3. 수목장림 구역에는 보행로와 안내표지판을 설치할 수 있도록 하되, 수목장림 관리·운용에 필요한 사무실, 유족편의시설, 공동분향단, 주차장 등 필수시설은 최소한의 규모로 설치할 것

자전거 이용시설

「자전거이용 활성화에 관한 법률」 제2조제2호에 따른 자전거이용시설 중 자전거도로(같은 법 제3조제1호에 따른 자전거전용도로는 제외한

다) 및 자전거주차장과 같은 법 시행령 제2조제4호에 따른 자전거이용자의 편익을 위한 시설 중 야영장, 벤치, 자전거 수리·대여소, 휴식소를 설치할 수 있다. 이 경우 자전거 수리·대여소 및 휴식소는 가설건축물로 설치하여야 한다.

관리용 건축물

1. 관리용 건축물을 설치할 수 있는 경우와 그 규모는 다음과 같다. 다만, 가·나·라에 따라 관리용 건축물을 설치하는 경우에는 생산에 직접 이용되는 토지 또는 양어장의 면적이 2천 제곱미터 이상이어야 한다.

    가. 과수원, 초지, 유실수·원예·분재 재배지역에 설치하는 경우에는 생산에 직접 이용되는 토지면적의 1천분의 10 이하로서 기존 면적을 포함하여 66제곱미터 이하로 설치하여야 한다.

    나. 양어장에 설치하는 경우에는 양어장 부지면적의 1천분의 10 이하로서 기존 면적을 포함하여 66제곱미터 이하로 설치하여야 한다.

    다. 「농어촌정비법」 제2조제16호다목에 따른 주말농원에 설치하는 경우에는 임대농지면적의 1천분의 10 이하로서 기존 면적을 포함하여 66제곱미터 이하로 설치하여야 한다.

    라. 「농어업경영체 육성 및 지원에 관한 법률」 제16조에 따른 영농조합법인 및 같은 법 제19조에 따른 농업회사법인이 개발제한구역의 농작업의 대행을 위하여 설치하는 경우에는 기존 면적

을 포함하여 66제곱미터 이하로 설치하여야 한다.

　마. 어업을 위한 경우에는 정치망어업면허 또는 기선선인망어업허가를 받은 1가구당 기존 면적을 포함하여 66제곱미터 이하로 설치하여야 한다.

2. 농기구와 비료 등의 보관과 관리인의 숙식 등의 용도로 쓰기 위하여 조립식 가설건축물로 설치하여야 하며, 주된 용도가 주거용이 아니어야 한다.

3. 관리용 건축물의 건축허가 신청 대상 토지가 신청인이 소유하거나 거주하는 주택을 이용하여 관리가 가능한 곳인 경우에는 건축허가를 하지 아니하여야 한다. 다만, 1항의 다·라의 경우에는 그러하지 아니하다.

4. 관리의 대상이 되는 시설이 폐지된 경우에는 1개월 이내에 관리용 건축물을 철거하고 원상복구하여야 한다.

5. 관리용 건축물의 부지는 당초의 지목을 변경할 수 없다.

어린이집

「영유아보육법」 제2조제3호에 따른 어린이집으로서 개발제한구역의 주민(제2조제3항제2호에 해당하여 개발제한구역에서 해제된 지역을 포함한다)을 위한 경우만 해당하며, 그 시설의 수는 시장·군수 또는 구청장이 개발제한구역의 아동수를 고려하여 수립하는 배치계획에 따른다.

도서관

건축 연면적 1,000제곱미터 이하의 규모로 한정한다.

주택

주택은 「건축법 시행령」 별표 1 제1호가목에 따른 단독주택을 말한다. 신축할 수 있는 경우는 다음과 같다.

1. 개발제한구역 지정 당시부터 지목이 대인 토지(이축된 건축물이 있었던 토지의 경우에는 개발제한구역 지정 당시부터 그 토지의 소유자와 건축물의 소유자가 다른 경우만 해당한다)와 개발제한구역 지정 당시부터 있던 기존의 주택(개발제한구역 건축물관리대장에 등재된 주택을 말한다. 이하 2항 및 3항에서 같다)이 있는 토지에만 주택을 신축할 수 있다.
2. 1항에도 불구하고 「농어업·농어촌 및 식품산업 기본법」 제3조제2호가목에 따른 농업인에 해당하는 자로서 개발제한구역에 기존 주택을 소유하고 거주하는 자는 영농의 편의를 위하여 자기 소유의 기존 주택을 철거하고 자기 소유의 농장 또는 과수원에 주택을 신축할 수 있다. 이 경우 생산에 직접 이용되는 토지의 면적이 1만 제곱미터 이상으로서 진입로를 설치하기 위한 토지의 형질변경이 수반되지 아니하는 지역에만 주택을 신축할 수 있으며, 건축 후 농림수산업을 위한 시설 외로는 용도변경을 할 수 없다.
3. 1항에도 불구하고 다음의 어느 하나에 해당하는 경우에는 국토교통

부령으로 정하는 입지기준에 적합한 곳에 주택을 신축할 수 있다.

① 기존 주택이 「공익사업을 위한 토지 등의 취득 및 보상에 관한 법률」에 따른 공익사업의 시행으로 인하여 철거되는 경우에는 그 기존 주택의 소유자(해당 공익사업의 사업인정 고시 당시에 해당 주택을 소유하였는지 여부와 관계없이 같은 법에 따라 보상금을 모두 지급받은 자를 말한다)가 자기 소유의 토지(철거일 당시 소유권을 확보한 토지를 말한다)에 신축하는 경우
☞ 공익사업의 대표적인 것이 도로개설이라 일명 '길딱지' 또는 '도로딱지'라고 한다.
② 기존 주택이 재해로 인하여 더 이상 거주할 수 없게 된 경우로서 그 기존 주택의 소유자가 자기 소유의 토지(재해를 입은 날부터 6개월 이내에 소유권을 확보한 토지를 말한다)에 신축하는 경우
③ 개발제한구역 지정 이전부터 건축되어 있는 주택 또는 개발제한구역 지정 이전부터 다른 사람 소유의 토지에 건축되어 있는 주택으로서 토지소유자의 동의를 받지 못하여 증축 또는 개축할 수 없는 주택을 취락지구에 신축하는 경우
☞ '길딱지' 또는 '도로딱지'와 비교하여 일명 '일반딱지'라고도 한다.

근린생활시설

근린생활시설을 증축 및 신축할 수 있는 시설은 다음과 같다.

1. 주택을 용도변경한 근린생활시설 또는 1999년 6월 24일 이후에 신축된 근린생활시설만 증축할 수 있다.
2. 개발제한구역 지정 당시부터 지목이 대인 토지(이축된 건축물이 있었던 토지의 경우에는 개발제한구역 지정 당시부터 그 토지의 소유자와 건축물의 소유자가 다른 경우만 해당한다)와 개발제한구역 지정 당시부터 있던 기존의 주택(개발제한구역건축물관리대장에 등재된 주택을 말한다)이 있는 토지에만 근린생활시설을 신축할 수 있다. 다만, 「수도법」 제3조제2호에 따른 상수원의 상류 하천(「하천법」에 따른 국가하천 및 지방하천을 말한다)의 양안 중 그 하천의 경계로부터 직선거리 1킬로미터 이내의 지역(「하수도법」 제2조제15호에 따른 하수처리구역은 제외한다)에서는 「한강수계 상수원수질개선 및 주민지원 등에 관한 법률」 제5조에 따라 설치할 수 없는 시설을 신축할 수 없다.
3. 2항의 본문에도 불구하고 기존 근린생활시설이 「공익사업을 위한 토지 등의 취득 및 보상에 관한 법률」에 따른 공익사업의 시행으로 인하여 철거되는 경우에는 그 기존 근린생활시설의 소유자(해당 공익사업의 사업인정 고시 당시에 해당 근린생활시설을 소유하였는지 여부와 관계없이 같은 법에 따라 보상금을 모두 지급받은 자를 말한다)는 국토교통부령으로 정하는 입지기준에 적합한 자기 소유의 토지(철거일 당시 소유권을 확보한 토지를 말한다)에 근린생활시설을 신축할 수 있다.

※ 개발제한구역에 주택 또는 근린생활시설을 신축할 수 있는 토지의 입지기준

「개발제한구역법 시행」령 별표 1 제5호다목) 및 라목)에 따라 개발제한구역에 주택 또는 근린생활시설(이하 이 조에서 '주택등'이라 한다)을 신축할 수 있는 토지의 입지기준은 다음 각 호와 같다.

1. 다음 각 목의 어느 하나에 해당하는 지역의 토지일 것

    가. 기존의 주택등이 있는 시·군·구(자치구를 말한다. 이하 같다)의 지역

    나. 기존의 주택등이 있는 시·군·구와 인접한 시·군·구(인접한 읍·면·동으로 한정한다)의 지역으로서 해당 인접 시장·군수·구청장과 주택등을 신축하기로 협의한 지역

2. 우량농지(경지정리·수리시설 등 농업생산기반이 정비되어 있는 농지를 말한다)가 아닐 것

3. 「하천법」 제7조에 따른 국가하천의 경계로부터 5백 미터 이상 떨어져 있을 것. 다만, 다음 각 목의 어느 하나에 해당하는 지역의 경우에는 그러하지 아니하다.

    가. 「하수도법」 제2조제15호에 따른 하수처리구역으로서 하수종말처리시설을 설치·운영 중인 지역

    나. 「하수도법」 제11조에 따라 공공하수도의 설치인가를 받은 하수처리예정지역

4. 새로운 진입로를 설치할 필요가 없을 것. 다만, 영 별표 2 제3호가목2)에 따른 면적에 포함되어 진입로가 설치되는 경우에는 그러하지 아니하다.

5. 전기 · 수도 · 가스 등 새로운 간선공급설비를 설치할 필요가 없을 것

휴게음식점 제과점 및 일반음식점
1. 휴게음식점 · 제과점 또는 일반음식점을 건축할 수 있는 자는 5년 이상 거주자 또는 지정 당시 거주자이어야 한다.
2. 부대시설로서 인접한 토지를 이용하여 300제곱미터 이하의 주차장(건축물식 주차장은 제외한다)을 설치할 수 있다. 이 경우 해당 휴게음식점 · 제과점 또는 일반음식점의 소유자만 설치할 수 있다.
3. 휴게음식점 또는 일반음식점을 다른 용도로 변경하는 경우에는 주차장 부지를 원래의 지목으로 환원하여야 한다.

휴게소(고속국도에 설치하는 휴게소는 제외), 주유소(「석유 및 석유대체연료 사업법 시행령」 제2조제9호에 따른 석유대체연료 주유소 포함) 및 자동차용 액화석유가스 충전소
1. 시장 · 군수 · 구청장이 수립하는 배치계획에 따라 시장 · 군수 · 구청장 또는 지정 당시 거주자가 국도 · 지방도 등 간선도로변에 설치하는 경우만 해당한다. 다만, 도심의 자동차용 액화석유가스 충전소(자동차용 액화석유가스 충전소 외의 액화석유가스 충전소를 겸업하는 경우를 포함한다. 이하 같다)를 이전하여 설치하는 경우에는 해당 사업자만 설치할 수 있다.
2. 지정 당시 거주자가 설치하는 경우에는 각각의 시설에 대하여 1회만 설치할 수 있다. 다만, 공공사업에 따라 철거되거나 기존 시설

을 철거한 경우에는 그러하지 아니하다.
3. 휴게소 및 자동차용 액화석유가스 충전소의 부지면적은 3천 300제곱미터 이하로, 주유소의 부지면적은 1천 500제곱미터 이하로 하고, 주유소 및 자동차용 액화석유가스 충전소에는 그 부대시설로서 세차시설, 자동차 간이정비시설(「자동차관리법 시행령」제12조제1항에 따른 자동차정비업시설의 종류에 해당하지 아니하는 정비시설을 말한다) 및 소매점을 설치할 수 있다. 이 경우 해당 주유소 및 자동차용 액화석유가스 충전소의 소유자만 부대시설을 설치할 수 있다.
4. 휴게소는 개발제한구역의 해당 도로노선 연장이 10킬로미터 이내인 경우에는 설치되지 아니하도록 하여야 하며, 주유소 및 자동차용 액화석유가스 충전소의 시설 간 간격 등 배치계획의 수립기준은 국토교통부령으로 정한다.

※ 주유소 등의 배치계획의 수립기준

「개발제한구역법 시행령」 별표 1 제5호마목10)에 따른 주유소 및 자동차용 액화석유가스 충전소의 시설 간 간격 등 배치계획(이하 '배치계획'이라 한다)의 수립기준은 다음 각 호와 같다.

1. 주유소와 자동차용 액화석유가스 충전소는 개발제한구역의 훼손을 최소화할 수 있는 국도·지방도 등의 간선도로변에 설치할 수 있도록 하되, 해당 도로의 교통량 및 그 시설 이용의 편리성 등을 고려할 것

2. 주유소 간의 간격은 해당 도로의 같은 방향 별로 2킬로미터 이상으로 하고, 자동차용 액화석유가스 충전소 간의 간격은 같은 방향 별로 5킬로미터 이상(2개의 주유소 간 또는 2개의 자동차용 액화석유가스 충전소 간에 개발제한구역이 아닌 지역이 있는 경우에는 개발제한구역에 위치하는 도로거리만을 합산한다)으로 할 것

2의2. 제2호에도 불구하고 다음 각 목의 경우에는 같은 호에 따른 거리 간격을 적용하지 아니한다.

　　가. 시·군·구의 경계를 중심으로 양쪽 시·군·구에 각각 설치하는 2개의 주유소 간 또는 2개의 자동차용 액화석유가스 충전소 간

　　나. 개발제한구역이 아닌 지역을 사이에 둔 2개의 주유소 간 또는 2개의 자동차용 액화석유가스 충전소 간. 다만, 해당 지역을 관할하는 시장·군수·구청장이 제1호의 사항과 영 제2조제3항제2호에 따라 개발제한구역이 해제된 지역, 그 밖에 개발제한구역이 아닌 지역의 도로여건 등을 고려하여 그 지역에 인접한 개발제한구역에 주유소 또는 자동차용 액화석유가스 충전소의 설치가 필요하다고 판단하는 경우로 한정한다.

3. 배치계획은 도로의 신설·확장 또는 교통량의 현저한 증가 등으로 부득이하게 주유소 또는 자동차용 액화석유가스충전소를 추가로 설치하여야 하는 경우에만 변경할 것

야영장(국가와 지방자치단체가 설치하는 것은 제외)

1. 마을공동 또는 지정 당시 거주자만 설치할 수 있으며, 각각 1회로 한정한다. 다만, 공공사업에 따라 철거되거나 기존 시설을 철거한 경우에는 그러하지 아니하다.
2. 설치할 수 있는 시설의 수(시·도별 총 시설의 수는 관할 시·군·구 수의 3배 이내로 한다)는 시·도지사가 관할 시·군·구의 개발제한 구역 면적, 인구 수 등 지역 여건을 고려하여 수립·공고한 시·군·구 배분계획에 따른다.
3. 임야인 토지로서 다음의 어느 하나에 해당하는 경우에는 설치할 수 없다.
   가. 석축 및 옹벽의 설치를 수반하는 경우
   나. 「자연환경보전법」 제34조제1항제1호에 따른 생태·자연도自然圖 1등급 권역에 해당하는 경우

승마장 등 실외체육시설(국가와 지방자치단체가 설치·운영하는 것은 제외)

1. 「체육시설의 설치·이용에 관한 법률」 제3조에 따른 체육시설 중 배구장, 테니스장, 배드민턴장, 게이트볼장, 롤러스케이트장, 잔디(인조잔디를 포함한다. 이하 같다)축구장, 잔디야구장, 농구장, 야외수영장, 궁도장, 사격장, 승마장, 씨름장, 양궁장 및 그 밖에 이와 유사한 체육시설로서 건축물의 건축을 수반하지 아니하는 운동시설(골프연습장은 제외한다) 및 그 부대시설을 말한다.
2. 부대시설은 탈의실, 세면장, 화장실, 운동기구 보관창고와 간이휴게

소를 말하며, 그 건축 연면적은 200제곱미터 이하로 하되, 시설 부지면적이 2천 제곱미터 이상인 경우에는 그 초과하는 면적의 1천분의 10에 해당하는 면적만큼 추가로 부대시설을 설치할 수 있다.
3. 승마장의 경우 실내마장, 마사 등의 시설을 2천 제곱미터 이하의 규모로 설치할 수 있다.
4. 마을공동 또는 지정 당시 거주자만 설치할 수 있으며, 각각의 시설에 대하여 각각 1회로 한정한다. 다만, 공공사업에 따라 철거되거나 기존 시설을 철거한 경우에는 그러하지 아니하다.
5. 설치할 수 있는 시설의 수(시·도별 총 시설의 수는 관할 시·군·구 수의 3배 이내로 한다)는 시·도지사가 관할 시·군·구의 개발제한구역 면적, 인구 수 등 지역 여건을 고려하여 수립·공고한 시·군·구 배분계획에 따른다.
6. 임야인 토지에는 설치할 수 없다.

법령해석례 ❼

개발제한구역에 설치할 수 있는 도서관의 설치 주체
• 「개발제한구역의 지정 및 관리에 관한 특별조치법 시행령」 제13조 등 관련 •
[법제처 14-0806, 2014.12.31., 민원인]

질의요지 「개발제한구역의 지정 및 관리에 관한 특별조치법」 제12조제1항제1호다목 및 같은 법 시행령 별표 1 제3호바목에 따라 개발제한구역에서 설치할 수 있는 도서관의 설치 주체가 국가 또는 지방자치단체로 제한되는지?

질의 배경   ○ 민원인은 개발제한구역에 설치할 수 있는 지역공공시설의 하나로 사설도서관의 설치를 허가받아 운영하여 왔으나, 개발제한구역에서 설치할 수 있는 지역공공시설은 국가나 지방자치단체가 설치하는 시설로 제한된다는 입장에서 국토교통부에 도서관의 용도변경을 문의함.
○ 이에 국토교통부로부터 개발제한구역에 설치할 수 있는 도서관의 범위는 국가나 지방자치단체가 설치하는 도서관으로 제한되지 않는다는 답변을 받자 이견이 있어 법제처에 법령해석을 요청함.

회답 「개발제한구역의 지정 및 관리에 관한 특별조치법」 제12조제1항제1호다목 및 같은 법 시행령 별표 1 제3호바목에 따라 개발제한구역에서 설치할 수 있는 도서관의 설치 주체가 국가 또는 지방자치단체로 제한되는 것은 아닙니다.

이유 「개발제한구역의 지정 및 관리에 관한 특별조치법」(이하 '개발제한구역법'이라 함) 제12조제1항 본문에서는 개발제한구역에서는 건축물의 건축 및 용도변경, 공작물의 설치, 토지의 형질변경 등을 할 수 없다고 규정하고 있고, 개발제한구역법 제12조제1항 단서 및 같은 법 시행령 별표 1 제3호바목에서는 지역공공시설 중 건축 연면적 1,000제곱미터 이하의 규모인 도서관은 시장·군수·구청장의 허가를 받아 개발제한구역에 설치할 수 있다고 규정하고 있는 바, 이 사안은 개발제한구역에서 시장·군수·구청장의 허가를 받아 설치할 수 있는 도서관의 설치 주체가 국가 또는 지방자치단체로 제한되는지에 관한 것이라 하겠습니다.

먼저, 개발제한구역법 시행령 별표 1 제3호바목마)에서는 개발제한구역에 설치할 수 있는 도서관의 요건에 대하여 '건축 연면적 1,000제곱미터 이하의 규모로 한정한다'라고 규정하여 그 규모만을 제한하고 있을 뿐 설치 주체에 관하여는 별도의 규정을 두고 있지 않으므로 설치 주체가 반드시 국가 또는 지방자치단체로 제한된다고 볼 수는 없다고 할 것입니다.

그리고, 개발제한구역법 시행령 별표 1 제3호바목가) 및 나) 등 다른 규정들을 보더라도 개발제한구역에 설치가 가능한 지역공공시설의 설치 주체를 제한하려는 경우에는 '국가 또는 지방자치단체가 설치하는 보건소', '국가 또는 지방자치단체가 설치하는 노인요양시설' 등과 같이 설치 주체를 명시하고 있는 바, 이와 같은 규정 방식에 비추어 보더라도 도서관의 설립 주체에는 특별한 제한이 없다고 할 것입니다.

한편, 개발제한구역법 시행령 별표 1 제3호바목에 따라 도서관은 '지역공공시설'로 분류되므로 국가나 지방자치단체만 설립 주체가 될 수 있다는 의견이 있을 수 있으나, 도서관에 관하여 일반적인 사항을 규율하고 있는 「도서관법」 제2조제4호에서는 '공공도서관'을 공중의 정보이용·문화활동·독서활동 및 평생교육을 위하여 국가 또는 지방자치단체가 설립·운영하는 도서관 또는 '법인, 단체 및 개인이 설립·운영하는 도서관'을 말한다고 규정하고 있어, 사립도서관도 그 설립목적이 공중의 이익을 위한 것이라면 공공도서관의 범주에 포함되는 것으로 규정하고 있는 점에 비추어 볼 때, 그러한 의견은 타당하지 않다고 할 것입니다.

이상과 같은 점을 종합해 볼 때, 개발제한구역법 제12조제1항제1호다목 및 같은 법 시행령 별표 1 제3호바목에 따라 개발제한구역에서 설치할 수 있는 도서관의 설치 주체가 국가 또는 지방자치단체로 제한되는 것은 아닙니다.

법령해석례 ❽

개발제한구역 지정 당시부터 있던 기존의 주택이 있는 토지에 주택을 신축하는 경우 신축 주택의 위치 변경 가능 여부 등

· 「개발제한구역의 지정 및 관리에 관한 특별조치법 시행령」 별표 1 등 관련 ·
[법제처 16-0359, 2016.7.27., 민원인]

질의요지 가. 「개발제한구역의 지정 및 관리에 관한 특별조치법 시행령」 별표 1 제5호다목가)에 따라 개발제한구역 지정 당시부터 있던 기존의 주택이 있는 지목이 대(垈)가 아닌 토지에 주택을 신축하는 경우, 기존 주택이 있던 자리를 포함한 위치에만 신축할 수 있는지 아니면 해당 필지 중 위치를 변경하여 신축할 수 있는지?

나. 「개발제한구역의 지정 및 관리에 관한 특별조치법 시행령」 별표 2 제3호가목2)에서는 주택 또는 근린생활시설의 건축을 위하여 대지를 조성하는 경우 형질변경면적은 기존면적을 포함하여 330제곱미터 이하로 규정하고 있는 바,

「개발제한구역의 지정 및 관리에 관한 특별조치법 시행령」 별표 1 제5호다목가)에 따라 개발제한구역 지정 당시부터 있던 기존의 주택이 있는 지목이 대가 아닌 토지에 주택을 신축하려는 경우로서 기존의 주택이 있는 토지의 면적이 330제곱미터를 초과하는 경우, 형질변경 후의 해당 필지의 전체 면적은 주택의 건축을 위하여 대지로 조성하는 형질변경면적 제한 기준인 330제곱미터 이하이어야 하는지?

질의 배경 ○ 민원인은 개발제한구역 지정 당시부터 기존의 주택이 있는 토지(지목: 목장, 3,400제곱미터)에 동일 지번 내이기는 하나 종전 주택이 있던 곳과 떨어져 있는 위치에 별도의 토지 분할 없이 주택을 증축하려고 허가를 신청하였는데, 허가관청에서는 지목이 대가 아닌 대지에 주택을 건축하려면 기존 주택이 있는 자리를 포함한 위치에 형질

변경 세부기준인 330제곱미터 이하의 면적을 대지로 조성하고 조성된 대지를 기준으로 토지를 분할하여 주택을 건축하여야 한다는 이유로 허가 신청을 반려하였음.

○ 이에 민원인은 국토교통부에 해당 사안에 대하여 질의를 하였으나, 국토교통부로부터 허가관청과 동일한 취지의 답변을 받자 직접 법제처에 법령해석을 요청함.

회답 가. 질의 가에 대하여

「개발제한구역의 지정 및 관리에 관한 특별조치법 시행령」 별표 1 제5호다목가)에 따라 개발제한구역 지정 당시부터 있던 기존의 주택이 있는 지목이 대가 아닌 토지에 주택을 신축하는 경우, 기존 주택이 있던 자리를 포함한 위치에만 신축할 수 있습니다.

나. 질의 나에 대하여

개발제한구역 지정 당시부터 있던 기존의 주택이 있는 지목이 대가 아닌 토지에 주택을 건축하려는 경우로서 기존의 주택이 있는 토지의 면적이 330제곱미터를 초과하는 경우, 형질변경 후의 해당 필지의 전체 면적은 330제곱미터 이하이어야 합니다.

이유 가. 질의 가 및 질의 나의 공통사항

「개발제한구역의 지정 및 관리에 관한 특별조치법」(이하 '개발제한구역법'이라 함) 제12조제1항에서는 개발제한구역에서 건축물의 건축 및 용도변경, 공작물의 설치 등을 원칙적으로 금지하면서(본문) 예외적으로 같은 항 각 호의 어느 하나에 해당하는 행위를 하려는 자는 시장·군수·구청장의 허가를 받아 그 행위를 할 수 있다고 규정하고 있고(단서), 같은 항 제1호마목에서는 개발제한구역 주민의 주거·생활편익·생업을 위한 시설에 해당하는 건축물이나 공작물로서 대통령령으로 정하는 건축물의 건축 또는 공작물의 설치와 이에 따르는 토지의 형질변경을 개발제한구역에서 허용되는 행위의 하나로 규정하고 있으며, 그 위임에 따라 「개발제한구역의 지정 및 관리에 관한 특별조치법 시행령」(이하 '개발제한구역법 시행령'이라 함) 제13조제1항 및 별표 1에서는 건축물 또는 공작물의 종류, 건축 또는 설치의 범위를 규정하고 있고, 같은 표 제5호다목에서는 개발제한구역 주민의 주거·생활편익 및 생업을 위한 시설 중 하나로 주택(「건축법 시행령」 별표 1 제1호가목에 따른 단독주택을 말함. 이하 같음)을 규정하면서, 개발제한구역 지정 당시부터 지목이 대인 토지(이축된 건축물이 있었던 토지의 경우에는 개발제한구역 지정 당시부터 그 토지의 소유자와 건축물의 소유자가 다른 경우만 해당함. 이하 같음)와 개발제한구역 지정 당시부터 있던 기존의 주택(개발제한구역 건축물관리대장에 등재된 주택을 말함. 이하 같음)이 있는 토지에만 주택을 신축할 수 있다고 규정하고 있습니다.

한편, 개발제한구역법 제12조제8항에서는 같은 조 제1항 단서에 따라 허가 또는 신고의 대상이 되는 건축물이나 공작물의 규모·높이·입지기준, 건폐율, 용적률, 토지의 형질변경의 범위 등 허가나 신고의 세부 기준은 대통령령으로 정한다고 규정하고 있고, 그 위임에 따라 개발제한구역법 시행령 제22조 및 별표 2 제3호에서는 토지의 형질변경에 대한 허가 또는 신고의 세부기준을 규정하면서, 같은 호 가목 1)부터 4)까지 외의 부분 본문에서는 토지의 형질변경면적은 건축물의 건축면적 및 공작물의 바닥면적의 2배 이하로 한다고 규정하고 있고, 같은 목 1)부터 4)까지 외의 부분 단서에서는 다만, 같은 목 1)부터 4)까지의 어느 하나의 경우에는 그 해당 면적으로 한다고 규정하고 있으며, 같은 목 2)에서는 토지의 형질변경면적을 해당 면적으로 하는 경우 중 하나로 주택 또는 근린생활시설의 건축을 위하여 대지를 조성하는 경우에는 기존면적을 포함하여 330제곱미터 이하로 규정하고 있습니다.

나. 질의 가에 대하여

이 사안은 개발제한구역법 시행령 별표 1 제5호다목가)에 따라 개발제한구역 지정 당시부터 있던 기존의 주택이 있는 지목이 대가 아닌 토지에 주택을 신축하는 경우, 기존 주택이 있던 자리를 포함한 위치에만 신축할 수 있는지 아니면 해당 필지 중 위치를 변경하여 신축할 수 있는지에 관한 것이라 하겠습니다.

먼저, 개발제한구역법 시행령 별표 1 제5호다목가) 후문에서는 '기존의 주택이 있는 토지에서만 신축할 수 있다'고 규정하고 있을 뿐 달리 신축되는 주택의 위치 등을 제한하는 규정은 없습니다. 그런데, 개발제한구역법은 도시의 무질서한 확산을 방지하고 도시 주변의 자연환경을 보전하여 도시민의 건전한 생활환경을 확보하는 것을 목적으로 하는 법으로서(제1조), 개발제한구역에서의 건축행위 및 용도변경 등의 행위를 원칙적으로 금지하되, 법령에서 정한 일정한 요건과 기준을 충족하는 경우에는 예외적이고 제한적으로 허가를 받아 그러한 행위를 할 수 있도록 하고 있으므로 그러한 예외적인 허용행위는 엄격하고 제한적으로 해석하여야 할 것입니다.

그렇다면, 개발제한구역법 제12조제1항제1호마목 및 같은 법 시행령 별표 1 제5호다목가)에서 개발제한구역 지정 당시부터 있던 기존의 주택이 있는 토지에 주택을 신축할 수 있도록 허용하고 있는 것은 개발제한구역 지정 당시부터 있었던 기존 주택과 같거나 비슷한 수준의 개발행위로 볼 수 있는 범위에서 종전과 같이 개발제한구역내의 주민이 주거의 근거를 마련할 수 있도록 개발제한구역의 지정 목적에 위배되는 주택의 신축이지만 극히 예외적으로 허용해 주는데 그 취지가 있는 것으로서, 같은 토지 내의 개발이 되지 아니한 부분에 대하여 주택 신축을 위한 토지의 형질변경을 통한 대지화 등 추가적인 개발을 제한 없이 허용하는 것은 아니라고 보아야 할 것입니다(대법원 2014. 3. 27. 선고 2013두35105 판결 참조).

그리고, 개발제한구역 지정 당시부터 있던 기존의 주택이 있는 토지는 지목이 대가 아닌 토지, 즉 대지화되어 있지 아니한 토지이므로 이러한 토지에 주택을 신축하려면 절토·성토·정지·포장 등의 방법으로 토지의 형상이 변경되는 행위, 즉, 토지의 형질변경이 필연적으로 이루어질 수밖에 없다고 할 것인데, 이러한 경우에는 개발제한구역법 시행령 별표 2 제3호가목2)에 따른 토지의 형질변경에 대한 세부기준도 함께 적용되어야 하는 바, 해당 규정에서 '기존 면적'을 포함하여 330제곱미터 이하로 대지 조성을 위한 토지의 형질변경을 하도록 하고 있는 점에 비추어 볼 때 **지목이 대가 아닌 토지는 추가적인 형질변경을 허용하더라도 이미 개발이 이루어진 자리, 즉 '기존 위치'를 벗어나지 않고 형질변경의 세부기준인 330제곱미터라는 제한된 면적 범위에서만 개발이 허용된다**고 제한적으로 보는 것이 타당하다고 할 것이고, 해당 필지 내이기만 하면 위치의 제한 없이 주택의 신축이 가능하다고 보는 것은 개발제한구역법령의 규정 취지에 어긋난다고 할 것입니다.

따라서, 개발제한구역법 시행령 별표 1 제5호다목가)에 따라 개발제한구역 지정 당시부터 있던 기존의 주택이 있는 지목이 대가 아닌 토지에 주택을 신축하는 경우, 기존 주택이 있던 자리를 포함한 위치에만 신축할 수 있다고 할 것입니다.

다. 질의 나에 대하여

이 사안은 개발제한구역법 시행령 별표 1 제5호다목가)에 따라 개발제한구역 지정 당시부터 있던 기존의 주택이 있는 지목이 대가 아닌 토지에 주택을 신축하려는 경우로서 기존의 주택이 있는 토지의 면적이 330제곱미터를 초과하는 경우, 형질변경 후의 해당 필지의 전체 면적이 330제곱미터 이하이어야 하는지에 관한 것이라 하겠습니다.

먼저, 개발제한구역법 제12조제1항제1호마목 및 같은 법 시행령 별표 1 제5호다목가)에서는 개발제한구역 지정 당시부터 있던 기존의 주택이 있는 토지에 주택을 신축하는 경우 그에 적합한 토지로의 형질변경이 선행될 것을 예정하고 차질 없이 건축물을 신축할 수 있도록 건축허가와 더불어 제한된 면적의 범위에서 그에 필요한 토지의 형질변경도 허용한 규정이라고 할 것입니다.

그런데, 관계법령에 따라 인허가를 받아 지목이 대가 아닌 토지에 영구적 건축물인 주택을 건축할 목적으로 형질변경을 하게 된다면 그 토지의 용도를 변경하는 것이고, 지목은 해당 토지의 용도에 맞게 설정하는 것이 원칙이므로 이 사안과 같이 기존의 주택이 있는 토지의 면적이 330제곱미터를 초과하는 경우로서 개발제한구역 지정 당시부터 있던 기존의 주택이 있는 지목이 대가 아닌 토지에 주택을 신축하기 위해서는 형질변경을 통해 토지의 지목을 변경하는 행위가 선행되어야 할 것입니다(개발제한구역법 제12조제1항제9호 등에 관한 법제처 2015. 9. 30. 회신 15-0513 해석례 참조).

그리고, 개발제한구역법 시행령 별표 2 제3호가목2)에 따른 토지형질변경에 대한 세부 기준에 따라 개발제한구역 지정 당시부터 있던 기존의 주택이 있는 토지에 주택을 신축하기 위해서는 형질변경뿐만 아니라 대지면적, 건폐율 산정 등이 뒤따르게 되므로 형질변경하려는 위치와 면적이 특정되어야 하는 바, 이러한 특정을 하기 위해서는 기존 주택이 있는 전체 토지 중에서 형질변경하려는 해당 부분이 분리될 수밖에 없다고 할 것입니다. 더욱이, 지목이 대가 아닌 토지에 주택을 신축하기 위하여 형질변경이 이루어지게 되면, 해당 주택이 신축되는 대지화된 토지는 대지화되지 않은 나머지 부분의 토지와는 개발행위가 이루어졌는지 여부에 따라 구분될 수밖에 없는 바, 도시의 무질서한 확산을 방지하고 도시 주변의 자연환경을 보전하여 도시민의 건전한 생활환경을 확보하는 것을 목적(개발제한구역법 제1조 참조)으로 하는 개발제한구역법의 취지에 따라 개발행위가 이루어지 않은 부분의 토지는 원형 그대로 관리하는 등 각각의 토지는 개발행위 여부에 따라 구분되어 관리되어야 한다고 보는 것이 합리적이라 할 것입니다.

그렇다면, 개발제한 구역 지정 당시 주택이 있는 지목이 대가 아닌 토지로서 그 면적이 330제곱미터 이상인 경우라도 이러한 토지에서 주택을 신축하려면 대지화되어 있지 아니한 토지와 대지화되는 토지를 분할하고, 분할 후 대지화된 해당 토지의 전체 면적을 330제곱미터 이하로 하여 지목을 대로 변경하여야 한다고 보는 것이 개발제한구역법의 목적에 부합하는 해석이라고 할 것입니다.

이상과 같은 점을 종합해 볼 때, 개발제한구역 지정 당시부터 있던 기존의 주택이 있는 지목이 대가 아닌 토지에 주택을 신축하려는 경우로서 기존의 주택이 있는 토지의 면적이 330제곱미터를 초과하는 경우, 형질변경 후의 해당 필지의 전체 면적이 330제곱미터 이하이어야 할 것입니다.

법령해석례 ❾

개발제한구역내 공장의 이축 관련 개발제한구역법령과 수도법령 간의 적용 관계

• 「개발제한구역의 지정 및 관리에 관한 특별조치법 시행령」 별표 2 제5호나목 등 관련 •
[법제처 16-0404, 2016.11.7., 국토교통부]

질의요지 「개발제한구역의 지정 및 관리에 관한 특별조치법」(이하 '개발제한구역법'이라 함) 제12조제1항 단서 및 같은 항 제3호의2에서는 개발제한구역에서 공익사업의 시행에 따라 철거되는 건축물 중 개발제한구역 지정 당시부터 있던 공장을 취락지구가 아닌 지역으로 이축하는 행위를 하려는 경우에는 특별자치시장·특별자치도지사·시장·군수 또는 구청장의 허가를 받아 그 행위를 할 수 있다고 규정하고 있고, 같은 법 시행령 제22조 및 별표 2 제5호나목에서는 취락지구가 아닌 지역으로의 공장 이축에 관한 허가의 세부 기준을 규정하고 있으며, 「수도법 시행령」 제14조의3에서는 공장설립 승인지역의 범위를 규정하고 있는 바,

개발제한구역에서 공익사업의 시행에 따라 철거되는 건축물 중 개발제한구역 지정 당시부터 있던 공장을 취락지구가 아닌 지역으로 이축하는 행위를 하려는 경우로서, 「개발제한구역의 지정 및 관리에 관한 특별조치법 시행령」(이하 '개발제한구역법 시행령'이라 함) 제22조 및 별표 2 제5호나목에 따른 공장 이축에 관한 허가의 세부 기준을 충족하고 있으나 그 이축 예정지가 「수도법 시행령」 제14조의3에 따른 공장설립 승인지역의 범위에 속하지 않는 경우에, 해당 공장의 이축 허가를 할 수 있는지?

질의 배경 민원인은 개발제한구역에 소재한 공장이 공공사업의 시행으로 철거될 상황에 처하자 개발제한구역내 다른 지역으로의 이축을 추진 중에 있는데, 그 이축 예정지가 개발제한구역법령에 따른 허가기준은 충족하고 있으나 수도법령에 따른 공장설립 승인지역

의 범위에는 속하지 않고 있는 바, 이와 같은 경우에 공장의 이축이 가능한지 의문이 들어 환경부를 거쳐 국토교통부에 질의하였고, 이에 국토교통부가 법령해석을 요청함.

회답 개발제한구역법 시행령 제22조 및 별표 2 제5호나목에 따른 공장 이축에 관한 허가의 세부 기준을 충족하고 있으나 그 이축 예정지가 「수도법 시행령」 제14조의3에 따른 공장설립 승인지역의 범위에 속하지 않는 경우에는 해당 공장의 이축 허가를 할 수 없습니다.

이유 개발제한구역법 제12조제1항 단서 및 같은 항 제3호의2에서는 개발제한구역에서 「공익사업을 위한 토지 등의 취득 및 보상에 관한 법률」 제4조에 따른 공익사업(개발제한구역에서 시행하는 공익사업만 해당함. 이하 같음)의 시행에 따라 철거되는 건축물 중 취락지구로 이축이 곤란한 건축물로서 개발제한구역 지정 당시부터 있던 공장을 취락지구가 아닌 지역으로 이축하는 행위를 하려는 경우에는 특별자치시장·특별자치도지사·시장·군수 또는 구청장의 허가를 받아 그 행위를 할 수 있다고 규정하고 있고, 같은 조 제8항에서는 같은 조 제1항 단서에 따른 허가의 세부 기준은 대통령령으로 정한다고 규정하고 있으며, 그 위임에 따른 같은 법 시행령 제22조 및 별표 2 제5호나목에서는 취락지구가 아닌 지역으로의 공장 이축에 관한 허가의 세부 기준을 규정하고 있습니다.

한편, 「수도법」 제7조의2제1항에서는 상수원보호구역의 상류지역이나 취수시설(광역상수도 및 지방상수도의 취수시설만을 말함)의 상류·하류 일정지역으로서 대통령령으로 정하는 지역에서는 공장을 설립할 수 없다고 규정하고 있고, 같은 조 제3항에서는 시장·군수·구청장은 같은 조 제1항에도 불구하고 공장설립이 제한되는 지역 중 상수원에 미치는 영향 등을 고려하여 대통령령으로 정하는 지역에는 환경부령으로 정하는 공장의 설립을 승인할 수 있다고 규정하고 있으며, 그 위임에 따른 같은 법 시행령 제14조의3에서는 공장설립 승인지역의 범위를 규정하고 있는 바,

이 사안은 개발제한구역에서 공익사업의 시행에 따라 철거되는 건축물 중 개발제한구역

지정 당시부터 있던 공장을 취락지구가 아닌 지역으로 이축하는 행위를 하려는 경우로서, 개발제한구역법 시행령 제22조 및 별표 2 제5호나목에 따른 공장 이축에 관한 허가의 세부 기준을 충족하고 있으나 그 이축 예정지가 「수도법 시행령」 제14조의3에 따른 공장설립 승인지역의 범위에 속하지 않는 경우에, 해당 공장의 이축 허가를 할 수 있는지에 관한 것이라 하겠습니다.

먼저, 입법목적을 달리하는 법률들이 일정한 행위에 관한 요건을 각각 규정하고 있는 경우에는 어느 법률이 다른 법률에 우선하여 배타적으로 적용된다고 해석되지 않은 이상 그 행위에 관하여 각 법률의 규정에 따른 요건을 갖추어야 한다고 할 것입니다(대법원 1995. 1. 12. 94누3216 판결례 참조).

그런데, 개발제한구역법은 도시의 무질서한 확산을 방지하고 도시 주변의 자연환경을 보전하여 도시민의 건전한 생활환경을 확보하는 것을 목적으로 제정된 법률로서(제1조), 이러한 목적을 달성하기 위해 국토교통부장관은 개발제한구역을 지정할 수 있도록 하고(제3조), 개발제한구역으로 지정된 지역에서 건축물의 건축 등 일정한 행위를 하려는 경우에는 특별자치시장·특별자치도지사·시장·군수 또는 구청장의 허가를 받도록 하며(제12조), 허가를 받지 않거나 허가의 내용을 위반하여 그 행위를 한 경우에는 해당 허가의 취소 또는 건축물의 철거 등의 시정명령을 하거나(제30조) 1년 이하의 징역 또는 1천만 원 이하의 벌금에 처하도록 하는 등(제32조) 개발제한구역을 효율적으로 관리하는 데에 필요한 사항을 정하고 있습니다.

반면, 「수도법」은 모든 국민이 질 좋은 물을 공급받을 수 있도록 하고 공중위생을 향상시키며 생활환경을 개선하는 것을 목적으로 제정된 법률로서(제1조 및 제2조), 이러한 목적을 달성하기 위해 환경부장관은 상수원보호구역을 지정할 수 있도록 하고(제7조), 상수원보호구역으로 지정된 지역에서 건축물의 신축 등 일정한 행위를 하려는 경우에는 특별자치시장·특별자치도지사·시장·군수 또는 구청장의 허가를 받도록 하며(제7조), 상수원보호구역이 아니지만 그 상류지역이나 취수시설의 상류·하류 일정지역에서도 공장의 설립을 제한하고(제7조의2), 상수원보호구역에서 허가를 받지 않고 건축물의 신축 등 행위를 한 경우에는 2년 이하의 징역 또는 2천만 원 이하의 벌금에 처하도록 하는 등(제83조) 상수원을 보호하고 수도를 적정하게 설치·관리하는 데에 필요한 사항을 정하고 있습니다.

이와 같이, 개발제한구역법과 「수도법」은 각각 그 입법목적과 규율대상 및 규율내용이 서로 다르고, 더욱이 양 법률 어디에도 어느 한 법률이 다른 법률에 우선하여 배타적으로 적용된다는 규정을 두고 있지 않고 있으므로, 상수원보호구역의 상류지역이나 취수시설의 상류·하류 일정지역에서 공장을 이축하려는 자는 개발제한구역법령과 수도법령에 따른 기준을 모두 갖추어 각각의 법률에 따른 허가 등을 받아야 한다고 할 것입니다.

그리고, 「수도법」 제7조의2에 따른 상수원보호구역의 상류지역 등에서의 공장설립 제한 규정은 공장에서 발생하는 화재 등의 사고로 인한 상수원의 수질오염을 예방하기 위한 목적으로 상수원보호구역의 상류지역 등에서 공장의 설립을 제한할 수 있는 법적 근거를 마련하기 위해 2010년 5월 25일 법률 제10317호로 일부개정되어 같은 날 시행된 「수도법」에서 신설된 것으로서(의안번호 제1801994호 수도법 일부개정법률안 국회 심사보고서 참조), 음용수 등으로 사용되는 상수원의 수질오염이 국민건강에 미치는 영향을 고려할 때, 해당 규정은 특별한 사정이 없는 한 개별 사안에서 공장의 설립 허가 등에 관한 근거 법률이 무엇인지, 그 예정 부지가 어디인지를 불문하고 일반적으로 적용되어야 할 성질의 것으로 보아야 할 것입니다.

그런데, 개발제한구역법 시행령 별표 2 제5호는 2011년 9월 16일 법률 제11054호로 일부개정되어 같은 날 시행된 개발제한구역법에서 공장 등의 취락지구 외 지역으로의 이축을 허용함에 따라 그 허가기준을 마련하기 위해 2012년 5월 14일 대통령령 제23787호로 일부개정되어 같은 날 시행된 개발제한구역법 시행령에서 신설된 것으로서, 이는 '개발제한구역내 자연환경 훼손을 최소화'하기 위한 기준을 설정한 것에 불과할 뿐 수도법령에서 정하고 있는 '상수원 보호를 위한 규정의 특례'를 따로 정하려는 의도는 아니었다고 할 것이고(대통령령 제23787호 개발제한구역법 시행령 일부개정령안 조문별 제·개정이유서 참조), 개발제한구역내에서 공장을 이축하는 경우라고 하여 특별히 상수원 수질오염 예방의 필요성이 적다고 볼 사정도 없다고 할 것이므로, 「수도법」 제7조의2에 따른 상수원보호구역의 상류지역 등에서의 공장설립 제한 규정은 이 사안의 경우에도 적용된다고 보아야 할 것입니다.

따라서, 개발제한구역에서 공익사업의 시행에 따라 철거되는 건축물 중 개발제한구역 지정 당시부터 있던 공장을 취락지구가 아닌 지역으로 이축하는 행위를 하려는 경우로서, 개발제한구역법 시행령 제22조 및 별표 2 제5호나목에 따른 공장 이축에 관한 허가의 세부 기준을 충족하고 있으나, 그 이축 예정지가 「수도법 시행령」 제14조의3에 따른 공장설립 승인지역의 범위에 속하지 않는 경우에는, 해당 공장의 이축 허가를 할 수 없다고 할 것입니다.

2. 행위허가기준 조례 및 행위허가신청서

수도권 시·군 개발제한구역내 행위허가 기준 조례

「개발제한구역법」은 구역 내 주민의 생활유지와 소득 증대를 위해 축사, 버섯재배사, 콩나물재배사, 사육장, 잠실, 저장창고, 양어장, 퇴비사 및 발효퇴비장, 육묘 및 종묘배양장, 온실의 10종의 동식물 관련시설을 허용하고 있으며 각 시설별 건축자격 요건, 허용 규모 등 입지조건을 일괄적으로 규정하고 있다. 하지만 이 같은 방식으로는 시대적 변화(축산업 사양화 등)에 따른 탄력적 대응이 곤란하고 지역별 영농 특성 등을 반영하기 어려웠다. 그에 따라 동식물 관련시설의 허용 여부 및 자격요건·허용 규모 등 입지기준을 지방자치단체 조례로 제정하여 운영하고 있으므로 해당 시설물의 허가나 신고 시에 참조하면 된다.

※ 과천시 개발제한구역내 행위허가 기준 조례

제1조(목적)

이 조례는 「개발제한구역의 지정 및 관리에 관한 특별조치법」 및 같은 법 시행령에서 조례로 위임된 사항과 그 시행에 관하여 필요한 사항을 정함을 목적으로 한다.

제2조(적용범위)

이 조례는 과천시(이하 '시'라 한다) 개발제한구역 안의 축사·콩나물재배사·버섯재배사 및 그 대지에 대하여 적용한다.

제3조(건축할 수 있는 자의 자격)

① 개발제한구역내에서 축사·콩나물재배사·버섯재배사를 건축할 수 있는 사람 또는 법인으로 하며 그 자격은 다음 각 호와 같다.

1. 개발제한구역내에 건축물대장에 등재된 주택을 소유하면서 신청일 현재까지 3년 이상 계속하여 관내 개발제한구역에 사실상 거주하고 있는 사람 또는 법인이어야 한다. 다만, 개발제한구역에 거주하다가 해제된 경우에는 개발제한구역내에 거주한 기간만큼 인정한다.
2. 농지원부 등 공부 및 현지조사에 따라 과천시 개발제한구역에서 3년 이상 사실상 농·축산업에 종사하고 2천 제곱미터 이상의 농지를 소유 또는 임차한 사실이 입증된 사람 또는 법인이어야 한다.
3. 건축허가 신청 토지소유자와 허가 신청자가 동일한 사람 또는 법인이어야 한다.

② '법인'이라 함은 「농업·농촌기본법」제15조제1항 및 제16조제1항에서 규정한 영농조합법인 또는 농업회사법인을 말한다.

제4조(입지)

　개발제한구역내에 축사·콩나물재배사·버섯재배사를 신축할 수 있는 토지의 입지 기준은 다음 각 호와 같다.

1. 본인 소유 주택의 소재지와 동일한 시 지역이어야 한다.
2. 우량농지(경지정리, 수리시설 등 농업생산 기반이 정비되어 있는 농지를 말한다) 및 지목상 임야가 아니어야 한다. 다만, 현재 임야라 하더라도 항측 판독에 의거 개발제한구역 지정 당시 토지이용상태가 전, 답일 경우에는 가능한 것으로 본다.
3. 4미터 이상의 도로에 접하고 새로운 진입로의 설치 및 기존 도로의 확장이 필요하지 아니하여야 한다. 다만 「개발제한구역의 지정 및 관리에 관한 특별조치법 시행령」제22조 별표2 제3호가목에 규정된 면적 안에 포함되어 진입로가 설치되는 경우에는 예외로 한다.
4. 축사는 일반주거지역, 상업지역 및 개발제한구역내 집단취락지구 경계와 직선거리 200미터 이상을 이격하거나 200미터 이내 주택소유자의 동의를 받을 경우에는 가능하다.

제5조(구조)

　개발제한구역내에 설치하는 축사·콩나물재배사·버섯재배사의 구조는 다음 각 호와 같다.

1. 처마 높이는 4미터 이하이어야 한다.

2. 콩나물재배사, 버섯재배사의 출입문은 1개소로 하고 부득이한 경우를 제외하고는 창문은 허용하지 않는 것을 원칙으로 한다.
3. 건축물의 사용검사 전까지 해당 시설을 운영하기 위한 장비 등 내부설비를 완비하여야 한다.

부칙 〈제1013호, 2007.9.17〉 부칙보기

제1조(시행일) 이 조례는 공포한 날부터 시행한다.

제2조(경과조치) 이 조례 시행 당시 이미 허가를 받아 설치중에 있거나 허가를 신청중에 있는 경우에는 종전의 규정에 따른다.

※ 시흥시 개발제한구역내 행위허가 기준 조례

제1조(목적)

이 조례는 「개발제한구역의 지정 및 관리에 관한 특별조치법」 및 같은 법 시행령에서 조례로 정하도록 위임된 사항과 그 시행에 관하여 필요한 사항을 규정하는 것을 목적으로 한다.

제2조(적용범위)

이 조례는 시 개발제한구역 안의 축사, 사육장, 콩나물재배사, 버섯재배사 및 그 대지에 관하여 적용한다.

제3조(건축할 수 있는 자격)

① 개발제한구역 안에서 축사, 사육장, 콩나물재배사, 버섯재배사를 건축할 수 있는 자는 다음 각 호의 기준에 적합하여야 한다.

1. 시 개발제한구역 안[「개발제한구역의 지정 및 관리에 관한 특별조치법 시행령」(이하 '영'이라 한다)제2조제3항제2호에 따라 개발제한구역에서 해제된 집단취락지역을 포함한다]에서 건축물대장(개발제한구역 건축물관리대장에 등재된 주택을 포함한다)에 등재된 주택을 소유하면서 신청일 현재까지 계속하여 3년 이상 개발제한구역에 거주하고 있는 자.
2. 농지원부 및 현지조사에 따라 시 개발제한구역에서 3년 이상 농·축산업에 종사하고, 2천 제곱미터 이상의 농지를 소유한 자.

② 영 별표 1 제5호다목에 따라 시에서 2년 이상 계속 농·축산업에 종사하고 있는 경우에는 영농계획에 부합하는 범위 안에서 추가로 건축을 허가할 수 있다.

제4조(입지조건)

개발제한구역 안에서 축사, 사육장, 콩나물재배사, 버섯재배사를 신축할 수 있는 토지의 입지기준은 다음 각 호의 기준에 적합하여야 한다.

1. 신청인 소유주택으로부터 직선거리 500미터 이내 자기 소유의 토지이어야 한다.
2. 우량농지(경지정리, 수리시설 등 농업생산 기반시설이 정비되어 있는 농지를 말한다) 및 지목상 임야가 아니어야 한다.
3. 고속국도, 일반국도로부터 직선거리 200미터 이상 이격하여야 한다.
4. 시도(소로2류 이상)로부터 직선거리 100미터 이상 이격하여야 한다.
5. 축사 및 사육장은 주거지역 및 집단취락지구 경계와 직선거리 100미터 이상 이격하여야 한다.
6. 축사 및 사육장은 공동주택, 학교로부터 직선거리 300미터 이상 이격하여야 한다.

제5조(구조 등)

개발제한구역 안에 설치하는 축사, 사육장, 콩나물재배사, 버섯재배사의 구조 및 시설의 설치는 다음 각 호의 기준에 적합하여야 한다.

1. 처마 높이는 4미터 이하, 건축물 최고 높이는 5미터 이하일 것.
2. 철근 콘크리트조 또는 철골 콘크리트 구조가 아닐 것.
3. 건축물의 사용검사 전까지 해당시설을 운영하기 위한 장비 등 내부설비를 완비할 것.

부칙

제1조(시행일)

이 조례는 공포한 날부터 시행한다.

제2조(경과조치)

이 조례 시행 당시 이미 허가를 받아 설치중에 있거나, 허가를 신청 중에 있는 경우에는 종전의 규정에 따른다.

행위허가 신청서

① 「개발제한구역법」 제12조제1항 각 호 외의 부분 단서에 따른 허가를 받으려 하거나 같은 조 제3항에 따른 신고를 하려는 자는 그 허가를 신청하거나 신고를 하려는 행위의 종류에 따라 다음 각 호의 구분에 따른 신청서 또는 신고서를 제출하여야 한다.

1. 건축물의 건축·용도변경 및 공작물의 설치에 관한 허가 또는 신고: 「건축법 시행규칙」에 따른 해당 신청서 또는 신고서
2. 토지의 형질변경, 토석의 채취, 죽목竹木의 벌채, 토지의 분할과 물건을 쌓아 놓는 행위에 관한 허가 또는 신고: 별지 제1호 서식의 신청서 또는 신고서

② 제1항의 신청서 또는 신고서에는 다음 각 호의 서류를 첨부하여야 한다.

1. 위치도
2. 사업계획도서
3. 조경계획도서(축사, 공사용 임시가설건축물 및 임시시설이 아닌 건축물을 건축하거나 공작물을 설치하기 위하여 200제곱미터를 초과하는 토지에 대하여 형질변경허가를 신청하는 경우만 첨부한다)
4. 그 밖에 신청 또는 신고사항을 증명하는 서류

[서식] 별지 제1호 서식 앞쪽(개정 2013. 10. 30.)

행위허가 신청(신고)서

□ 토지의 형질변경 □ 토석의 채취 □ 죽목의 벌채
□ 토지의 분할 □ 물건의 적치

처리기간: 15일

신청(신고)인	① 성명 (법인명)	한글		② 주민등록번호 (법인 등록번호)	
		한자			
	③ 주소			(전화:)	

신청(신고)사항

| ④ 위치(지번) | | | ⑤ 지목 | |

신청(신고)내용	토지의 형질 변경	토지 현황	⑥ 경사도		⑦ 토질	
			⑧ 토석매장량			
		죽목 재식 현황	⑨ 주요 수종			
			⑩ 임목지		⑪ 무임목지	
		⑫ 신청 면적				
	토석의 채취	⑬ 신청 면적		⑭ 부피		
	죽목의 벌채	⑮ 수종		⑯ 면적		⑰ 수량	
	토지의 분할	⑱ 종전 면적		⑲ 분할 면적		
	물건의 적치	⑳ 중량		㉑ 부피		
		㉒ 품명		㉓ 평균 적치량		
		㉔ 적치기간	년 월 일부터 년 월 일까지(개월간)			
	㉕ 허가 목적				
	사업기간	㉖ 착공	년 월 일	㉗ 준공	년 월 일

「개발제한구역의 지정 및 관리에 관한 특별조치법」 제12조제1항 및 제3항에 따라 위와 같이 신청(신고)합니다.

신청(신고)인   (서명 또는 인)

특별자치시장 · 특별자치도지사 · 시장 · 군수 · 구청장 귀하

※구비서류

수수료: 없음

1. 위치도
2. 사업계획도서
3. 조경계획도서(축사와 공사용 임시가설건축물 및 임시시설이 아닌 건축물의 건축 또는 공작물의 설치를 위하여 200제곱미터를 초과하는 토지의 형질변경허가를 신청하는 경우만 해당합니다)
4. 그 밖에 신청(신고) 사항을 증명하는 서류

210mm×297mm[보존용지(2종) 70g/㎡]

09 불법행위와 이행강제금

그린벨트에서 행해지는 불법행위에 대하여는 「개발제한구역내 불법행위의 예방과 단속에 관한 규정」을 적용하여 사전 예방과 단속 등의 업무처리가 이루어진다. 행정청에서는 개발제한구역의 불법행위를 단속하기 위하여 수시로 관할 개발제한구역에 대한 순찰·점검을 실시하고, 매년 1회 이상 항공사진을 촬영하여 그 성과에 의하여 단속업무를 수행하고 있다.

허가취소 및 시정명령대상 법령 등의 위반행위

시장·군수·구청장은 다음의 어느 하나에 해당하는 행위를 적발한 경우에는 그 허가를 취소할 수 있으며, 해당 행위자(위반행위에 이용된 건축물·공작물·토지의 소유자·관리자 또는 점유자를 포함한다)에 대하여 공사의 중지 또는 상당한 기간을 정하여 건축물·공작물 등의 철거·폐쇄·개축 또는 이전, 그 밖에 필요한 조치를 명('시정명령'이라 한다)할 수 있다.

> 1. 「개발제한구역법」 제12조제1항 단서 또는 제13조에 따른 허가를 받지 아니하거나 허가의 내용을 위반하여 건축물의 건축 또는 용도변경, 공작물의 설치, 토지의 형질변경, 토지분할, 물건을 쌓아놓는 행위, 죽목竹木 벌채 또는 도시·군계획사업의 시행을 한 경우
> 2. 거짓이나 그 밖의 부정한 방법으로 「개발제한구역법」 제12조제1항 단서 또는 제13조에 따른 허가를 받은 경우
> 3. 「개발제한구역법」 제12조제3항에 따른 신고를 하지 아니하거나 신고한 내용에 위반하여 건축물의 건축 또는 용도변경, 공작물의 설치, 토지의 형질변경, 죽목 벌채, 토지분할, 물건을 쌓아놓는 행위 또는 도시·군계획사업의 시행을 한 경우

이행강제금의 부과

① 시장·군수·구청장은 시정명령을 받은 후 그 시정기간 내에 그 시정명령의 이행을 하지 아니한 자에 대하여 다음 각 호의 어느 하나에 해당하는 금액의 범위에서 이행강제금을 부과한다. 〔시행일 : 2018.1.1.〕

1. 허가 또는 신고의무 위반행위가 건축물의 건축 또는 용도변경

인 경우: 해당 건축물에 적용되는 「지방세법」에 따른 건축물 시가표준액의 100분의 50의 범위에서 대통령령으로 정하는 금액에 위반행위에 이용된 건축물의 연면적을 곱한 금액
  2. 제1호 외의 위반행위인 경우: 해당 토지에 적용되는 「부동산 가격공시에 관한 법률」에 따른 개별공시지가의 100분의 50의 범위에서 대통령령으로 정하는 금액에 위반행위에 이용된 토지의 면적을 곱한 금액

② 시장·군수·구청장은 제1항에 따른 이행강제금을 부과하기 전에 상당한 기간을 정하여 그 기한까지 이행되지 아니할 때에는 이행강제금을 부과·징수한다는 뜻을 미리 문서로 계고하여야 한다.

③ 시장·군수·구청장은 제1항에 따른 이행강제금을 부과하는 때에는 이행강제금의 금액·부과사유·납부기한·수납기관·불복방법 등을 적은 문서로 하여야 한다.

④ 시장·군수·구청장은 최초의 시정명령이 있은 날을 기준으로 하여 1년에 2회의 범위 안에서 그 시정명령이 이행될 때까지 반복하여 제1항에 따른 이행강제금을 부과·징수할 수 있다.

⑤ 시장·군수·구청장은 시정명령을 받은 자가 그 명령을 이행하는 경우에는 새로운 이행강제금의 부과를 중지하되, 이미 부과된 이행강제금은 징수하여야 한다.

⑥ 납부기한 내에 이행강제금을 납부하지 아니하는 경우에는 국세

체납처분의 예 또는 「지방세외수입금의 징수 등에 관한 법률」에 따라 징수한다.

이행강제금 징수 유예 특례

그린벨트에서 건축물의 용도변경과 관련된 위반행위를 한 자가 다음 각 호의 요건을 모두 갖춘 경우에는 2017년 12월 31일까지 이행강제금의 징수를 유예할 수 있다. 그러나, 동물·식물 관련 시설에서의 위반행위에 대하여 2017년 말까지 이행강제금 징수를 유예함으로써 오히려 불법의 온상이 되고 있다는 지적도 많이 제기되고 있다. 징수유예를 받은 자가 유예 기간 이내에 이행하기로 한 아래의 '시정명령 이행 동의서' 내용을 이행하지 아니하거나, 유예 기간 이내에 다시 개발제한구역법에 따른 위반행위를 한 경우에는 유예 기간 이내라도 이행강제금을 징수하여야 한다.

1. 동물·식물 관련 시설로서 다음 각 목의 어느 하나에 해당하는 시설을 허가의 내용을 위반하여 용도변경한 경우에 해당할 것
   가. 축사, 콩나물재배사, 버섯재배사, 온실
   나. 잠실蠶室, 저장창고, 양어장, 사육장, 퇴비사 및 발효퇴비장, 육묘 및 종묘배양장
2. 유예 기간 이내에 이행강제금 부과의 원인이 되는 개발제한구역법 제30조제1항에 따른 시정명령을 이행하겠다는 동의서를 불

가피한 사유가 없으면 1개월 이내에 제출할 것

※ 개발제한구역내 불법행위의 예방과 단속에 관한 규정

제1장 총칙

제1조(목적)

이 규정은 개발제한구역의 지정 및 관리에 관한 특별조치법 및 그 시행령에 따라 개발제한구역에서 발생하는 불법행위의 사전 예방과 불법행위 단속에 관한 업무처리 등을 위하여 필요한 사항을 정함으로써 국가 및 지방자치단체가 개발제한구역의 지정목적이 달성되도록 이를 성실히 관리하게 함을 목적으로 한다.

제2조(법적 근거)

이 규정의 법적 근거는 다음과 같다.
1. 개발제한구역의 지정 및 관리에 관한 특법조치법(이하 '법'이라 한다) 제2조, 법 제13의 3, 법 제30조부터 제34조까지
2. 같은 법 시행령(이하 '영'이라 한다) 제41조의2
3. 같은 법 시행규칙(이하 '규칙'이라 한다) 제2조

제3조(용어의 정의)

이 규정에서 사용된 용어의 정의는 다음 각 호와 같다.

1. '불법행위'란 개발제한구역에서 건축물의 건축 및 용도변경, 공작물의 설치, 토지의 형질변경, 토지의 분할, 물건을 쌓아놓는 행위, 죽목의 벌채 및 도시계획사업의 시행을 함에 있어서 제9조제1항제1호부터 제4호까지를 위반하는 행위를 말한다.
2. '위반행위자'란 불법행위에 이용된 건축물·공작물·토지의 소유자·관리자 또는 점유자를 포함한 불법행위 관련자를 말한다.
3. '개발제한구역 관리시설'이란 개발제한구역 안에 설치하여 구역 안에서의 규제·홍보·안내 등을 표기한 안내표지판 및 경계표석을 말한다.
4. '단속공무원'이란 개발제한구역에서 발생하는 불법행위의 예방과 단속에 관한 업무를 담당하는 국가공무원, 지방공무원 및 해당 지방자치단체에 소속된 청원경찰 중 불법행위를 단속하기 위한 자를 말한다.
6. '약식현황도'란 제7조에 따른 개발제한구역내 불법행위를 단속하기 위하여 촬영된 항공사진을 비교, 분석하여 변형된 지형·지물을 표시할 수 있는 종이도면 또는 수치화된 도면을 말한다.
7. '개발제한구역 관리전산망'이란 법 제13조의3 제2항에 따른 개발제한구역의 효율적 지정·관리를 위하여 국토교통부 또는 지방자치단체가 자체적으로 갖춘 정보통신체제로 개발제한구역 관리업무 전반에 대한 정보 처리, 보전, 분석을 수행하는 주변기기 및 운영체계를 말한다.

제2장 불법행위 예방 조치

제4조(홍보 및 교육)

① 국토교통부장관과 특별시장·광역시장·도지사(이하 '시·도지사'라 한다)는 개발제한구역 안에서 불법행위를 예방할 수 있도록 주민홍보 및 단속공무원에 대한 직무교육에 힘써야 하며, 이를 위해 소요되는 예산 및 인력의 확보에 최선을 다하여야 한다.

② 시장·군수·구청장은 관할 개발제한구역 안에서의 불법행위의 예방을 위하여 해당구역 안에 거주하는 주민을 대상으로 다음 각 호의 내용을 홍보하여야 한다.

1. 개발제한구역의 현황
2. 개발제한구역 안에서 할 수 있는 행위
3. 개발제한구역의 관리 등 정책진행 상황
4. 법령위반시 이행강제금, 과태료 등 행정조치 및 벌칙규정에 대한 안내
5. 기타 개발제한구역 관리에 필요하다고 인정되는 사항

③ 시장·군수·구청장은 개발제한구역 단속원의 업무수행 능력과 자질향상을 위하여 단속원에 대한 교육계획을 수립·시행하여야 한다.

제5조(개발제한구역 관리시설)

① 시장·군수·구청장은 개발제한구역의 효율적인 관리와 훼손을 최소화하기 위하여 개발제한구역 안에서의 행위제한 및 처벌 등을 홍보하기 위한 개발제한구역 관리시설을 설치하고 관리하여야 한다.

② 안내표지판은 개발제한구역 안에 형성된 자연취락 및 해제 취락 인근이나 불법행위가 자주 일어나고 있는 지역 중 일반인의 통행이 빈번한 곳 또는 시장·군수·구청장이 필요하다고 인정하는 곳에 설치하되 안내문구는 별표 1을 기준으로 현지여건에 맞게 적절한 디자인을 고안하여 설치한다.

③ 시장·군수·구청장은 관할구역에 설치한 관리시설 등의 위치·사진 등이 기록된 관리대장을 비치하고, 관리시설 등이 마모·훼손되지 않도록 유지보수 등 사후관리에 노력하여야 한다.

제6조(단속공무원의 배치)

① 시장·군수·구청장은 개발제한구역의 업무를 전담하기 위한 단속공무원을 배치하여 구역관리에 효율을 기하여야 한다.

② 시장·군수·구청장은 개발제한구역 안에서의 불법행위 적발을 위하여 원칙적으로 단속공무원을 다음과 같이 상시 배치하도록 한다.

1. 수도권 및 부산권: 5제곱킬로미터마다 1명 이상

2. 수도권 및 부산권 이외의 권역: 10제곱킬로미터마다 1명 이상

③ 단속공무원으로 배치된 자는 관할구역의 순찰을 통하여 불법행위를 적발하였을 경우에는 지체 없이 소속기관의 장에게 보고하여야 한다.

제7조(항공사진의 촬영 등)
① 시·도지사 또는 시장·군수·구청장은 개발제한구역의 불법행위를 단속하기 위하여 매년 1회 이상 항공사진을 촬영하여 그 성과(약식현황도 및 조사일람표 등)에 의하여 단속하여야 한다.
② 제1항에 따라 항공사진을 촬영한 기관은 전년도에 촬영한 항공사진과 대비하여 변형된 사항(건축물·공작물·임목벌채·토지의 형질변경 등)을 일련번호를 부여한 약식 현황도에 표시·작성하여 항공사진 및 현황도 각 2부를 관계기관에 송부하여야 한다. 다만, 항공사진에 관할구역외의 지역이 포함된 경우에는 이를 준용할 수 있다.
③ 제2항에 따라 항공사진 등을 송부받은 시장·군수·구청장은 변형된 사항이 표시된 부분을 현지조사 후 불법여부를 기재한 조사일람표를 작성하여 이를 표시한 약식 현황도 1부와 함께 시·도지사에게 보고하여야 한다.
④ 제1항에 따른 항공사진 촬영에 필요한 비용은 관할 구역별로 이를 분담하는 것을 원칙으로 한다.

제8조(개발제한구역 관리전산망의 공동 활용)

국토교통부장관 및 지방자치단체의 장은 개발제한구역의 효율적인 지정·관리를 위하여 구성·운영하고 있는 자체 관리전산망간의 표준화와 자료의 호환성 확보를 위하여 상호 유기적으로 활용될 수 있도록 공동으로 노력한다.

제3장 단속

제9조(단속의 대상)

① 개발제한구역에서 건축물의 건축 및 용도변경, 공작물의 설치, 토지의 형질변경, 토지의 분할, 물건을 쌓아놓는 행위, 죽목의 벌채 또는 도시계획사업의 시행을 함에 있어서 다음 각 호의 어느 하나에 해당하는 경우 단속의 대상으로 한다.

1. 허가를 받지 아니하거나 허가의 내용을 위반한 경우(법 제30조제1항제1호)

2. 거짓 또는 그 밖의 부정한 방법으로 허가를 받은 경우(법 제30조제1항제2호)

3. 신고를 하지 아니하거나 신고의 내용을 위반한 경우(법 제30조제1항제3호)

4. 기타 개발제한구역에서 허용되지 아니하는 행위(법 제12조)

② 제1항 각 호의 어느 하나에 해당하는 불법행위가 영리목적 또는 상습적으로 이루어지거나 일정지역에 밀집되어 분포하고 있는 곳에 대하여는 중점단속대상지역으로 관리하여야 한다.

제10조(단속계획의 수립)
① 시장·군수·구청장은 매년 1월말까지 다음 각 호의 내용 등이 포함된 해당연도의 관할 개발제한구역에 대한 단속계획을 수립하여야 한다.

1. 행정구역, 개발제한구역, 개발제한구역내 토지이용 현황, 관리시설 및 장비현황 등의 일반현황
2. 단속의 기본방향
3. 중점단속대상지역에 대한 관리방안
4. 단속의 세부시행계획
5. 불법행위 예방 및 감축대책
6. 주민홍보대책 및 단속공무원 직무교육 계획
7. 예산 및 단속인력 확보 등 기타 행정사항

② 시장·군수·구청장은 제9조제1항 각 호의 행위를 단속하기 위하여 수시로 관할 개발제한구역에 대한 순찰·점검을 실시하여야 하며, 불법행위의 예방을 위하여 주민홍보 및 계도에 노력하여야 한다.

③ 단속공무원은 개발제한구역의 순찰시 위법행위를 적발한 경우에는 별지 제1호 서식에 따라 시장·군수·구청장에게 지체 없이 보고하여야 한다.

④ 시장·군수·구청장은 단속공무원으로부터 불법행위 적발보고를 받았을 때에는 별지 제2호 서식에 기록하고 유지·관리토록 하여야 하며, 단속공무원에게 조치계획을 이행하도록 지시하여야 한다.

⑤ 시장·군수·구청장은 관할 개발제한구역의 관리실태에 대하여 시·도시사에게 매월말 기준 다음달 10일까지 보고하고, 시·도지사는 국토교통부장관에게 매분기말 기준 다음달 15일까지 보고하여야 한다.

제11조(특별단속)

① 국토교통부장관은 개발제한구역에서 법령에 위반되는 행위를 예방하거나 적정한 관리를 위해 합동점검반을 편성하여 개발제한구역 관리실태를 점검할 수 있다.

② 시·도지사는 6개월마다 1회 이상 관할 개발제한구역에 대한 시장·군수·구청장의 행위허가 및 단속 등 개발제한구역의 관리실태를 점검하여야 한다.

③ 시장·군수·구청장은 3개월마다 1회 이상 특별점검반을 편성하여 관할 개발제한구역을 순찰·점검하여야 한다.

제4장 행정조치

제12조(현장조치)

① 단속공무원은 불법건축물 등 불법행위를 적발한 경우에는 현장에서 불법행위의 현황 등을 명백히 확인하고 불법행위의 현황 및 증거를 확보하여야 한다.

② 불법행위가 차량 및 건설기계 등 이동이 용이한 장비를 이용함으로써 현장의 보존이 곤란한 경우에는 사진촬영, 현장약도 및 상황도 작성, 기타 적당한 방법에 의하여 원상을 명백히 하는 조치를 취하여야 한다.

③ 현장에서 불법행위가 진행 중인 때에는 위반행위자를 조사·확보하고 증인 및 현장을 가능한 정확하게 파악할 수 있도록 필요한 조치를 하여야 한다.

④ 단속공무원은 적발한 불법행위가 즉시 시정될 수 있는 경우에는 현장에서 공사의 중단, 물건의 이전, 그 밖에 필요한 조치를 명하는 등 원상복구에 필요한 조치를 하여야 한다.

제13조(시정명령 등)

① 시장·군수·구청장은 적발된 불법행위에 대하여 현장조치가 이루어지지 않을 경우 철거 및 원상복구에 소요되는 이행기간을 정하여 위반행위자 스스로 자진 시정하도록 법 제30조제1항에 따라 시정명령을 하여야 한다.

② 제1항에 따른 시정명령에는 위반법률 및 위반행위를 명시하고 복구에 필요한 상당한 기간을 정하여 이행토록 하고, 그 기간까지 이행되지 아니할 때에는 「행정대집행법」제3조제1항에 따라 대집행을 실시한다는 뜻을 미리 문서로서 위반행위자에게 계고하여야 하며, 위반행위자의 거주지가 불분명한 경우에는 위반한 장소에 위반행위자가 인지할 수 있는 방법을 강구하는 등 적절한 조치를 하여야 한다.

③ 적발한 불법행위에 대한 위반상태 · 위반동기 · 위반횟수 등 기타 사정을 고려하여 필요하다고 인정될 때에는 계고기간이 만료된 날로부터 자진철거 및 원상복구를 하도록 10일의 범위 내에서 다시 계고를 할 수 있다.

제14조(이행강제금의 부과)

① 시장 · 군수 · 구청장은 제13조제1항에 따른 시정명령을 받은 자가 이행기간 내에 그 명령을 이행하지 아니한 때에는 법 제30조의2에 따른 시정명령 이행강제금(이하 '이행강제금'이라 한다)을 부과한다.

② 이행강제금의 산정 기준은 영 제41조의2제1항 별표 5에 따른다. 이 경우 '건물시가표준액'은 국세청장이 고시하는 연도별 건물신축가격기준액을 기준으로 각 지방자치단체에서 별도로 정하는 건물 및 기타 물건에 대한 시가표준액을 말한다.

③ 제2항에 따른 이행강제금 부과시 영 제41조의2제1항 별표 5 제3

호나목에 따라 가중 또는 감경할 수 있는 경우는 다음과 같다.

1. 영리목적이나 상습적으로 위반한 자: 100분의 50 범위에서 가중
2. 영농행위 등 단순 생계형 위반행위자: 100분의 50 범위에서 감경

④ 시장·군수·구청장은 제3항의 가중·감경을 하는 경우에는 위반동기, 위반횟수, 위반행위로 인하여 얻은 이익 및 초래된 위반결과 등을 종합하여 그 경중에 따라 그 부과금액을 책정하도록 한다.

⑤ 시장·군수·구청장은 제1항부터 제4항까지에 따른 이행강제금을 부과함에 있어서 위반법률·위반행위의 종류·위반규모·이행강제금의 금액 및 이의신청의 기간과 방법 등을 표기하여 위반행위자에게 이행강제금 부과예정임을 문서로 통보하여야 한다.

⑥ 제5항에 따른 이행강제금 부과예정 통보를 받은 위반행위자가 이에 불복하는 경우에는 고지받은 날로부터 30일 이내에 해당 지방자치단체의 장에게 서면으로 이의를 제기할 수 있다.

⑦ 이행강제금 부과예정 통보를 받은 자가 제6항에 따라 이의를 제기(이하 '청구인'이라 한다)한 때에는 시장·군수·구청장은 부과대상·부과근거·부과금액·부과시기 등 이행강제금의 부과에

관한 적정성을 재검토하여야 한다. 이 경우 그 재검토 결과는 특별한 사유가 없는 한 이의제기된 날로부터 15일 이내에 청구인에게 통보하여야 한다.

⑧ 시장·군수·구청장은 제7항에 따라 재검토한 결과, 이의제기 내용이 타당할 경우에는 인정 사유를 명확히 하여 그 이행강제금의 부과를 취소하거나 부과금액을 변경조정하여 부과할 수 있다.

⑨ 시장·군수·구청장은 법 제30조의2에 따른 이행강제금 부과대상자 중 법 제4조제4항에 따른 해제대상지역으로 이전할 자에 대하여는 영 제41조의2제2항에 따라 입주시기 등을 감안하여 이전이 가능한 시기까지 부과를 유예하거나 그 부과금액을 감경할 수 있다. 이 경우 '해제대상지역으로 이전할 자' 및 '이전이 가능한 시기'의 판단 기준은 해당 시장·군수·구청장이 관할 해제대상지역의 선정·계획입안·해제절차의 진행·보상의 시행 등 관련절차의 진도와 그 지역 실정을 함께 고려하여 이를 정하되, 그 해제대상지역이 광활하고 광범위하는 등 이전으로 인해 인접된 시·군·구에 영향을 미치거나 이전할 자가 절대다수를 차지하여 형평성을 유지할 필요가 있을 때에는 그 처리계획에 대하여 관할 시·도지사와 협의하여 그 기준을 정할 수 있다.

⑩ 시장·군수·구청장은 제9항에 따라 해제대상지역으로 이전할 대상자가 정당한 사유 없이 그 이전이 가능한 시기까지 이전하

지 아니한 경우에는 이행강제금을 지체 없이 부과하여야 하며, 더 이상 유예조치를 하여서는 아니 된다.

⑪ 영 별표 1 제5호가목의 동식물관련 시설의 소유자로서 영 제41조의2제3항제1호부터 3호까지의 요건을 모두 갖춘 경우에는 2년의 범위에서 이행강제금의 부과를 유예할 수 있으며, 그 부과를 유예받은 자가 해당 시설을 서약한 기간 내에 자진하여 철거한 때에는 이미 납부한 대집행 비용을 환급하여야 한다.
⑫ 동식물관련 시설의 소유자가 서약한 기간 내에 자진하여 철거하지 아니한 경우에는 제16조에 따라 행정대집행을 실시하여야 한다.

제15조(고발)
① 시장·군수·구청장은 적발된 불법행위에 대하여 법 제30조제1항에 따른 시정명령 기한 내에 지시한 내용이 이행되지 아니한 때에는 관계법령이 정하는 바에 따라 위반행위자 등을 관계기관에 고발하여야 한다.
② 제1항에도 불구하고 시장·군수·구청장은 위반행위자가 시정명령 등 행정처분의 내용을 성실히 이행하고, 다시 위반할 소지가 없는 것으로 인정하는 때에는 그 고발을 유예하거나 하지 아니할 수 있다.
③ 제1항에도 불구하고 시장·군수·구청장은 적발된 불법행위가

개발제한구역의 과도한 훼손을 수반하는 등 중대한 위법행위에 해당하거나 그 위반성격이 상습·고의적인 경우에는 제13조제1항에도 불구하고 위반행위자를 시정명령 없이 즉시 고발할 수 있다.

④ 위반행위자가 제1항 및 제3항에 따라 고발되었음에도 불구하고 불법행위에 대하여 원상복구하지 않는 경우에는 다시 위반행위자 등에게 법 제30조에 따른 시정명령을 하여야 하며, 시정명령 기간 내에 원상복구하지 않을 경우에는 법 제32조제2호를 사유로 지체 없이 고발하여야 한다. 이 경우 불법시설물이 원상복구될 때까지 최초 고발내용과 함께 영리목적·상습적 및 위반행위의 개선여지가 없음을 확인하는 추가자료를 구비하여 가중처벌될 수 있도록 고발할 수 있으며, 이행강제금의 부과는 고발과 상관없이 시정명령이 있은 날을 기준하여 1년에 2회의 범위 안에서 그 시정명령이 이행될 때까지 반복하여 부과·징수할 수 있다.

⑤ 제1항부터 제4항까지에 관하여 소속기관에 「사법경찰관리의 직무를 수행할 자와 그 직무범위에 관한 법률」제5조제33호에 따라 특별사법경찰관 또는 특별사법경찰관리가 지명된 경우에는 위반행위자에 대한 수사 및 사건의 송치는 「사법경찰관리 집무규칙」에 따라 처리한다.

제16조(행정대집행)

① 시장·군수·구청장은 적발된 불법행위에 대하여 제13조부터 제15조까지에 따른 시정명령·이행강제금 부과·고발 등의 조치에도 불구하고 위반행위자가 불법행위에 대하여 원상복구를 이행하지 아니하는 경우에는 「행정대집행법」에 따른 행정대집행을 실시하여야 한다.

② 적발된 행위가 중대한 불법행위로서 현저하게 공익에 반하거나, 공중의 위해를 끼칠 우려가 예상되어 긴급한 경우에는 행정대집행법 제3조제3항을 적용하여 지체 없이 원상복구에 필요한 행정대집행 등 필요한 조치를 할 수 있으며, 행정대집행에 따라 소요된 비용(이하 '대집행 비용'이라 한다)은 영 제41조의2제3항제1호에 따른 기납부된 대집행비용으로 우선 충당할 수 있다.

③ 시장·군수·구청장은 적발된 불법행위에 대하여 행정대집행을 실시한 경우 그 소요된 비용을 위반행위자로부터 징수하여야 하며, 실제 소요된 비용과 그 납기일을 정하여 의무자에게 문서로써 그 납부를 명하여야 한다.

④ 제3항에 따른 납부기한 내에 대집행 비용을 납부하지 아니하는 경우에는 국세 또는 지방세 체납처분의 예에 따라 징수한다.

제17조(행정심판청구 권리 등의 통지)

시장·군수·구청장은 제13조·제14조 및 제16조의 행정처분에 불복이 있을 때에는 「행정심판법」제27조에 따라 처분이 있음을 알게 된 날부터 90일 이내 또는 처분이 있었던 날부터 180일 이내에 행정심판을 청구하거나 「행정소송법」제20조에 따른 행정소송을 제기할 수 있음을 위반행위자에게 통지하여야 한다.

제18조(장관의 시정명령 행사 등)
① 국토교통부장관은 시장·군수·구청장이 이 규정에 따라 불법행위 단속업무를 집행함에 있어 이를 소홀히 하는 것으로 인정될 때에는 법 제30조제2항에 따라 해당 시장·군수·구청장에게 그 집행을 철저히 할 것을 명령할 수 있다.
② 국토교통부장관은 제1항의 명령이 이행되지 아니한 경우에는 법 제30조제2항부터 제7항에 따라 국토해양부장관이 직접 시정명령하거나 해당 지역을 관할하는 지방국토관리청의 장으로 하여금 집행하게 하는 등 모든 조치를 할 수 있다.

제19조(시·도지사의 통할)
① 시·도지사는 관할 시장·군수·구청장이 이 규정에 따른 불법행위 예방과 단속업무를 효율적으로 집행할 수 있도록 통일성 및 형평성을 갖는 기준을 마련하는 한편, 단속과 관련한 민원이 최소화되도록 관할 지방자치단체를 지휘감독하고 통할하여야 한다.
② 국토교통부장관은 시장·군수·구청장을 단속업무와 관련하여 지휘함에 있어 시·도지사를 통하여 시장·군수·구청장의 단

속업무를 행사하며, 시장·군수·구청장은 시·도지사를 경유하여 국토교통부장관에게 보고하는 등 보고체계를 명확히 확립하여야 한다.

제5장 행정사항

제20조(재검토기한)

국토교통부장관은 이 훈령에 대하여 2016년 1월 1일을 기준으로 매 3년이 되는 시점(매 3년째의 12월 31일까지를 말한다)마다 그 타당성을 검토하여 개선 등의 조치를 하여야 한다.

※ 「개발제한구역법 시행령」 [별표 5] 이행강제금의 산정기준

1. 허가사항 위반

위반행위	부과액 산정식
가. 건축물의 건축	건물시가표준액 × 위반면적 × 50/100
나. 건축물의 용도변경	건물시가표준액 × 위반면적 × 30/100
다. 공작물의 설치	개별공시지가 × 위반면적 × 50/100
라. 토지의 형질변경	개별공시지가 × 위반면적 × 30/100
마. 물건을 쌓아놓는 행위	개별공시지가 × 위반면적 × 30/100
바. 죽목 벌채	개별공시지가 × 위반면적 × 30/100

2. 신고사항 위반

위반행위	부과액 산정식
가. 건축물의 건축	건물시가표준액 × 위반면적 × 25/100
나. 건축물의 용도변경	건물시가표준액 × 위반면적 × 15/100
다. 공작물의 설치	개별공시지가 × 위반면적 × 25/100
라. 토지의 형질변경	개별공시지가 × 위반면적 × 15/100
마. 물건을 쌓아놓는 행위	개별공시지가 × 위반면적 × 15/100
바. 죽목 벌채	개별공시지가 × 위반면적 × 15/100

3. 비고

가. 제1호 및 제2호에 따라 이행강제금을 산정한 결과 5천만 원 이하일 때는 그 금액을 부과·징수하고, 5천만 원을 초과할 경우에는 5천만 원을 부과·징수한다.

나. 가목에 따른 금액에 대하여는 다음 각 호의 구분에 따라 가중 또는 감경할 수 있다.

1) 영리목적이나 상습적으로 위반한 자: 100분의 50 범위에서 가중
2) 영농행위 등 단순 생계형 위반행위자: 100분의 50 범위에서 감경

[자료] 개발제한구역내 행위제한 안내표지판(「개발제한구역법」 시행규칙 [별표 1])

개발제한구역내 행위제한 안내

1. 개발제한구역에서는 다음과 같은 행위를 제한하며, 개발제한구역 안에서 할 수 있는 행위는 「개발제한구역의 지정 및 관리에 관한 특별조치법령」에 따라 시장·군수·구청장의 허가를 받은 경우 그 허가받은 내용에 한정됩니다.

- 지정목적에 위배되는 건축물의 건축 및 용도변경
- 공작물의 설치
- 토지의 형질변경
- 죽목의 벌채
- 토지의 분할
- 물건을 쌓아놓는 행위
- 「국토계획법」 제2조제11호 규정에 의한 도시계획사업

2. 불법행위 시 처벌

- 다음과 같은 행위자는 3,000만 원 이하의 벌금 또는 3년 이하의 징역에 처한다.
  - 영리를 목적으로 또는 상습적으로 허가를 받지 않거나 허가의 내용을 위반한 자
  - 상습적으로 시정명령을 이행하지 아니한 자
  - 거짓이나 그 밖의 부정한 방법으로 허가를 받은 자

- 불법행위에 대한 시정명령을 받고 이를 시정하지 않는 때에는 연 2회의 범위 안에서 그 시정이 이루어질 때까지 반복하여 소정의 이행강제금을 부과한다.

- 불법행위가 상습·고의적인 경우에는 관계기관에 즉시 고발(송치)되며, 허가사항을 위반한 경우 그 허가를 취소한다.

※ 불법행위 목격 시 신고전화 : ○○시청 ○○과 ○○○-○○○-○○○○

관할 시·군·구청장

[서식] 위법행위조사서(개발제한구역법 시행규칙 [서식 1])

위법행위조사서

일련번호	

토지현황								
시·군	읍면동	리	번지	지목	지적	소유자		적발일시
						주소	성명	

위법행위내용						조치사항			
행위자주소 (성명)	행위일시	행위내용	규모 (㎡)	구조	용도	계고	원상복구	고발	추인

현황사진

적발자	직 성명 (인)	확인자	(인)
	직 성명 (인)		(인)

확인 및 조치사항

일자	확인 및 조치내용	확인자		
		직	성명	날인

[서식] 불법행위 관리대장(개발제한구역법 시행규칙 [서식 2])

불법행위 관리대장(0000년)

(○○동, 면)

연번	위치	불법행위자 성명 (주소)	위법현황				조치사항														완결여부	비고
							계 고				고 발				이행강제금					행정 대집행			
			행위내용	불법사항	불법규모	행위일자	계고일자		계고 후 처리결과			고발일자	고발처	고발처리결과		부과현황		납부확인			집행통보일	집행일	완료여부	
							1차	2차	자진복구	행정대집행	기타			회신일자	회신내용	부과금액	부과일자	납부기한	납부일자	납부금액				

※ 1. 횡으로 작성
2. 행정구역별로 작성

제3부

그린벨트 해제 및 개발

10
그린벨트 해제와 대규모 개발

그린벨트의 개발과 관련하여 주택, 근린생활의 건축 등 소규모 개발은 제2부 그린벨트의 행위제한 부분을 참조하면 될 것이다. 이번 장에서는 단지개발 등을 위해 그린벨트를 해제하는 대규모 개발을 중심으로 설명하고자 한다. 그린벨트의 해제는 20만㎡ 이상의 규모로서 정형화된 개발이 가능한 지역을 원칙으로 하되, 임대주택(8년 이상 임대하는 임대주택을 유상공급면적의 50% 이상 공급하는 경우)의 건설 등 예외적으로는 20만㎡ 미만의 규모를 허용하고 있다. 그린벨트 해제와 관련하여 갱신된 환경평가등급은 2016년 1월 1일부터 적용하고, 30만㎡ 이하 해제권한 지방위임은 2016년 3월 30일부터 시행되고 있다.

1. 그린벨트의 해제 및 재지정

개발제한구역의 해제 기준

① **개발제한구역의 조정 또는 해제 대상**

개발제한구역이 다음 각 호의 어느 하나에 해당하는 경우에는 국토교통부장관이 정하는 바에 따라 개발제한구역을 조정하거나 해제할 수 있다.

1. 개발제한구역에 대한 환경평가 결과 보존가치가 낮게 나타나는 곳으로서 도시용지의 적절한 공급을 위하여 필요한 지역. 이 경우 도시의 기능이 쇠퇴하여 활성화할 필요가 있는 지역과 연계하여 개발할 수 있는 지역을 우선적으로 고려하여야 한다.
2. 주민이 집단적으로 거주하는 취락으로서 주거환경 개선 및 취락 정비가 필요한 지역
3. 도시의 균형적 성장을 위하여 기반시설의 설치 및 시가화(市街化) 면적의 조정 등 토지이용의 합리화를 위하여 필요한 지역
4. 지정 목적이 달성되어 개발제한구역으로 유지할 필요가 없게 된 지역
5. 소규모 단절토지: 도로(국토교통부장관이 정하는 규모의 도로만 해당한다)·철도 또는 하천 개수로(開水路)로 인하여 단절된 3만 제곱미터 미만의 토지(2016년 3월 30일부터 1만 제곱미터 미만에서 3만 제곱

미터 미만으로 완화하여 시행 됨). 다만, 개발제한구역의 조정 또는 해제로 인하여 그 지역과 주변지역에 무질서한 개발 또는 부동산 투기행위가 발생하거나 그 밖에 도시의 적정한 관리에 지장을 줄 우려가 큰 때에는 그러하지 아니하다.

※ 단절토지란?

개발제한구역의 조정을 위한 도시관리계획 변경안 수립 지침 1-3-2.

> '단절토지'란 개발제한구역법 시행령 제2조제3항제5호에 따라 도로(중로2류 15미터 이상)·철도·하천개수로(지방하천 이상)로 인하여 단절된 3만 제곱미터 미만의 토지로서 개발제한구역 이외의 토지와 접한 토지를 말한다. 다만, 도로(소로2류 8m 이상)로 인하여 단절되고 토지이용현황, 주변환경 등을 고려할 때 시·도지사가 개발제한구역으로 관리할 필요성이 현저히 낮다고 판단하는 3만 제곱미터 미만의 토지를 포함한다.

6. 개발제한구역 경계선이 관통하는 대지(垈地)(「공간정보의 구축 및 관리 등에 관한 법률」에 따라 각 필지로 구획된 토지를 말한다)로서 다음 각 목의 요건을 모두 갖춘 지역

    가. 개발제한구역의 지정 당시 또는 해제 당시부터 대지의 면적이 1천 제곱미터 이하로서 개발제한구역 경계선이 그 대지를 관통하도록 설정되었을 것

    나. 대지 중 개발제한구역인 부분의 면적이 기준 면적 이하일

것. 이 경우 기준 면적은 특별시·광역시·특별자치시·도 또는 특별자치도(이하 '시·도'라 한다)의 관할구역 중 개발제한구역 경계선이 관통하는 대지의 수, 그 대지 중 개발제한구역인 부분의 규모와 그 분포 상황, 토지이용 실태 및 지형·지세 등 지역 특성을 고려하여 시·도의 조례로 정한다.
7. 제6호의 지역이 개발제한구역에서 해제되는 경우 개발제한구역의 공간적 연속성이 상실되는 1천 제곱미터 미만의 소규모 토지

② 지구단위계획구역 지정 및 지구단위계획 수립 의무

위의 조정 또는 해제 대상 제2호의 지역 또는 제5호의 소규모 단절토지에 해당하는 지역을 개발제한구역에서 해제하려는 경우에는 「국토계획법」 제51조에 따라 지구단위계획구역으로 지정하고 지구단위계획을 수립하여야 한다. 다만, 제5호의 소규모 단절토지에 해당하는 지역은 그 면적이 1만 제곱미터를 초과하는 경우만 해당한다.

③ 소규모 단절토지의 용도지역 지정

위의 조정 또는 해제 대상 제5호의 소규모 단절토지에 해당되어 개발제한구역에서 해제하는 토지에 대하여 「국토계획법」 제36조에 따라 용도지역을 지정할 경우에는 같은 법 시행령 제30조 제4호에 따른 '녹지지역'으로 지정하여야 한다. 다만, 다음의 요건을 모두 갖춘 경우에는 다른 용도지역으로 지정할 수 있다.

1. 도시발전을 위하여 다른 용도지역으로 지정할 필요가 있고 「국토계획법」 제2조제1호에 따른 광역도시계획 및 같은 조 제3호에 따른 도시·군기본계획에 부합할 것
2. 제1항 제2호에 따라 개발제한구역에서 해제된 인근의 집단 취락 또는 인근의 개발제한구역이 아닌 지역의 용도지역과 조화되게 정할 필요가 있을 것
3. 다른 용도지역으로 지정되더라도 기반시설을 추가적으로 설치할 필요가 없을 것

해제된 개발제한구역의 재지정 등에 관한 특례

그린벨트 재지정의 문제는 개발 사업을 하기 위하여 그린벨트를 해제하였으나 목적사업이 계획대로 시행되지 못하는 경우에 발생한다. 재지정 대상 토지는 도시용지의 공급 또는 기반시설의 설치 등을 위하여 개발 사업을 하기 위한 것인 경우로 한정된다. 도시용지의 적절한 공급, 기반시설의 설치 등 개발제한구역법에서 정하는 사유로 개발제한구역에서 해제된 지역이 개발제한구역의 해제에 관한 도시·군관리계획이 결정·고시된 날부터 2년이 되는 날까지 관련 개발사업이 착공되지 아니한 경우나 관련 개발 사업을 위한 사업구역 등의 지정이 효력을 잃게 된 경우에는 그 다음 날에 개발제한구역으로 환원된 것으로 본다.

※ 해제된 개발제한구역의 재지정 등에 관한 특례(개발제한구역법 제5조)

① 국토교통부장관은 개발제한구역이 해제된 지역에 대하여 해제 후 최초로 결정되는 도시·군관리계획의 내용이 해제의 목적이나 용도 등에 부합하지 아니하는 경우에는 그 도시·군관리계획이 결정·고시된 날부터 3개월 이내에 해제지역을 관할하는 특별시장·광역시장·특별자치시장·특별자치도지사·시장 또는 군수에게 상당한 기한을 정하여 도시·군관리계획을 조정하도록 요구할 수 있다. 이 경우 특별시장·광역시장·특별자치시장·특별자치도지사·시장 또는 군수는 도시·군관리계획을 다시 검토하여 정비하여야 한다.

② 제1항에 따른 조정 요구를 받은 특별시장·광역시장·특별자치시장·특별자치도지사·시장 또는 군수가 제1항에 따른 기한까지 국토교통부장관의 조정 요구대로 도시·군관리계획을 정비하지 아니하면 국토교통부장관은 제4조제1항에도 불구하고 그 해제지역을 다시 개발제한구역으로 지정하는 도시·군관리계획을 직접 입안할 수 있다. 이 경우 개발제한구역법 제6조(기초조사 등) 및 제7조(주민과 지방의회의 의견청취)는 적용하지 아니한다.

③ 개발제한구역으로 환원되는 대상 지역은 당초의 개발제한구역 해제가 도시용지의 공급 또는 기반시설의 설치 등을 위하여 개발 사업을 하기 위한 것인 경우에 한정된다. 도시용지의 적절한 공급, 기반시설의 설치 등 아래의 정하는 사유로 개발제한구역

에서 해제된 지역이 개발제한구역의 해제에 관한 도시·군관리계획이 결정·고시된 날부터 2년이 되는 날까지 관련 개발사업이 착공되지 아니한 경우나 관련 개발사업을 위한 사업구역 등의 지정이 효력을 잃게 된 경우에는 그 다음 날에 개발제한구역으로 환원된 것으로 본다.

1. 개발제한구역에 대한 환경평가 결과 보존가치가 낮게 나타나는 곳으로서 도시용지의 적절한 공급을 위하여 필요한 지역. 이 경우 도시의 기능이 쇠퇴하여 활성화할 필요가 있는 지역과 연계하여 개발할 수 있는 지역을 우선적으로 고려하여야 한다.
2. 도시의 균형적 성장을 위하여 기반시설의 설치 및 시가화 면적의 조정 등 토지이용의 합리화를 위하여 필요한 지역

이 규정을 적용하여 개발제한구역으로 환원된 경우 그 개발제한구역에 대한 「국토계획법」에 따른 용도지역은 개발제한구역이 해제되기 전의 용도지역으로 환원된 것으로 본다.

2. 그린벨트 해제와 개발

개발제한구역을 해제하고 해제된 토지 위에 개발 사업을 진행하고자 하는 경우 실무처리에 대하여는 「개발제한구역의 조정을 위한 도

시관리계획 변경안 수립지침」(이하 '수립지침'이라 한다)에 규정되어 있다. 아래의 설명은 동「수립지침」을 요약 설명하여 놓은 것이다.

기본원칙 :「수립지침」제2장

2-1. 국가 또는 지방자치단체는 개발제한구역을 해제하고자 하는 때에는 광역도시계획에 반영된 해제가능총량 범위 내에서(지방자치단체는 당해 시·군에 배분된 해제가능총량 범위 내) 개발수요 등을 감안하여 필요한 시점에 해제대상지를 선정하여 단계적으로 이를 추진한다. 이 경우 종전의 2020 광역도시계획(2008년 이전에 최초 수립된 해당 대도시권역 광역도시계획을 말한다)에 반영된 조정가능지역을 개발수요 등에 따라 우선적으로 해제를 추진할 수 있다.

2-2. 2-1의 규정에 따라 개발제한구역의 해제를 추진하고자 할 때에는 해제대상지역에 대한 활용방안(개발계획 및 재원조달계획 등)뿐만 아니라, 주변 개발제한구역에 대한 관리방안 등을 종합적으로 검토하여야 한다.

2-3. 국토교통부장관은 해제대상지역과 주변지역 일대에 대한 개발행위 허가제한 조치 등 난개발 및 투기방지를 위한 대책을 실시하지 아니하였거나, 그 대책 수립의 시행결과 실효를 거두지 못한 지역이 대부분인 지역에 대하여 개발제한구역을 해제하는 내용의 도시관리계획변경안을 제출받은 경우에는 이를 그대로 수

용·결정하여서는 아니 된다.

2-4. 개발제한구역을 추가적으로 지정하고자 할 때에는 공간적으로 연속성을 갖도록 하고, 도시의 자족성 확보·합리적인 토지이용 및 적정한 성장관리 등을 감안하여 추진하여야 한다.

2-5. 보전가치가 높아 개발제한구역으로 신규 지정하고자 하는 경우에는 광역도시계획에 따른 해제가능총량 산정시 지정되는 면적만큼은 해제면적과 상계할 수 있다. 다만, 신규로 지정되는 곳이 토지특성·지역여건 등 제반 상황에 비추어 개발제한구역으로 관리하지 않는 경우 난개발 등이 심각히 우려되는 경우에 한하여 중앙도시계획위원회 심의를 거쳐 상계할 수 있다.

2-6. 단절토지, 집단취락 또는 경계선 관통대지로 해제하는 면적(해제된 취락으로 3-3-3(4)②의 규정에 따라 해제범위를 확대·조정하는 경우를 포함한다)은 2-1의 규정에도 불구하고 1-3-2, 1-3-3과 3-3-3(4)①의 규정에 따른 범위 안에서 시·도지사가 결정하는 개발제한구역 해제를 위한 도시관리계획 내용에 따른다.

2-7. 영 제2조제3항제1호 또는 제3호에 따라 개발제한구역을 해제하는 경우, 해제대상지를 관통하거나 개발제한구역의 정형화를 위해 불가피하게 포함되는 바다·하천 또는 도로·철도·구거(도시계획시설로 결정·설치되어 그 목적대로 사용하고 있는 경우에 한함)는 개발제한구역 해제 후에도 그 원상을 계속 유지하는 경우에 한해 2-1의 규정에도 불구하고 각 해당면적을 개발제한구역 해제가능총량과 별도로 해제할 수 있다.

2-8. 도시관리계획 입안권자는 개발제한구역 해제를 위한 도시관리계획 입안시 도시재생이 필요한 지역과의 상호 연계 개발이 가능한 지역을 우선 고려하고, 도시관리계획이 기존 시가지와 교통·녹지·경관 및 도시기능의 연계성을 잘 갖출 수 있도록 수립하여 개발제한구역 해제를 통해 기존 시가지 정비 및 도시재생을 촉진하고 도시 경쟁력이 제고될 수 있도록 노력하여야 한다.

조정대상지역 : 「수립지침」 제3장 제1절

3-1-1. 도시관리계획 입안권자는 다음의 지역에 대하여 개발제한구역의 해제를 위한 도시관리계획을 입안할 수 있다.

(1) 개발제한구역 중 보전가치가 낮게 나타나는 지역으로서 도시용지의 적절한 공급을 위하여 필요한 곳 및 도시의 균형적 성장을 위하여 기반시설의 설치 및 시가화 면적 조정 등 토지이용의 합리화를 위하여 필요한 곳으로서 제2절의 기준에 부합되는 지역
(2) 주민이 집단적으로 거주하는 취락(이하 '집단취락'이라 한다)으로서 주거환경 개선 및 취락정비가 필요한 지역으로 제3절의 기준에 부합되는 지역
(3) 단절토지로서 개발제한구역의 지정 또는 해제로 인하여 그 지역과 주변지역에 무질서한 개발 또는 부동산 투기행위가 발생

하거나 개발제한구역의 연속성을 크게 저해하는 등 그 밖에 도시의 적정한 관리에 지장을 줄 우려가 크지 않은 지역(단, 1만 제곱미터를 초과하는 경우 환경평가 12등급지는 원형보전하거나 공원 녹지로 조성)
(4) 경계선 관통대지

해제대상지 선정 및 제척기준 : 「수립지침」 제3장 제2절

3-2-1. 개발수요 등을 감안할 때 광역도시계획에서 제시한 목표연도 내 실질적 개발·활용이 가능한 지역 중 도시관리계획 입안일 기준으로 향후 3년 내 착공이 가능한 지역으로서 도시발전 및 지속가능한 개발의 측면에서 아래 요건을 모두 갖춘 지역을 선정한다.
(1) 기존 시가지·공단·항만 등과 인접하여 여건상 주거·산업·물류단지로 개발할 경우 경제적 효과가 큰 지역으로서 도로 등 대규모 기반시설 설치소요가 적은 지역
(2) 표고·경사도·농업적성도·임업적성도·식물상·수질에의 영향 등을 종합적으로 고려하여 보전가치가 낮은 지역〔최초로 수립된 광역도시계획 수립 당시의 환경평가결과(국토교통부 장관이 갱신한 자료가 있으면 이에 따른다) 3~5등급지 기준에 따라 판단함을 원칙으로 하되, 대상지의 정형화를 위하여 불가피한 경우 그 외의 토지를 포함할 수 있다〕. 이 경우 당해 지역의 실제 현황이 다른

경우 해당 지자체가 이를 입증할 수 있는 자료를 미리 제시한 후 국토교통부장관의 확인을 받아 시정이 가능. 다만 우량농지는 농림수산식품부와 협의된 경우 포함 가능하다.

(3) 난개발 방지, 상하수도 등 기반시설 공급의 용이성 등을 고려하여 20만 제곱미터 이상의 규모로서 정형화된 개발이 가능한 지역. 다만, 다음 어느 하나에 해당하는 경우에는 예외적으로 20만 제곱미터 미만의 규모로 일부 완화하여 적용할 수 있다.

① 이미 해제된 지역이나 기존 시가지 등과 결합하여 단일구역으로 개발 가능한 지역

② 실내체육관, 사회복지시설, 임대주택(8년 이상 임대하는 임대주택을 유상공급면적의 50% 이상 공급하는 경우), 공공청사 등 도시민의 여가·복지시설을 확충하거나 공익성이 높은 시설의 설치 등 지역의 현안을 해결하기 위해 필요한 경우로서 이미 해제된 지역이나 기존 시가지 등과 접하여 개발이 가능한 지역

3-2-2. 다음에 해당하는 지역은 그 전체 또는 관계지역을 해제대상지역에서 반드시 제척하여야 한다.

(1) 도시간의 연담화를 방지하기 위하여 보전해야 할 지역(특별한 사유가 없는 한 권역별 개발제한구역 최소 폭을 5킬로미터 이상 기준으로 적용함이 원칙)

(2) 당해 지역개발로 다른 시·군과의 심각한 갈등을 초래하거나 인접 지역의 급격한 쇠퇴를 일으킬 수 있다고 중앙(지방)도시

계획위원회가 판단하는 지역

(3) 지가의 급등, 투기행위 성행, 지장물 남설 등 대상지역에 대한 적절한 토지관리가 실패한 지역(토지관리 실패여부 판단은 이 지침 시행일을 기준으로 토지거래 현황, 지장물 설치 정도, 지가변동 상황 및 개발사업 추진의 실효성 등을 종합적으로 감안하여 판단한다)

(4) 개발과정에서 대규모 환경훼손이 수반되는 지역, 특히 산맥과 연결된 산지는 기준표고로부터 70미터 이상인 지역(다만, 해제대상지 주변에 도로·철도 등 도시계획시설이 설치 또는 설치예정이거나 토지이용계획 및 주변여건상 개발제한구역 정형화를 위해 국토교통부장관이 인정하는 경우 최소면적을 해제대상지역으로 포함 가능)

(5) 수질 등 환경적으로 보전 필요성이 큰 지역 및 용수(지하수 이외의 용수) 확보가 곤란한 지역

(6) 당해 지역 개발시 인접지역의 재개발이 곤란하거나 심각한 교통문제 등 도시문제를 크게 악화시킬 우려가 높은 지역

(7) 방재지구, 자연재해지구(다만, 구역 정형화·대체지역 부존재 등 부득이한 경우 포함면적 최소화하고 관련법령에 따른 안전조치 강구를 조건으로 해제대상지역으로 선정 가능)

경계선 설정 기준 : 「수립지침」 제3장 제3절

3-3-1. 도시관리계획 입안권자는 사업 추진에 필요한 최소의 면적으로 경계선을 설정하여야 하며, 경계선 설정으로 인하여 맹지

또는 경계선 관통필지, 단절토지가 발생하거나 개발제한구역이 공간적 연속성을 유지되지 못하고 섬처럼 존치되는 지역이 발생하지 않도록 하여야 한다.

3-3-2. 단절토지의 경계선은 도로 · 철도 · 하천개수로로 인하여 단절된 당해 토지의 지형 또는 지적 경계선으로 한다.

3-3-3. 집단취락의 경우에는 다음의 기준을 충족시켜야 한다.

(1) 집단취락면적 '1만 제곱미터당 주택 10호 이상'의 밀도(이하 '호수밀도'라 한다)를 기준으로 주택〔집단취락으로 이축한 주택을 포함한다. 다만, 개발제한구역 해제를 위하여 도시관리계획을 입안(별도의 기준을 정하지 아니한 경우에는 주민공람 공고일을 기준일로 본다) 중인 집단취락에서 이축한 주택은 제외한다〕이 '20호 이상'인 취락

(2) 시 · 도지사는 (1)의 기준을 호수밀도는 '1만 제곱미터당 주택 20호 이상으로'까지, 주택호수기준은 '100호 이상으로'까지 그 요건을 각각 강화하여 적용할 수 있다.

(3) 주택호수 산정기준은 다음과 같다.

① 주택은 도시관리계획 입안의 기준일(별도의 기준일을 정하지 아니한 경우에는 주민공람 공고일을 기준일로 본다) 당시 개발제한구역 건축물관리대장(영 제24조)에 등재된 주택을 기준으로 산정한다. 이 경우 다세대주택〔개발제한구역 지정 당시부터 개발제한구역 안에 거주하고 있는 자가 종전의 도시계획법시행규칙(2000년 7월 4일 건설교통부령 제245호에 의하여 전문

개정되기 전의 것을 말한다) 제7조제1항제2호 나목(3)에 따라 동거하는 기혼자녀의 분가를 위하여 건축한 다세대주택을 말한다]은 주택 1호로 산정한다.

② 개발제한구역 지정 당시부터 있던 공동주택 및 무허가주택은 주택호수의 산정시 이를 산입하되 공동주택은 가구당 1호로, 무허가주택은 건물동수에 관계없이 주된 건축물만을 1호로 산정한다.

③ 다음 각 항에 해당하는 시설은 당해 시설(입안일 현재 건축허가가 이루어진 것을 포함한다) 전체를 주택 1호가 있는 것으로 본다.

 가. 영 제18조제1항에 따라 주택으로부터 용도변경이 가능한 근린생활시설과 사회복지시설

 나. 영 별표 1 제5호의 시설(주민공동이용시설) 중 건축법령에 따른 근린생활시설에 해당하는 시설

④ 다음의 하나에 해당하는 토지(이하 '나대지등'이라 한다)에 대하여는 1필지당 주택 1호가 있는 것으로 본다.

 가. 개발제한구역 지정 당시부터 지목이 '대(垈)'인 토지로서 영 별표 1 제5호다(주택) 및 라(근린생활시설)에 따라 주택 또는 근린생활시설의 신축이 가능한 나대지

 나. 개발제한구역 지정 당시 주택지조성을 목적으로 시장 또는 군수의 허가를 받아 조성되었거나 조성중이던 토지

(4) 집단취락의 해제가능면적

① 집단취락으로서 해제하는 경우, 개발제한구역에서 해제할 수 있는 면적은 당해 취락을 대상으로 다음의 면적 범위 내로 한다.

| 조정대상 취락의 해제 가능 총면적 (제곱미터) | = | 취락을 구성하는 주택수(호) | ÷ | 호수밀도 (10~20 호/10,000 제곱미터) | + | 대규모 나대지 등의 1,000 제곱미터 초과 부분의 면적 | + | 도시계획 시설 부지면적 (제곱미터) |

가. '취락을 구성하는 주택의 수'란 '3-3-3(3)항에 따른 주택호수 산정기준'에 따라 산정된 호수를 말한다.

나. '호수밀도'란 1만 제곱미터당 10호로 하되 당해 시·도지사가 10호부터 20호까지 범위 내에서 요건을 강화한 경우에는 그 밀도를 말한다.

다. '대규모 나대지등'이란 그 규모가 1,000제곱미터 이상인 나대지 등을 말한다.

라. '도시계획시설 부지면적'이란 취락 안에 설치되었거나 설치하고자 하는 도시계획시설(공공공지를 제외한다)의 부지면적을 말한다.

② 이미 해제된 취락도 추후 지구단위계획을 수립한 결과 도시계획시설 면적조정, 취락정비사업 시행을 위해 필요한 경우에는 3-3-3(4)① 항에 따른 면적의 범위 내에서 이를 해제할 수 있다. 이 경우 '취락을 구성하는 주택의 수'는

최초 지구단위계획 입안 당시의 지구단위계획구역 내 주택수(해제 후 최초로 지구단위계획을 입안하는 경우에는 기 해제지역 내 주택수)로 한다.

③ 집단취락 해제지역을 3-5-1(1)②의 규정에 따른 정비사업을 통해 개발하는 경우에는 3-3-3(4)①의 규정에 따른 면적의 130퍼센트 이내 범위에서 해제할 수 있다. 다만, 3-3-3(4)①의 규정에 따른 면적을 초과하는 부분에 대해서는 2-6의 규정에도 불구하고 광역도시계획에 반영된 해제가능총량 범위 내(당해 시·군에 배분된 해제가능총량 범위 내)에서 해제할 수 있다.

(5) 집단취락의 해제경계선 설정

해제의 경계선은 지구단위계획구역의 경계선으로 한다. 이 경우 당해 지구단위계획 내용의 효율적인 시행과 사업의 실시방안 등을 종합적으로 고려하여야 한다.

해제대상지역 내 가능한 사업 :「수립지침」제3장 제4절

3-4-1. 개발제한구역의 해제는 해제대상지역에 대한 다음 각 호의 사업으로서 공익적 목적의 개발수요가 발생할 경우 추진한다.

(1) 취락의 계획적인 정비사업
(2) 공공주택사업·사회복지사업·녹지확충사업 등

① 임대주택·분양주택 건설 등 서민용 공공주택사업, 기업형 임대주택사업
② 교육·문화·여가(관광)·노인복지 등 사회·복지사업
③ 당해 시·군의 실업해소를 위한 저공해 첨단산업을 유치하는 사업
④ ①~③의 사업을 복합화한 복합단지 개발사업
(3) 수도권 이외의 지방대도시권은 수도권에 있는 기업의 본사·공장이 지방으로 이전하여 지역경제 활성화를 도모할 수 있을 경우 이를 수용하는 사업
(4) 산업단지, 물류단지, 유통단지, 컨벤션센터, 자동차서비스복합단지 건설사업
(5) (1)~(4)의 규정에 따른 사업을 추진하는 해제가능지역 내 기존 공장을 이전하기 위한 산업단지 조성사업
(6) 기타 도시의 자족기능 향상, 공간구조 개선, 도시민의 여가 선용, 지역특화발전을 위해 추진하는 사업

해제를 위한 도시관리계획 변경 안에 제시할 사항 :
「수립지침」 제3장 제5절

3-5-1. 해제대상지역에 대한 용도지역·지구의 지정계획 및 지구단위계획과 사업시행을 위한 재원조달계획 등 구체적인 활용방안을 제시하되, 활용방안은 다음의 사항을 준수하여 수립하여

야 한다.

(1) ① 해제대상지역은 다음 각 호의 자에 의한 전면매수 또는 도시개발법 제21조에 따른 혼용방식(이 경우 환지는 해제면적의 50퍼센트 미만으로 한정한다)으로 추진한다.

가. 국가

나. 지방자치단체

다. 「공공기관의 운영에 관한 법률」제5조에 따른 공공기관

라. 「지방공기업법」에 따라 설립된 지방공사

마. 특별법에 의하여 설립된 정부지분 50% 이상 기관

바. 해제대상지역 개발을 위해 설립한 특수목적법인(민간의 출자비율 총합계가 50퍼센트 미만으로서, 개발제한구역 해제 결정 전에 설립할 것. 다만, 2017년 12월 31일 전에 국토교통부장관에게 개발제한구역의 해제를 위한 도시·군관리계획 변경 결정을 요청한 경우 민간의 출자비율 총합계를 2/3 미만으로 할 수 있다)

사. 기업형임대사업자(2017년 12월 31일 전에 기업형임대주택 공급 촉진지구로 지정받기 위해 개발제한구역의 해제를 위한 도시군관리계획 변경을 요청한 경우에 한한다)

아. 가~바의 사업시행자는 「산업입지 및 개발에 관한 법률」, 「택지개발촉진법」, 「물류시설의 개발 및 운영에 관한 법률」, 「공공기관 지방이전에 따른 혁신도시 건설 및 지원에 관한 특별법」 등에 따라 개발사업의 일부를 대행하게 할

수 있다.

② 전항에도 불구하고 다음 각 호의 자는 「도시개발법」에 따른 도시개발사업의 환지방식 또는 「도시 및 주거환경정비법」에 따른 주택재건축·재개발 내지 주거환경개선사업 등의 정비사업으로 집단취락 해제지역을 개발할 수 있다. 이 경우 단일 집단취락 해제지역을 여러 개의 서로 다른 정비사업구역으로 분할하여 동시에 개발할 수 있으나 단일 집단취락 해제지역 중 정비사업구역에서 제외되는 지역이 있어서는 아니 된다.

   가. 지방자치단체

   나. 한국토지주택공사

   다. 「지방공기업법」에 따른 지방공사

   라. 집단취락 내 주민이 구성한 조합 또는 법인

③ 제1항 마·바의 경우 해제지역 개발사업 착공 시까지 마·바에 규정된 각 지분한도를 준수하여야 하고 착공 이후에 각 지분한도를 변경할 수 있으나, 이 경우에도 민간의 출자비율은 전체 지분의 2/3 미만이어야 한다. 다만, 기업형임대사업자가 임대주택(기업형임대주택 공급촉진지구 이외 지역에서 8년 이상 임대주택을 유상공급면적의 50% 이상 공급하는 경우)을 건설하기 위해 2017년 12월 31일 전에 개발제한구역의 해제를 위한 도시군관리계획 변경을 요청한 경우에는 착공 이후 민간의 출자비율을 전체 지분의 2/3 이상으

로 변경할 수 있다.

(2) 개발제한구역에서 해제되는 지역에 대한 지구단위계획(사업계획, 실시계획 등을 포함한다)은 친환경적으로 수립하여야 하며 지구단위계획 수립시 사업지구 내 확보하여야 할 공원·녹지(도시계획시설로 결정하는 공원 또는 녹지)의 비율은 아래와 같다.

① 주택단지 개발사업의 경우에는 20퍼센트 이상. 다만, 30만 제곱미터 미만 주택단지 개발사업의 경우, 상주인구 1인당 6제곱미터 이상 또는 해제면적의 12퍼센트 이상 중 큰 면적을 기준으로 한다.

② 주택단지, 산업단지, 물류단지를 제외한 기타 목적의 개발사업의 경우에는 15퍼센트 이상, 집단취락 정비사업의 경우에는 상주인구 1인당 3제곱미터 이상(집단취락 정비사업 공원·녹지 비율의 경우 취락의 규모·밀집도·주변여건 등을 종합적으로 고려하여 지방도시계획위원회 심의를 거쳐 이를 강화할 수 있다. 다만, 취락 주변에 녹지, 저수지, 하천, 임야 등 자연환경을 보전하고 시민의 휴식과 정서 함양에 이바지하는 공간이 충분한 경우 또는 취락 경계를 기준으로 250미터 이내 어린이공원 또는 500미터 이내 근린공원이 있는 경우 지방도시계획위원회 심의를 거쳐 공원·녹지 비율을 축소하거나 공원·녹지를 확보하지 아니하게 할 수 있다)

(3) ① 해제대상지역 내 공동주택을 건설하고자 하는 경우에는 전체 세대수 대비 최소 35퍼센트 비율로 임대주택을 확보한다. 다만, 산업단지 · 경제자유구역 · 친수구역 · 집단취락 · R&D단지 · 매입공공기관이 매입한 종전부동산(당해 특별시 또는 시의 임대주택 공급이 충분하여 특별시장 또는 시장이 임대주택 비율 완화가 필요하다고 인정한 경우에 한한다) 내 건설하는 공동주택의 경우에는 지구별 여건에 따라 전체 세대수 대비 10~25퍼센트 비율로 임대주택을 확보할 수 있다.

② 개발계획에 반영된 임대주택건설용지로 공급할 용지가 최초 공급공고일 후 6개월 이내에 공급되지 않을 경우 시행자는 이를 국민주택규모 이하의 분양주택건설용지로 공급할 수 있다. 다만, 다음 각 호의 어느 하나에 해당하는 경우에는 그러하지 아니하다.

가. 3-2-1. (3) ②에 근거하여 임대주택을 건설하는 경우

나. 3-5-1. (1) ①사에 근거하여 기업형임대사업자가 기업형임대 공급촉진지구에 임대주택을 건설하는 경우

다. 3-5-1. (1) ③단서에 근거하여 기업형임대사업자가 임대주택을 공급하는 경우

③ 기업형임대주택 공급촉진지구를 지정하거나 기업형임대사업자가 임대주택(기업형임대주택 공급촉진지구 이외 지역에서 8년 이상 임대주택을 유상공급면적의 50% 이상 공급하는 경우)을 건설하기 위해 개발제한구역을 해제하는 경우에는 해당 공

급촉진지구(기업형임대사업자가 임대주택을 건설하는 경우를 포함한다) 내 전체 공동주택 세대수의 5~10퍼센트를 공공임대주택으로 확보하여야 한다. 다만, 해제대상지역이 50만 제곱미터 이하인 경우, 개발제한구역 해제 결정권자는 사업시행자와 협의 후 중앙도시계획위원회(또는 지방도시계획위원회)의 심의를 거쳐 사업시행자에게 공공성 확보를 위해 필요한 조치사항을 요구할 수 있다.

(4) 해제대상지역에 대한 활용방안은「수도권정비계획법」,「산업집적활성화 및 공장설립에 관한 법률」,「산업입지 및 개발에 관한 법률」,「지방재정법」 등의 관련법령 및 산업단지지정계획, 투자심사 등 그에 따른 관련계획과 부합되지 않으면 아니 된다.

(5) 해제대상지역 안에 산업단지, 물류단지 및 도시지원시설용지 등을 조성하려고 하는 경우에는 다음 각 호에 해당하는 용지 면적의 10퍼센트 이상을 개발제한구역 안의 중소기업(법 제30조 제1항에 해당하는 행위자를 포함하며, 2010.2.6 이전에 행위가 이루어진 경우에 한한다)들을 위한 전용단지(용지)로 공급해야 한다. 다만, 해제대상지역 인근의 중소기업 분포현황 등을 감안, 중앙도시계획위원회의 심의를 거쳐 국토교통부장관이 인정하는 경우 이를 완화하여 적용할 수 있다.

   가.「산업입지 및 개발에 관한 법률」제2조제6호 및 같은 법 시행령 제19조제2항제1호의 산업시설용지

   나.「물류단지 개발지침」제8조의 물류시설용지

다. 「택지개발업무처리지침」 별표 2의 도시형공장 등 자족기능용지

라. 보금자리주택업무처리지침 제13조제3항의 도시지원시설용지

마. 그 밖의 가호부터 라호까지와 유사한 시설용지로서 공장 및 창고의 유치가 가능한 용지

(6) (5)에 따라 조성되는 전용단지(용지)로의 입주자격 등 입주와 관련된 사항은 해당 시장·군수·구청장이 지역 실정 등을 고려하여 이를 정한다.

(7) (5)에 따라 조성되는 전용단지(용지) 중 최초 분양공고 후 1년 이상이 경과하도록 미분양된 분에 대해서는 사업시행자가 (5)에 따른 중소기업 외의 자에게도 공급할 수 있다. 다만 (5)에 따른 중소기업이 없는 사실이 명백한 경우(입증할 수 있는 자료 등을 통해 확인된 경우에 한한다)에는 분양공고 후 1년 이내라도 미분양된 분에 대해서 중소기업 외의 자에게도 공급할 수 있다.

3-5-2. 주변 개발제한구역에 대한 관리방안 등 다음 각 항의 사항도 동시에 제시하여야 한다.

(1) 해제대상지역에 인접한 개발제한구역으로의 무분별한 개발(난개발 등)확산 방지 및 각종 투기행위 방지에 관한 사항

(2) 해제지역이 아닌 지역으로서 개발제한구역 안의 훼손된 지역

을 공원·녹지 등으로 복구하는 계획에 관한 사항〔훼손지 복구와 관련된 세부적 사항은 「개발제한구역 훼손지 복구업무 처리규정」(국토교통부 훈령)에 따른다〕

　(3) 해제하려는 지역이 30만 제곱미터 이하(영 제2조제3항제1호 또는 제3호에 따라 해제하는 경우를 말한다)인 경우 도시관리계획 입안일로부터 향후 5년간 해제대상지역의 경계선으로부터 1킬로미터 이내의 개발제한구역을 해제하려는 사항

3-5-3. 해제대상지역에 대한 토지거래 및 행위 허가현황, 공시지가 등 지가변동 현황 등에 관한 사항(각종 자료작성의 기준 시점은 이 지침 시행일 이후부터 적용한다)

도시관리계획 입안 기초조사 : 「수립지침」 제4장 제1절

4-1-1. 도시관리계획 입안권자는 이 지침에 의한 조정대상지역 및 단절토지에 대한 도시관리계획을 입안할 때에는 다음의 사항을 반영하여야 한다.

　(1) 조정대상지역
　　① 법 제6조(기초조사) 및 영 제3조에 규정된 제반사항
　　② 개발제한구역 조정(지정 또는 해제)을 위한 대상지역 및 그 주변지역에 대한 환경평가 검증결과(실제 현황이 다른 경우 이를 입증할 수 있는 사항)

(2) 단절토지

① 대상토지의 위치

② 지번 · 지목별 토지이용현황

③ 도로 · 철도 · 하천개수 등 공공시설의 설치 및 결정현황

④ 대상토지 안팎의 토지이용현황 및 환경상태

⑤ 1만 제곱미터를 초과하는 단절토지의 경우 해제대상지역에 대한 환경평가 검증결과(실제 현황이 다른 경우 이를 입증할 수 있는 사항)

(3) 경계선 관통대지

① 대상토지의 위치

② 지번 · 지목별 토지이용현황

③ 대상토지 중 개발제한구역 부분의 면적과 비율

④ 대상토지 안팎의 토지이용현황 및 환경상태

도시관리계획 입안 및 결정 절차 : 「수립지침」 제4장 제2절

4-2-1. 도시관리계획의 입안은 법 제4조제1항에 따라 당해 도시지역을 관할하는 특별시장 · 광역시장 · 시장 또는 군수가 입안한다. 다만, 서민주택공급 건설계획 등 국가계획(국가의 중요한 정책의 목적을 달성하기 위하여 수립하는 계획으로 국무회의 심의를 거쳐 확정된 계획을 말한다. 이하 '국가계획'이라 한다)과 관련된 경

우에는 국토교통부장관이 직접 도시관리계획을 입안할 수 있다. 이 경우 국토교통부장관은 미리 관할 시·도지사, 시장 및 군수의 의견을 들은 후 가급적 제시된 의견을 반영하도록 노력하여야 한다.

4-2-2. 도시관리계획 결정절차는 다음과 같다.
(1) 국토교통부장관이 입안하는 경우
　① 국토교통부장관은 주민 및 지방의회 의견청취를 위하여 도시관리계획안을 특별시장·광역시장·시장 또는 군수에게 송부하여야 한다.
　② 도시관리계획안을 송부받은 특별시장·광역시장·시장 또는 군수는 주민 및 지방의회의 의견을 청취하여 그 결과를 국토교통부장관에게 제출하여야 한다. 이 경우 국토교통부장관은 특별시장·광역시장·시장 또는 군수가 특별한 사유 없이 주민 및 지방의회의 의견을 60일 이내에 제출하지 아니한 경우에는 의견이 없거나 동의한 것으로 볼 수 있다.
　③ 국토교통부장관은 도시관리계획을 결정하고자 하는 때에는 관계 중앙행정기관의 장과 미리 협의하여야 하며, 중앙도시계획위원회의 심의를 거쳐야 한다.

(2) 특별시장·광역시장·특별자치시장·시장 또는 군수가 입안하는 경우

① 특별시장·광역시장·특별자치시장·시장 또는 군수는 주민 및 지방의회 의견청취를 거쳐 국토교통부장관(특별시장·광역시장·특별자치시장·도지사)에게 도시관리계획 변경 결정을 요청하여야 한다.

② 국토교통부장관(특별시장·광역시장·특별자치시장·도지사)은 도시관리계획을 결정하고자 하는 때에는 관계 중앙행정기관의 장과 미리 협의하여야 하며, 중앙도시계획위원회(지방도시계획위원회)의 심의를 거쳐야 한다.

③ 해제하려는 지역의 면적이 30만 제곱미터 이하(영 제2조제3항제1호 또는 제3호에 따라 해제하는 경우를 말한다)인 경우, 집단취락 및 단절토지, 경계선 관통대지, 개발제한구역의 공간적 연속성이 상실되는 1천 제곱미터 미만의 소규모 토지는 특별시장·광역시장·특별자치시장 또는 도지사가 이 지침에 부합하는 경우에 한해 그 해제를 결정할 수 있다. 다만, 30만 제곱미터를 초과하는 단계적 개발제한구역 해제계획을 일시에 입안한 경우 또는 법 제4조제1항 단서에 따라 국가계획과 관련하여 국토교통부장관이 직접 개발제한구역의 해제에 관한 도시·군관리계획을 입안하는 경우에는 그러하지 아니하다.

④ 해제하려는 지역의 면적이 30만 제곱미터 이하(영 제2조제3항제1호 또는 제3호에 따라 해제하는 경우를 말한다)로서 국토교통부장관과 사전협의(주민공람 이전)시 다음 각 호의 어느 하나에 해당하는 경우 인접 시·도(관내 인접 시·군 포함) 또는 관

계 시·도의 의견을 제시하여야 한다.

　가. 해제하려는 지역이 시·도 경계에서 5킬로미터 이내에 있는 경우(권역 내 개발제한구역이 다른 시도와 경계를 이루지 않는 경우에는 제외)

　나. 해제하여 추진하려는 사업과 관련하여 다른 시·도와 이견의 소지가 있는 경우

⑤ 해제하려는 지역의 면적이 30만 제곱미터 이하(영 제2조제3항제1호 또는 제3호에 따라 해제하는 경우를 말한다)인 경우 시·도지사는 중앙도시계획위원회의 심의 필요성 등에 관하여 국토교통부장관과 미리 협의하여야 하며, 협의결과가 다음 각 호의 어느 하나에 해당하는 경우 중앙도시계획위원회의 심의를 거쳐야 한다.

　가. 환경평가 1~2등급지를 포함하는 경우로서 원형보전 등 대안 제시가 미흡한 경우(단, 농업적성도 1~2등급지로서 농림부 등과 협의된 경우는 제외한다)

　나. 제4항에 따른 인접 또는 관계 지자체에서 이견을 제시하여 조정이 필요한 경우

　다. 국토계획법에 따른 준주거지역 및 상업지역의 총면적이 유상공급면적의 30퍼센트를 초과하는 경우

　라. 이미 해제한 구역 경계로부터 직선거리 1킬로미터 이내에서 5년 이내에 추가 해제를 추진하는 등 연접·조각개발의 우려가 있다고 판단되는 경우(단, 해제대상지역과 이미 해제한 지역의 총면적이 30만 제곱미터 이하인 경우는 제외한다)

마. 시·도지사가 30만 제곱미터를 초과하는 단계적 개발제한 구역 해제계획을 입안한 경우

⑥ 1만 제곱미터를 초과하는 단절토지의 경우 시·도지사는 중앙도시계획위원회의 심의 필요성 등에 관하여 국토교통부장관과 미리 협의하여야 하며, 협의결과 환경평가 1·2등급지에 대하여 원형보전 등 대안 제시가 미흡한 경우(단, 농업적성도 1·2등급지로서 농림부 등과 협의된 경우는 제외한다) 중앙도시계획위원회의 심의를 거쳐야 한다.

도시관리계획 결정 신청시 구비서류 : 「수립지침」 제4장 제3절

4-3-1. 도시관리계획 결정 신청시 첨부하는 서류와 도면
4-3-2. 해제대상지역별로 제3장제2절의 규정에 의한 해제대상지역 선정기준에 적합함을 알 수 있는 서류
4-3-3. 해제대상지역별로 제3장제2절의 규정에 따른 해제대상지역 제척기준에 해당하지 아니함을 알 수 있는 서류
4-3-4. 해제대상지역에 대한 개발수요 및 재원조달계획
4-3-5. 2-3(투기방지, 지가관리 등)의 규정에 저촉되지 아니함을 알 수 있는 자료

다른 법령 및 지침의 적용 등 : 「수립지침」 제4장 제4절

4-4-1. 이 지침에 정하지 않은 사항은 법, 영, 국토계획법 및 관련지침에 따른다.

4-4-2. 이 지침을 적용하는 것이 현저하게 불합리한 지역에 대하여는 구역지정목적 및 이 지침의 취지에 반하지 아니하는 범위 내에서 국토교통부장관의 승인을 받아 이 지침에서 정한 기준을 일부 조정하여 이를 적용할 수 있다.

4-4-3. 「국가균형발전특별법」 제22조에 따른 심의를 거쳐 선정된 지역전략산업의 육성을 목적으로 「산업입지 및 개발에 관한 법률」에 따른 산업단지 지정을 위해 개발제한구역의 해제를 위한 도시·군관리계획을 변경하고자 하는 경우 개발제한구역 해제와 산업단지 지정을 위한 절차 중 도시·군관리계획의 입안(산업단지 계획 수립), 주민의견 청취, 관계기관 협의 절차 등 중복되는 절차는 동시에 진행할 수 있다.

4-4-4. 다음 각 호에 따른 지정을 위해 개발제한구역의 해제를 위한 도시·군관리계획을 변경하고자 하는 경우 개발제한구역 해제와 도시개발구역 지정을 위한 절차 중 도시·군관리계획의 입안(다음 각 호에 따른 육성종합계획 또는 개발계획수립을 말한다), 주민의견 청취, 관계기관 협의 절차 등 중복되는 절차는 동시에 진행할 수 있다.

(1) 「도시개발법」에 따른 도시개발구역 지정
(2) 「물류시설의 개발 및 운영에 관한 법률」에 따른 물류단지 지정
(3) 「연구개발특구의 육성에 관한 법률」에 따른 연구개발특구 지정
(4) 「관광진흥법」에 따른 관광지 및 관광단지 지정

3. 개발제한구역 경계선 관통대지의 해제

지방자치단체 조례

개발제한구역 경계선 관통대지의 해제와 관련하여 참조할 수 있는 「경기도 개발제한구역 경계선 관통대지의 해제에 관한 조례」는 다음과 같다.

※ 경기도 개발제한구역 경계선 관통대지의 해제에 관한 조례

제1조(목적)

이 조례는 「개발제한구역의 지정 및 관리에 관한 특별조치법」 제3조 및 같은 법 시행령 제2조제3항제6호에 따라 개발제한구역을 해제하거나 조정하는 경우에 기준 면적을 정하고 시행에 필요한 사항을

규정함을 목적으로 한다.

제2조(정의)

이 조례에서 사용하는 용어의 정의는 다음과 같다.

1. '경계선 관통대지'란 「공간정보의 구축 및 관리 등에 관한 법률」에 따라 각 필지로 구획된 토지로서 개발제한구역의 지정 당시 또는 해제 당시부터 대지의 면적이 1천 제곱미터 이하로서 개발제한구역의 경계선이 그 대지를 관통하는 토지를 말한다. 〈개정 2015.10.13.〉
2. '기준면적'이란 제1호에 따른 경계선 관통대지 중 개발제한구역 부분의 면적으로서 해제를 결정하는 면적을 말한다.

제3조(적용범위)

이 조례는 경기도(이하 '도'라 한다) 내 개발제한구역의 경계선 관통대지에 대하여 적용한다.

제4조(개발제한구역 해제 기준)

① 「개발제한구역의 지정 및 관리에 관한 특별조치법 시행령」 제2조제3항제6호나목에 따른 개발제한구역인 부분의 해제 기준 면적은 1천 제곱미터 미만으로 한다.

② 제1항의 기준면적 미만의 경계선 관통대지에 해당되는 경우에

는 도 도시계획위원회 심의를 거쳐 경계선 관통대지의 개발제한구역을 해제하거나 조정할 수 있다.

제5조(용도지역)

제4조에 해당되어 개발제한구역에서 해제 및 조정하는 경계선 관통대지의 용도지역은 녹지지역으로 유지한다. 다만, 경기도지사(이하 '도지사'라 한다)와 협의 후 시·군 도시계획위원회 심의를 통해 개발제한구역이 아닌 인접 토지의 용도지역과 동일하게 지정하거나 그 특별한 사유에 상응하는 용도지역으로 지정할 수 있다.

제6조(실무검토반 구성·운영)

① 도지사는 시장·군수가 입안하여 신청한 경계선 관통대지에 대하여 개발제한구역 해제의 적정성 및 타당성 여부 등의 심도 있는 검토를 위하여 실무검토반을 구성하여 운영할 수 있다.
② 반원은 반장 1명을 포함한 10명 이내로 구성한다.
③ 반장은 경계선 관통대지 개발제한구역 해제 및 조정 관련 업무 담당과장이 되고 다음 각 호의 어느 하나에 해당하는 사람을 반원으로 한다.

1. 도 및 시·군의 경계선 관통대지 개발제한구역 해제 및 조정 업무담당 사무관 및 업무담당자
2. 개발제한구역에 관한 전문지식과 풍부한 경험을 가진 사람

3. 지역의 주민단체 또는 시민단체 관계자

④ 실무검토반은 시장·군수가 신청한 경계선 관통대지 해제를 위한 시·군의 도시관리계획 변경안에 대한 검토결과를 정리하여 경기도 도시계획위원회 심의자료로 제공할 수 있다.

⑤ 반원에게는 예산의 범위에서 수당과 여비를 지급할 수 있다. 다만, 공무원인 반원이 그 소관업무와 직접적으로 관련되어 참석할 경우에는 그러하지 아니하다.

제7조(세부시행기준)

도지사는 시장·군수가 입안하여 신청한 경계선 관통대지의 해제를 위한 도시관리계획변경안에 대한 검토기준 등 필요한 사항을 정하여 운영할 수 있다.

부칙〈2015.10.13.〉

이 조례는 공포한 날부터 시행한다.

법령해석례 ⑩

개발제한구역을 해제할 수 있는 '도로를 설치함에 따라 생겨난 1만 제곱미터 미만의 소규모 단절토지'의 의미

• 「개발제한구역의 지정 및 관리에 관한 특별조치법 시행령」 제2조제3항제5호 등 관련 •
[법제처 13-0414, 2013.10.8., 민원인]

질의요지 「개발제한구역의 지정 및 관리에 관한 특별조치법 시행령」 제2조제3항제5호에서는 개발제한구역이 '도로·철도 또는 하천 개수로를 설치함에 따라 생겨난 1만 제곱미터 미만의 소규모 단절토지'에 해당하는 경우에는 개발제한구역을 해제할 수 있다고 규정하고 있는 바,

도로가 설치되어 있던 지역이 개발제한구역으로 지정되고(1972년 8월) 그 이후에 해당 개발제한구역의 일부분(1만 제곱미터 미만)만을 제외하고 개발제한구역이 해제된 경우(2004년 11월, 집단취락해제), 개발제한구역으로 남아 있는 1만 제곱미터 미만의 토지가 「개발제한구역의 지정 및 관리에 관한 특별조치법 시행령」 제2조제3항제5호에 따른 '도로를 설치함에 따라 생겨난 1만 제곱미터 미만의 소규모 단절토지'에 해당하는지?

회답 도로가 설치되어 있던 지역이 개발제한구역으로 지정되고(1972년 8월) 그 이후에 해당 개발제한구역의 일부분(1만 제곱미터 미만)만을 제외하고 개발제한구역이 해제된 경우(2004년 11월, 집단취락해제), 개발제한구역으로 남아 있는 1만 제곱미터 미만의 토지는 「개발제한구역의 지정 및 관리에 관한 특별조치법 시행령」 제2조제3항제5호에 따른 '도로를 설치함에 따라 생겨난 1만 제곱미터 미만의 소규모 단절토지'에 해당하지 아니한다고 할 것입니다.

이유 「개발제한구역의 지정 및 관리에 관한 특별조치법」(이하 '개발제한구역법'이라 함) 제

3조제1항에서는 국토교통부장관은 도시의 무질서한 확산을 방지하고 도시 주변의 자연환경을 보전하여 도시민의 건전한 생활환경을 확보하기 위하여 도시의 개발을 제한할 필요가 있거나 국방부장관의 요청으로 보안상 도시의 개발을 제한할 필요가 있다고 인정되면 개발제한구역의 지정 및 해제를 도시·군관리계획으로 결정할 수 있다고 규정하고 있고, 같은 조 제2항에서는 개발제한구역의 지정 및 해제의 기준은 대상 도시의 인구·산업·교통 및 토지이용 등 경제적·사회적 여건과 도시 확산 추세, 그 밖의 지형 등 자연환경 여건을 종합적으로 고려하여 대통령령으로 정한다고 규정하고 있습니다.

한편, 개발제한구역법 시행령 제2조제3항에서는 개발제한구역법 제3조제2항에 따라 개발제한구역이 다음 각 호의 어느 하나에 해당하는 경우에는 국토교통부장관이 정하는 바에 따라 개발제한구역을 조정하거나 해제할 수 있다고 규정하면서 같은 항 제5호에서는 도로(국토교통부장관이 정하는 규모의 도로만 해당함)·철도 또는 하천 개수로를 설치함에 따라 생겨난 1만 제곱미터 미만의 소규모 단절토지를 규정하고 있는 바,

이 사안에서는 도로가 설치되어 있던 지역이 개발제한구역으로 지정되고(1972년 8월) 그 이후에 해당 개발제한구역의 일부분(1만 제곱미터 미만)만을 제외하고 개발제한구역이 해제된 경우(2004년 11월, 집단취락해제), 개발제한구역으로 남아 있는 1만 제곱미터 미만의 토지가 개발제한구역법 시행령 제2조제3항제5호에 따른 '도로를 설치함에 따라 생겨난 1만 제곱미터 미만의 소규모 단절토지'에 해당하는지가 문제될 수 있습니다.

살피건대, 법령의 문언이 비교적 명확한 개념으로 구성되어 있다면 원칙적으로 더 이상 다른 해석방법은 활용할 필요가 없거나 제한될 수밖에 없다고 할 것인데, 개발제한구역특별법 시행령 제2조제3항제5호에 따라 개발제한구역 해제 대상이 되는 소규모 단절토지는 그 문언 체계상 도로·철도 또는 하천 개수로를 설치하는 과정에서 직접적으로 발생하는 토지를 의미한다고 보는 것이 상당하다고 할 것이며, 개발제한구역에 도로·철도 또는 하천 개수로가 설치된 이후에 그 도로·철도 또는 하천 개수로 설치가 아닌 다른 사유를 원인으로 하여 생겨난 1만 제곱미터 미만의 소규모 단절토지의 경우에는 개발제한구

역특별법 시행령 제2조제3항제5호에 해당하지 아니한다고 보아야 할 것입니다.

또한, 개발제한구역법 시행령 제2조제3항제5호의 규정은 도로·철도 또는 하천 개수로와 같은 공공시설을 설치하는 과정에서 부득이하게 발생하는 소규모 단절토지를 개발제한구역의 해제대상으로 인정함으로써 해당 토지소유자의 토지이용에 대한 불편감소와 재산권 행사의 효율화를 보장하기 위한 취지에서 도입된 제도라는 점에 비추어 볼 때, 개발제한구역특별법 시행령 제2조제3항제5호의 규정에 따라 개발제한구역 해제 대상이 되는 소규모 단절토지의 의미는 제한적으로 해석하는 것이 그 입법취지에 부합한다고 할 것입니다.

그러므로, 이 건과 같이 개발제한구역에 1만 제곱미터 미만의 소규모 단절토지가 있다고 하더라도 그 토지가 도로·철도 또는 하천 개수로 설치를 원인으로 하여 생겨난 것이 아니고 주변 지역이 개발제한구역에서 해제됨으로써 소규모 단절토지로 생겨난 것이라면, 이는 개발제한구역법 시행령 제2조제3항제5호에 해당하지 아니한다고 보는 것이 해당 조항의 입법취지에 부합하는 합리적인 해석이라고 할 것입니다.

따라서, 도로가 설치되어 있던 지역이 개발제한구역으로 지정되고(1972년 8월) 그 이후에 해당 개발제한구역의 일부분(1만 제곱미터 미만)만을 제외하고 개발제한구역이 해제된 경우(2004년 11월, 집단취락해제), 개발제한구역으로 남아 있는 1만 제곱미터 미만의 토지는 개발제한구역법 시행령 제2조제3항제5호에 따른 '도로를 설치함에 따라 생겨난 1만 제곱미터 미만의 소규모 단절토지'에 해당하지 아니한다고 할 것입니다.

☞ 1만 제곱미터 미만 기준은 2016년 3월 30일부터 3만 제곱미터 미만으로 완화하여 시행되고 있음.

법령해석례 ⑪

개발제한구역을 해제할 수 있는 '하천 개수로를 설치함에 따라 생겨난 1만 제곱미터 미만의 소규모 단절토지'의 의미

• 「개발제한구역의 지정 및 관리에 관한 특별조치법 시행령」 제2조제3항제5호 관련 •
[법제처 14-0792, 2014.12.31., 민원인]

질의요지 개발제한구역으로 지정된 지역에 하천 개수로가 설치되어 개발제한구역이 2개로 나눠진 후, 그중 하나의 개발제한구역의 경우 일부분(1만 제곱미터 미만의 토지 A)만을 제외하고 개발제한구역이 해제되었고, 그 후 기존의 하천 개수로가 확장되어 1만 제곱미터 미만의 토지 A가 더욱 축소된 경우, 해당 토지가 「개발제한구역의 지정 및 관리에 관한 특별조치법 시행령」 제2조제3항제5호에 따른 '하천 개수로를 설치함에 따라 생겨난 1만 제곱미터 미만의 소규모 단절토지'에 해당하는지?

질의 배경 개발제한구역 해제로 인하여 민원인의 토지가 1만㎡ 미만이 된 상태에서 지방하천 개수로 확장 공사를 통해 해당 토지가 더욱 축소된 경우도 개발제한구역 해제 요건인 「개발제한구역의 지정 및 관리에 관한 특별조치법 시행령」 제2조제3항제5호에 해당되는지 여부에 대하여 국토교통부와 민원인 간에 의견 대립이 있어 민원인이 직접 법령해석을 요청한 안건임.

회답 개발제한구역으로 지정된 지역에 하천 개수로가 설치되어 개발제한구역이 2개로 나눠진 후, 그중 하나의 개발제한구역의 경우 일부분(1만 제곱미터 미만의 토지 A)만을 제외하고 개발제한구역이 해제되었고, 그 후 기존의 하천 개수로가 확장되어 1만 제곱미터 미만의 토지 A가 더욱 축소된 경우, 해당 토지는 「개발제한구역의 지정 및 관리에 관한 특별조치법 시행령」 제2조제3항제5호에 따른 '하천 개수로를 설치함에 따라 생겨난 1만 제곱미터 미만의 소규모 단절토지'에 해당하지 않습니다.

[이유] 「개발제한구역의 지정 및 관리에 관한 특별조치법」(이하 '개발제한구역법'이라 함) 제3조제1항에서는 국토교통부장관은 도시의 무질서한 확산을 방지하고 도시 주변의 자연환경을 보전하여 도시민의 건전한 생활환경을 확보하기 위하여 도시의 개발을 제한할 필요가 있거나 국방부장관의 요청으로 보안상 도시의 개발을 제한할 필요가 있다고 인정되면 개발제한구역의 지정 및 해제를 도시·군관리계획으로 결정할 수 있다고 규정하고 있고, 같은 조 제2항의 위임에 따라 같은 법 시행령 제2조제3항제5호에서는 개발제한구역이 도로·철도 또는 하천 개수로를 설치함에 따라 생겨난 1만 제곱미터 미만의 소규모 단절토지에 해당하는 경우에는 국토교통부장관이 정하는 바에 따라 개발제한구역을 조정하거나 해제할 수 있다고 규정하고 있는 바,

이 사안은 개발제한구역으로 지정된 지역에 하천 개수로가 설치되어 개발제한구역이 2개로 나눠진 후, 그중 하나의 개발제한구역의 경우 일부분(1만 제곱미터 미만의 토지 A)만을 제외하고 개발제한구역이 해제되었고, 그 후 기존의 하천 개수로가 확장되어 1만 제곱미터 미만의 토지 A가 더욱 축소된 경우, 해당 토지가 개발제한구역법 시행령 제2조제3항제5호에 따른 '하천 개수로를 설치함에 따라 생겨난 1만 제곱미터 미만의 소규모 단절토지'에 해당하는지에 관한 것이라 하겠습니다.

먼저, 개발제한구역법 시행령 제2조제3항제5호에서는 개발제한구역을 조정하거나 해제할 수 있는 요건을 도로·철도 또는 하천 개수로를 '설치함에 따라' 생겨난 1만 제곱미터 미만의 소규모 단절토지라고 규정하고 있는 바, 개발제한구역 해제 대상이 되는 소규모 단절토지는 그 문언상 도로·철도 또는 하천 개수로 설치를 직접적 원인으로 하여 생겨난 토지를 의미한다고 할 것입니다.

또한, 개발제한구역법 시행령 제2조제3항제5호의 입법연혁을 살펴보면 당초 개발제한구역 지정 기준만을 두고 해제 기준을 두지 않았던 것을 2003년 1월 7일 개정을 통해 개발제한구역 해제의 기준을 새로 마련하면서 그 대상을 '도로·철도 또는 하천 개수로 등의 공공시설의 설치'로 인하여 생기는 소규모 단절토지로 규정하였고, 2012년 5월 14일 개정 시에는 소규모 단절토지가 생겨난 원인을 '도로·철도 또는 하천 개수로 등의 공공시설의 설치'에서 '도로·철도 또는 하천 개수로를 설치'로 한정하는 방향으로 개정

하였는 바, 해당 규정은 개발제한구역의 무분별한 해제를 방지하기 위해 해제 기준을 제한하는 방향으로 입법이 된 것임을 알 수 있습니다.

이와 같은 개발제한구역법 시행령 제2조제3항제5호의 문언 및 입법연혁에 비추어 볼 때, 해당 규정은 개발제한구역이 연속성을 상실하여 단절되었다는 사실 외에 단절이 발생한 원인을 도로·철도 또는 하천 개수로 설치와 같은 불가피한 사정으로 소규모 단절토지가 발생한 경우로 제한하여 열거하고 있다고 할 것입니다.

아울러, 개발제한구역법 시행령 제2조제3항제5호에서 도로·철도 또는 하천 개수로를 설치함에 따라 '생겨난' 1만 제곱미터 미만의 소규모 단절토지라고 규정하고 있어, 도로·철도 또는 하천 개수로를 설치하기 이전에 있던 1만 제곱미터 미만의 토지가 도로·철도 또는 하천 개수로 설치로 더욱 축소되었다 하더라도 이는 도로·철도 또는 하천 개수로 설치로 '생겨난' 소규모 토지는 아니라고 할 것입니다.

이상과 같은 점을 종합해 볼 때, 개발제한구역으로 지정된 지역에 하천 개수로가 설치되어 개발제한구역이 2개로 나눠진 후, 그중 하나의 개발제한구역의 경우 일부분(1만 제곱미터 미만의 토지 A)만을 제외하고 개발제한구역이 해제되었고, 그 후 기존의 하천 개수로가 확장되어 1만 제곱미터 미만의 토지 A가 더욱 축소된 경우, 해당 토지는 개발제한구역법 시행령 제2조제3항제5호에 따른 '하천 개수로를 설치함에 따라 생겨난 1만 제곱미터 미만의 소규모 단절토지'에 해당하지 않습니다.

☞ 1만 제곱미터 미만 기준은 2016년 3월 30일부터 3만 제곱미터 미만으로 완화됨.

법령해석례 ⑫

개발제한구역 경계선이 관통하고 있는 대지의 개발제한구역 해제 가능성

· 「개발제한구역의 지정 및 관리에 관한 특별조치법 시행령」 제2조 등 관련 ·
[법제처 14-0647, 2014.11.10., 민원인]

질의요지 개발제한구역 경계선이 관통하는 특정 대지가 「개발제한구역의 지정 및 관리에 관한 특별조치법 시행령」 제2조제3항제6호에 따라 국토교통부 장관이 개발제한구역 지정을 해제할 수 있는 요건을 갖춘 경우로서, 그 대지를 개발제한구역에서 해제하면 그 대지에 의해 둘러싸인 다른 대지가 개발제한구역과 분리되어 개발제한구역의 연속성을 상실하게 되는 경우 국토교통부 장관은 그 대지를 반드시 개발제한구역에서 해제해 주어야 하는지?

질의 배경 민원인은 「개발제한구역의 지정 및 관리에 관한 특별조치법 시행령」 제2조제3항제6호의 요건을 모두 갖추면 당연히 개발제한구역이 해제되어야 한다는 취지로 국토교통부에 질의하였고, 국토교통부는 요건을 모두 갖추었더라도 민원인과 같은 사례의 경우에는 해제되지 않을 수 있다고 회신하였는 바, 이에 이의가 있어 이 건 법령해석을 요청함.

회답 개발제한구역 경계선이 관통하는 특정 대지가 「개발제한구역의 지정 및 관리에 관한 특별조치법 시행령」 제2조제3항제6호에 따라 국토교통부 장관이 개발제한구역 지정을 해제할 수 있는 요건을 갖춘 경우로서, 그 대지를 개발제한구역에서 해제하면 그 대지에 의해 둘러싸인 다른 대지가 개발제한구역과 분리되어 개발제한구역의 연속성을 상실하게 되는 경우 국토교통부 장관이 그 대지를 반드시 개발제한구역에서 해제해 주어야 하는 것은 아니라 할 것입니다.

이유 「개발제한구역의 지정 및 관리에 관한 특별조치법」(이하 '개발제한구역법'이라 함) 제3조제1항에서는 국토교통부장관은 도시의 무질서한 확산을 방지하고 도시 주변의 자연환경을 보전하여 도시민의 건전한 생활환경을 확보하기 위하여 도시의 개발을 제한할 필요가 있거나 국방부장관의 요청으로 보안상 도시의 개발을 제한할 필요가 있다고 인정되면 개발제한구역의 지정 및 해제를 도시·군관리계획으로 결정할 수 있다고 규정하고 있고, 같은 조 제2항에서는 개발제한구역의 지정 및 해제의 기준은 대상 도시의 인구·산업·교통 및 토지이용 등 경제적·사회적 여건과 도시 확산 추세, 그 밖의 지형 등 자연환경 여건을 종합적으로 고려하여 대통령령으로 정한다고 규정하고 있습니다.

그리고, 개발제한구역법 시행령 제2조제2항에서는 개발제한구역은 법 제3조제1항에 따른 지정 목적을 달성하기 위하여 공간적으로 연속성을 갖도록 지정하되, 도시의 자족성 확보, 합리적인 토지이용 및 적정한 성장 관리 등을 고려하여야 한다고 규정하고 있으며, 같은 조 제3항제6호에서는 개발제한구역 경계선이 관통하는 대지(「측량·수로조사 및 지적에 관한 법률」에 따라 각 필지로 구획된 토지를 말한다. 이하 같음)로서 개발제한구역의 지정 당시 또는 해제 당시부터 대지의 면적이 1천 제곱미터 이하이고 개발제한구역 경계선이 그 대지를 관통하도록 설정된 구역이면서(가목), 개발제한구역인 부분의 면적이 시·도 조례로 정한 기준 면적 이하인 개발제한구역(나목)인 경우에는 국토교통부장관이 정하는 바에 따라 개발제한구역을 조정하거나 해제할 수 있다고 규정하고 있는 바,

이 사안은 개발제한구역 경계선이 관통하는 특정 대지(이하 '해제대상지'라 함)가 개발제한구역법 제2조제3항제6호에 따라 개발제한구역 지정·해제권자가 개발제한구역 지정을 해제할 수 있는 요건을 갖춘 경우로서, 해제대상지를 개발제한구역에서 해제하면 해제대상지에 의해 둘러싸인 다른 대지가 개발제한구역과 분리되어 개발제한구역의 연속성을 상실하게 되는 경우에도 개발제한구역 지정·해제권자는 해제대상지를 반드시 개발제한구역에서 해제해 주어야 하는지에 관한 것이라 하겠습니다.
먼저, 개발제한구역법 제3조제2항에서는 개발제한구역의 지정 및 해제 기준을 경제적·사회적 여건과 도시화 추세, 그 밖의 지형 등 자연환경 여건을 종합적으로 고려하여 정

하도록 되어 있고, 같은 법 시행령 제2조제3항 각 호에서는 개발제한구역 해제기준을 보다 구체화하면서 국토교통부장관이 정하는 바에 따라 개발제한구역의 해제를 할 수 있다고 하여 개발제한구역의 해제 여부를 판단할 때 국토교통부 장관이 비교적 폭넓은 재량을 행사할 수 있도록 하고 있습니다. 따라서 행정청은 해제대상지가 같은 시행령 제2조제3항제6호에 따라 개발제한구역 지정 해제의 요건을 모두 갖춘 경우라도 개발제한구역법의 입법 목적과 개발제한구역 지정제도의 취지를 고려하여 지정 해제 여부를 재량적으로 판단하여야 할 것입니다.

그리고, 이 사안의 경우에는 해제대상지를 개발제한구역에서 해제하면 다른 대지가 기존 개발제한구역과 분리되어 연속성을 상실하게 되는데, 이와 관련해서는 개발제한구역법 제2조제2항의 취지를 살펴 볼 필요가 있습니다.

개발제한구역법 제2조제2항에서는 공간적으로 연속성을 갖도록 개발제한구역을 지정해야 한다고 규정하고 있고, 그 취지는 개발제한구역으로 지정된 대지가 전체 개발제한구역과 분리되어 고립되어 있으면 분리된 지역의 난개발 등으로 개발제한구역을 설정한 효과가 없게 되므로 개발제한구역이 연속성을 갖도록 하기 위한 것이라 할 것입니다. 따라서, 이 사안과 같은 경우에 해제대상지의 지정 해제 여부를 판단할 때에는 위 규정의 입법 취지와 지정 해제에 따른 문제점 등도 아울러 고려하여야 할 것입니다.

이상과 같은 점을 종합해 볼 때, 해제대상지가 개발제한구역법 시행령 제2조제3항제6호에 따라 국토교통부 장관이 개발제한구역 지정을 해제할 수 있는 요건을 갖춘 경우로서, 그 대지를 개발제한구역에서 해제하면 그 대지에 의해 둘러싸인 다른 대지가 개발제한구역과 분리되어 개발제한구역의 연속성을 상실하게 되는 경우 국토교통부 장관이 그 대지를 반드시 개발제한구역에서 해제해 주어야 하는 것은 아니라 할 것입니다.

11
그린벨트 훼손지 정비사업

훼손지 정비사업의 개요

 국유지·공유지를 제외한 훼손지의 토지소유자 또는 해당 토지소유자가 정비사업을 위하여 설립한 조합은 축사 등 동물·식물 관련 시설이 밀집된 훼손지의 정비사업(이하 '정비사업'이라 한다)을 시행할 수 있다. 이 경우 정비사업 구역 면적의 100분의 30 이상을 「도시공원 및 녹지 등에 관한 법률」 제2조에 따른 도시공원 또는 녹지로 조성하여 공원관리청에 기부채납하여야 한다. 정비사업의 시행은 「도시개발법」에 따른 환지방식의 도시개발사업이나 개발제한구역법 제12조에 따른 행위허가방식 중의 하나로 할 수 있다. 정비사업을 시행하려는 자는 법령으로 정하는 서류를 갖추어 관할 시장·군수·구청장을 거쳐 시·도지사에게 개발제한구역관리계획의 수립 또는 변경을 요청할 수 있다. 훼손지 정비사업을 위한 실무지침으로 「개발제한구역 훼손지 복구 및 정비사업 업무처리규정」이 있다.

훼손지의 정의 및 판정기준

① 훼손지의 정의
'훼손지'란 구체적으로 다음 각목의 어느 하나에 해당하는 지역을 말한다.
가. 주택·상가·공장·창고·사무실 등 건축물이 건축된 지역
나. 축사 등 기타 건축물 또는 공작물(비닐하우스는 창고나 주거 등 비농업용으로서 사용되는 경우 또는 해제대상지역 주변으로 녹지로서의 기능이 현저히 떨어지거나 장래 훼손 우려가 높은 지역에 설치된 경우에 한한다)이 설치된 지역

② 훼손지의 판정 기준
훼손시설이 설치된 지번 중 훼손시설(훼손지의 정의에 열거된 가목 및 나목의 건축물 또는 공작물을 말한다)이 설치된 면적이 전체면적의 100분의 20 이상인 경우에는 당해 지번 모두를 훼손지로 판정한다. 다만, 100분의 20 미만이라 하더라도 훼손시설이 설치된 면적이 330제곱미터 이상인 경우에는 해당 면적을 훼손지로 판정한다. 이 경우 개발제한구역법시행령 제16조에 따라 지적이 분할되었거나 분할 예정인 경

우에는 그 필지를 기준으로 한다.

정비사업구역의 요건

'정비사업구역'이란 개발제한구역법 제4조의2에 따라 토지소유자 등이 훼손지 정비사업을 추진하는 지역을 말하며, 난립된 훼손시설을 체계적으로 정비하고 도시공원·녹지를 확보하여 녹지 기능 회복과 도시환경 개선을 정비 원칙으로 한다. 동물·식물 관련 시설이 밀집된 훼손지(이하 '밀집훼손지'라 한다)의 정비사업구역은 다음 각 호의 요건을 모두 갖추어야 한다.

1. 밀집훼손지는 다음 각 목의 요건을 모두 갖출 것
   가. 밀집훼손지의 규모는 1만 제곱미터 이상일 것
   나. 해당 동물·식물 관련 시설은 2016년 3월 30일 전에 설치된 것일 것
   다. 밀집훼손지에서 동물·식물 관련 시설이 설치된 토지(해당 필지의 면적에서 동물·식물 관련 시설의 건축면적이 차지하는 비율이 100분의 20 이상인 토지를 말한다. 이하 같다)가 차지하는 면적이 100분의 70 이상일 것
   라. 동물·식물 관련 시설이 설치된 토지 외의 밀집훼손지 내 토지에는 임야가 포함되지 아니할 것
2. 제1호 각 목의 요건을 갖춘 밀집훼손지 주변에 흩어져 있는 개발

제한구역 내의 토지로서 동물·식물 관련 시설이 설치된 토지(2016년 3월 30일 전에 동물·식물 관련 시설이 설치된 토지로 한정한다)는 해당 토지를 「도시공원 및 녹지 등에 관한 법률」 제2조에 따른 도시공원 또는 녹지로 조성하는 경우에만 정비사업 구역에 포함할 것
3. 다음 각 목의 시기에 해당 동물·식물 관련 시설에 대한 이행강제금의 체납이 없을 것
   가. 개발제한구역법 제4조의2제2항에 따라 개발제한구역관리계획의 수립 또는 변경을 요청할 때
   나. 정비사업의 시행을 위하여 개발제한구역법 제12조에 따른 행위허가를 신청할 때

정비사업의 내용

① 정비사업의 내용은 다음 각 호와 같다.
  1. 개발제한구역법시행령 제13조제3항의 다음 각 호의 시설의 설치
     - 「도시공원 및 녹지 등에 관한 법률」 제2조에 따른 도시공원 또는 녹지
     - 다음 각 목의 요건을 모두 갖춘 물류창고(「물류시설의 개발 및 운영에 관한 법률」 제2조제5호의2에 따른 물류창고를 말한다)
       가. 저장물질이 「고압가스 안전관리법」에 따른 고압가스, 「위험물안전관리법」 제2조제1호에 따른 위험물 또는 「화학물질관리법」 제2조제2호에 따른 유독물질이 아닐 것

나. 높이가 8미터 이하일 것

　　다. 용적률이 120퍼센트 이하일 것

　• 정비사업 구역 내의 개발제한구역법 제13조에 따른 건축물을 철거하고 종전과 같은 용도로 신축하는 건축물

　2. 정비사업구역 내 기존 건축물의 철거 후 신축

　3. 도로 등 기반시설의 설치 또는 정비

② 도시공원·녹지는 다음 기준에 따라야 한다.

　1. 도시공원·녹지 면적은 정비사업구역 면적의 30% 이상으로 한다.

　2. 「도시공원 및 녹지 등에 관한 법률」에 적합하여야 한다.

　3. 도시공원·녹지는 「도시공원 및 녹지 등에 관한 법률」 제20조에 따른 공원관리청에 기부채납하여야 한다.

③ 도로는 토지이용계획에 따라 설치하며, 폭원은 새로이 설치되는 건축물의 용도 및 출입차량 규모 등을 고려하여 결정하여야 한다.

④ 정비사업 시행 이전에 「국토의 계획 및 이용에 관한 법률」에 의한 도시·군관리계획시설로 기 결정된 시설에 대하여는 토지이용계획 시 반영 여부를 면밀히 검토한 후 결정하여야 한다.

⑤ 기반시설은 「도시·군계획시설의 결정·구조 및 설치기준에 관한 규칙」 및 각 시설별 관련 법규에 적합하여야 한다.

⑥ 정비사업에 관한 사항에는 다음 각 호의 내용이 포함되어야 한다.

　1. 건축물별 규모 및 개요

　2. 건축물의 배치계획

3. 도시공원·녹지 내 설치될 시설물 및 식재 계획

4. 건축물 현황(면적 및 용도, 존치여부 등)

5. 도로별 폭원 및 연장, 기능, 횡단구성 등 기반시설 설치 계획

6. 정비사업의 시행방법 및 주요 내용, 시행예정자 등

7. 기타 시장·군수·구청장이 요구하는 사항

정비사업의 시행

① 정비사업의 시행자는 개발제한구역법 제4조의2 제1항의 토지소유자 또는 토지소유자가 설립한 조합으로 한다.

② 토지소유자(토지소유자가 2인 이상인 경우 그 대표자를 말한다)가 시행하는 경우에는 시행규약을 작성하여야 하며, 조합이 시행하는 경우에는 조합정관을 작성하여야 한다.

③ 「개발제한구역 훼손지 복구 및 정비사업 업무처리규정」 제40조제1항제2호의 흩어진 훼손지를 포함하여 정비사업을 하는 경우 「도시개발법시행령」 제5조의2제2항의 결합하는 면적은 흩어진 훼손지의 면적으로 본다.

④ 개발제한구역법 제11조의 개발제한구역관리계획 승인일로부터 6월 이내에 「도시개발법」 제11조제5항의 도시개발구역지정을 제안하거나 법 제12조에 따른 행위허가를 신청하여야 한다.

정비사업의 동의율

① 훼손지 정비사업을 시행하려는 경우에는 국·공유 토지를 제외한 토지 소유자 전원의 동의를 받아야 한다.

② 공유로 된 토지는 공유자 전원이 대표자 1인을 지정한 후 그 대표자가 동의하는 경우에 한하여 동의자 수를 1인으로 산정한다. 다만, 대표자를 지정하지 않고 공유자 전원이 동의를 한 경우에는 대표자 1인이 동의한 것으로 본다.

③ 동의서는 별지〔제1호서식〕에 의하되 정비사업에 필요한 동의를 '동의내용'에 기재하여 하나의 동의서로 작성 제출할 수 있다.

조합의 설립 등

① 개발제한구역법시행령 제2조의8에 따라 조합을 설립하기 위하여 동의서가 필요한 경우 제45조제4항을 적용할 수 있다.

② 조합설립인가는 개발제한구역법 제11조의 개발제한구역 관리계획 승인 신청 전에 받아야 한다. 다만, 부득이한 경우 개발제한구역 관리계획 승인 신청과 같이 조합설립인가를 신청할 수 있으나 시장·군수·구청장은 개발제한구역 관리계획 승인 전에 조합설립인가를 하여야 한다.

③ 조합정관 내용에는 정비사업의 내용이 반영되어야 한다.

④ 개발제한구역법시행령 제2조의8에 따라 설립 인가된 조합의 정관 및 임원은 「도시개발법」에 의한 정비사업을 시행하는 경우 도시개

발사업 조합의 정관 및 임원과 동일하여야 하며, 다른 경우에는 어느 하나를 변경하여야 한다.

실효

정비사업 시행을 위하여 개발제한구역관리계획을 변경한 경우 다음 각 호의 어느 하나에 해당하는 날의 다음 날에 훼손지 정비사업은 효력을 잃는다. 훼손지 정비사업이 효력을 잃은 경우, 해당 시장·군수·구청장은 실효 일자 및 사유를 공고하고 이를 국토교통부장관에게 보고하여야 한다.

1. 개발제한구역관리계획 승인일로부터 6월 이내에 도시개발구역지정 제안 및 행위허가 신청을 하지 않은 경우
2. 「도시개발법」 제10조제1항제1호 및 같은 조 제2항에 따라 도시개발구역지정이 해제된 경우

타시설로의 용도변경 제한

훼손지 정비사업 시행으로 설치한 다음의 창고시설(개발제한구역법 시행령 제13조제3항제2호의 창고시설을 말한다)은 타 시설로의 용도변경을 할 수 없다.

> 다음 각 목의 요건을 모두 갖춘 물류창고(「물류시설의 개발 및 운영에 관한 법률」 제2조제5호의2에 따른 물류창고를 말한다)
>
> 가. 저장물질이 「고압가스 안전관리법」에 따른 고압가스, 「위험물안전관리법」 제2조제1호에 따른 위험물 또는 「화학물질관리법」 제2조제2호에 따른 유독물질이 아닐 것
> 나. 높이가 8미터 이하일 것
> 다. 용적률이 120퍼센트 이하일 것

정비사업에 대한 중앙도시계획위원회 심의

① 중앙도시계획위원회는 정비계획 등에 대하여 다음 각 호의 내용을 심의하여야 한다.
  1. 정비사업의 위치, 면적, 경계설정, 유형 등 훼손지 정비계획 등의 적정성
  2. 설치시설의 적정성
  3. 기부채납 비율의 적정성

② 훼손지 정비계획 등에 대한 변경사항이 발생한 경우에는 중앙도시계획위원회의 심의를 득하여야 한다. 다만, 다음 각 호의 경미한 변경사항에 대하여는 그러하지 아니하다.

  1. 정비사업구역 면적의 10% 이하로 증감하는 경우
  2. 측량 결과를 반영하거나, 착오 또는 누락된 면적을 정정하는

경우

3. 「개발제한구역 훼손지 복구 및 정비사업 업무처리규정」 제43조에 따른 시설의 부지면적이 감소하는 경우. 다만, 공원·녹지 면적은 변경되는 시설 면적은 당초 계획된 비율을 유지하여야 한다.

4. 그 밖에 국토교통부장관이 경미한 변경사항으로 인정하는 경우

[서식] 개발제한구역 훼손지복구 및 정비사업 업무처리규정 제45조제3항 [별지 제1호 서식]

훼손지 정비사업 동의서

※ 색상이 어두운 란은 동의자가 작성하지 않습니다.

접수번호		접수 일자	
동의자	성명(법인의 명칭 및 대표자 성명)	주민등록번호(법인등록번호)	
	주소	전화번호	
동의내용	(동의 내용을 자필로 기재)		(동의자 서명)

본인은 「개발제한구역 훼손지 복구 및 정비사업 업무처리규정」의 정비사업에 대하여 설명을 듣고, 지침 제45조제3항에 따라 위 동의내용에 기재된 항목에 대하여 동의합니다.

년   월   일

동의자   (서명 또는 인)

(정비사업 시행 예정자 기재)   귀하

동의자 소유 토지 현황				
번호	지번	지목	면적(㎡)	비고
1				
2				
3				

첨부서류: 신분을 증명하는 문서(사본) 1부.

유의사항
소유 토지 작성란이 부족한 경우에는 별지에 적고 간인間印을 하여야 합니다.

210mm×297mm[백상지 80g/㎡ 또는 중질지 80g/㎡]

12
불법전용산지에 관한 임시특례

불법전용산지에 대한 임시특례는 2011년에 산지를 5년 이상 계속하여 국방·군사시설이나 법령으로 정하는 공용·공공용 시설 또는 농림어업용 시설에 해당하는 용도로 이용 또는 관리하고 있는 토지에 대하여 1년의 기간 동안 시행된 바 있다.

2017년의 임시특례는 2016년 1월 21일 기준으로 3년 이상 계속하여 전, 답, 과수원의 용도로 이용하였거나 관리하였던 토지를 대상으로 하고 있다. 개발제한구역 안에 있는 불법전용산지도 뒤에 나오는 법정해석례13처럼 임시특례의 적용대상이 될 수 있을 것으로 본다.

불법전용산지에 관한 임시특례의 대상과 절차

산지의 정의

'산지'란 다음 각 목의 어느 하나에 해당하는 토지를 말한다. 다만, 주택지(주택지조성사업이 완료되어 지목이 대(垈)로 변경된 토지를 말한다) 및 대통령령으로 정하는 농지, 초지(草地), 도로, 그 밖의 토지는 제외한다.

   가. 「공간정보의 구축 및 관리 등에 관한 법률」 제67조제1항에 따른 지목이 임야인 토지
   나. 입목(立木)·죽(竹)이 집단적으로 생육(生育)하고 있는 토지
   다. 집단적으로 생육한 입목·죽이 일시 상실된 토지
   라. 입목·죽의 집단적 생육에 사용하게 된 토지
   마. 임도(林道), 작업로 등 산길
   바. 나목부터 라목까지의 토지에 있는 암석지(巖石地) 및 소택지(沼澤地)

※ 산지에서 제외되는 토지

산지의 정의에서 '대통령령으로 정하는 토지'란 다음 각 호의 어느 하나에 해당하는 토지를 말한다.

1. 과수원, 차밭, 꺾꽂이순 또는 접순의 채취원(採取園)
2. 입목·죽이 생육하고 있는 건물 담장 안의 토지
3. 입목·죽이 생육하고 있는 논두렁·밭두렁

4. 입목·죽이 생육하고 있는 토지로서 「하천법」 제2조제1호에 따른 하천
5. 입목·죽이 생육하고 있는 토지로서 「공간정보의 구축 및 관리 등에 관한 법률」 제67조에 따른 제방堤防·구거溝渠 및 유지溜池

불법전용산지에 관한 임시특례 : 산지관리법 부칙 제3조 (시행일 2017.6.3.)

① 이 법 시행 당시 적법한 절차를 거치지 아니하고 산지(산지의 정의에 따른 산지로 한정한다)를 2016년 1월 21일 기준으로 3년 이상 계속하여 전, 답, 과수원의 용도로 이용하였거나 관리하였던 자로서 제2항에 따른 산지전용허가 등 지목 변경에 필요한 처분을 받으려는 자는 그 사실을 이 법 시행일부터 1년 이내에 농림축산식품부령으로 정하는 바에 따라 시장·군수·구청장에게 신고하여야 한다.

② 시장·군수·구청장은 제1항에 따라 신고 된 산지가 이 법 또는 다른 법률에 따른 산지전용의 행위제한, 허가기준 및 대통령령으로 정하는 기준에 적합한 경우에는 심사를 거쳐 산지전용허가 등 지목 변경에 필요한 처분을 할 수 있다. 이 경우 시장·군수·구청장은 해당 산지의 지목 변경을 위하여 다른 법률에 따른 인가·허가·승인 등의 행정처분이 필요한 경우에는 미리 관계 행정기관의 장과 협의하여야 한다.

③ 제2항에 따른 심사의 방법 및 처분 절차 등 필요한 사항은 농림축산식품부령으로 정한다.

불법전용산지의 지목변경에 필요한 세부절차 규정 (시행 2011.8.17.)

제1조(목적)

이 규정은 법률 제10331호 「산지관리법」(이하 '개정법률'이라 한다) 부칙 제2조 및 「개정법률 시행령」(이하 '개정시행령'이라 한다) 부칙 제2조제3항제2호 및 제2조제6항에 따라 불법전용산지에 대한 산지전용허가 기준의 완화 및 지목변경에 필요한 신고·심사·통지 그 밖의 세부절차를 정하는 데 그 목적이 있다.

제2조(정의)

개정법률 부칙 제2조제1항에서 사용하는 용어의 정의는 다음과 같다.

1. '불법전용산지'란 개정법률 시행 당시 적법한 절차를 거치지 아니하고 5년 이상 계속하여 개정법률 부칙 제2조제1항 각 호의 어느 하나에 해당하는 용도로 이용·관리하고 있는 산지를 말한다.
2. '적법한 절차'란 다음의 어느 하나에 해당하는 허가·신고를 말한다.
   가. 「산지관리법」에 따른 산지전용허가 또는 산지전용신고
   나. 종전의 「산림법」에 따른 보전임지전용허가, 산림형질변경허가 또는 산림형질변경신고
   다. 종전의 「도시계획법」에 따른 토지형질변경허가

라. 그 밖의 관계 법률에서 정하는 토지형질변경에 관한 허가 · 신고
3. '5년 이상 계속'이란 불법전용산지를 신고일 현재 개정법률 부칙 제2조제1항 각 호의 어느 하나에 해당하는 용도로 사용하고 있으며, 개정법률 시행일 이전 5년 동안 개정법률 부칙 제2조제1항 각 호 외의 용도로 사용한 사실이 없는 것을 말한다.
4. '이용 또는 관리하고 있는 자'란 불법전용산지의 관리자(국방·군사시설, 공용·공공용 시설을 이용 또는 관리하고 있는 자를 말한다) 또는 소유자를 말한다.
5. '국방·군사시설'이란 「국방·군사시설 사업에 관한 법률」 제2조 각 호의 어느 하나에 해당하는 시설을 말한다.
6. '공용·공공용 시설'이란 개정시행령 부칙 제2조제1항 각 호의 시설을 말한다.
7. '농림어업용 시설'이란 개정시행령 부칙 제2조제2항 각 호의 시설을 말한다.
8. '농림어업인'이란 다음의 어느 하나에 해당하는 자를 말한다.
   가. 농업인 : 「농지법」 제2조제2호에 따른 농업인
   나. 임업인 : 「임업 및 산촌 진흥 촉진에 관한 법률 시행령」 제2조제1호의 임업인(「산림자원의 조성 및 관리에 관한 법률」에 따라 산림경영계획의 인가를 받아 산림을 경영하고 있는 자를 말한다), 같은 조 제2호 및 제3호의 임업인
   다. 어업인 : 「수산업법」 제2조제12호에 따른 어업인

제3조(적용범위)

① 이 규정은 개정법률 부칙 제2조에 따라 불법전용산지의 지목을 변경하려는 경우에 적용한다.

② 불법전용산지를 개정법률 제15조의2에 따른 산지일시사용허가 또는 산지일시사용신고 대상이 되는 용도로 이용·관리하고 있는 경우에는 이 규정을 적용하지 아니한다. 다만, 종전의 「산지관리법」 제21조의2제2호에 따라 지목을 변경할 수 있는 산지전용신고의 용도로 이용·관리하고 있는 경우에는 이 규정을 적용한다.

제4조(불법전용산지의 신고를 할 수 있는 자)

개정법률 부칙 제2조제1항 및 「개정법률 시행규칙」(이하 '개정시행규칙'이라 한다) 제2조에 따라 불법전용산지의 신고를 할 수 있는 자는 다음과 같다.

1. 국방·군사시설 : 국방부장관, 신고하려는 산지에 있는 국방·군사시설을 직접 이용·관리하고 있는 기관의 장 또는 그 부대장
2. 공용·공공용시설 : 신고하려는 산지에 있는 시설물을 직접 이용·관리하고 있는 기관의 장
3. 농림어업용시설(농림어업인이 주된 주거용으로 사용하고 있는 시설을 포함한다) : 신고하려는 산지의 소유자(개정시행령 부칙 제2조제2항제4호의 용도로 이용·관리하고 있는 자는 「농지법」 제6조에 따른 농지취득자격이 있어야 한다. 이 경우 공유지분의 산지인 경우에는 공유자 모두가

농지취득자격이 있는 경우에 한하여 공유지분으로 신고할 수 있다) 〈개정 2011. 8.〉

제5조(불법전용산지의 신고 및 현지조사)
① 불법전용산지의 지목을 변경하려는 자는 개정시행규칙 부칙 제2조에 따라 불법전용산지 신고서에 관련 서류를 첨부하여 시장·군수·구청장에게 제출하여야 한다. 다만, 농림어업용 시설(농림어업인이 주된 주거용으로 사용하고 있는 시설을 포함한다)로 사용하고 있는 산림청 소관 국유림의 경우에는 그 산지를 관할하는 국립수목원장·산림인력개발원장·국립산림품종관리센터장·국립산림과학원 연구소장·국립자연휴양림관리소장·산림항공관리소장·국유림관리소장 또는 산림청소관 국유림을 위탁관리하고 있는 제주특별자치도의 행정시장(이하 '국유림관리청'이라 한다)가 현지를 조사하고 그 결과를 함께 첨부하여 시장·군수·구청장에게 제출하여야 한다.
② 제1항의 신고를 접수한 시장·군수·구청장은 신고 된 산지에 대하여 현지조사를 하여야 한다. 다만, 제1항 단서에 따라 국유림관리청이 현지조사를 한 경우에는 그러하지 아니하다.
③ 제1항 단서 및 제2항에 따라 현지조사를 하는 자는 신고자·이해관계인이 현장입회를 할 수 있도록 조치하여야 한다. 다만, 신고자·이해관계인이 현장입회를 하지 아니한 경우에는 신고자·이해관계인의 현장입회 없이 현지조사를 할 수 있다.

④ 개정시행령 부칙 제2조제4항에 따라 항공사진을 판독하는 경우에는 2005년 11월 30일 이후에 제작된 항공사진을 판독하여 신고 된 용도로 계속하여 사용하고 있는지 여부 및 신고 된 면적과 부합하는지 확인하여야 한다.

제6조(산림청 소관 국유림에 대한 협의 등)
① 제5조제1항에 따라 산림청 소관 국유림을 국방·군사시설 또는 공용·공공용시설로 이용·관리하고 있는 자로부터 불법전용산지의 신고를 접수한 시장·군수·구청장은 그 산지를 관할하는 국유림관리청에 지목변경에 관한 협의를 요청하여야 한다.
② 제1항의 협의를 요청받은 국유림관리청은 현지조사를 실시하고 그 결과에 따라 지목변경에 관한 협의 여부를 시장·군수·구청장에게 통보하여야 한다.
③ 시장·군수·구청장은 국유림관리청으로부터 산림청 소관 국유림의 지목변경에 협의한다는 통보가 있는 경우에는 따로 현지조사를 아니하고 그 불법전용산지의 지목변경에 필요한 처분을 할 수 있다.

제7조(불법전용산지에 대한 심사 등)
① 시장·군수·구청장은 제5조제1항에 따라 신고를 받은 때에는 개정시행령 부칙 제2조제3항 각 호의 기준에 모두 충족되는지 검토하여야 한다.

② 시장·군수·구청장은 다음 각 호의 어느 하나에 해당하는 경우에는 제1항에 불구하고 「산지관리법」 제15조제2항에 따른 산지전용신고기준 또는 같은 법 제18조에 따른 산지전용허가기준을 적용하지 아니할 수 있다.

1. 국방·군사시설 또는 공용·공공용시설인 경우
2. 불법전용한 시점이 2003년 9월 30일 이전인 경우
3. 농림어업인이 주된 주거용으로 사용하고 있는 시설로서 「건축법」에 따라 건축물대장에 등재된 건축물의 경우

③ 제5조제1항에 따른 신고를 접수한 시장·군수·구청장은 그 신고 내용이 다른 법률에 따른 산지전용의 행위제한 및 허가기준에 적합한지 여부에 대하여 관계 행정기관의 장에게 협의를 요청하여야 한다.

④ 제3항에 따라 협의요청을 받은 관계 행정기관의 장은 10일 이내에 지목변경에 관한 협의 여부를 시장·군수·구청장에게 통보하여야 한다.

⑤ 시장·군수·구청장은 신고를 접수한 산지에 대하여 「전자정부법」 제36조제1항에 따라 행정정보의 공동이용을 통하여 토지등기부등본 및 축산업등록증(농업인을 증명하여야 하는 경우에 한정한다)을 확인하여야 한다.

⑥ 개정시행령 부칙 제2조제5항에 따른 심사결과의 통지는 신고를

접수한 날부터 30일 이내에 하여야 한다. 다만, 관계 행정기관의 장과의 협의에 소요된 기간은 처리기간에 산입하지 아니한다.

제8조(이의 신청 등)
① 개정시행령 부칙 제2조제5항에 따른 심사결과의 통지에 대하여 이의가 있는 자는 통지를 받은 날부터 60일 이내에 시장·군수·구청장에게 서면으로 이의신청을 할 수 있다.
② 제1항에 따른 이의 신청을 받은 시장·군수·구청장은 이의 신청의 내용을 검토하고 그 결과를 신청인에게 서면으로 통보하여야 한다.

제9조(지목변경 등의 조치)
시장·군수·구청장이 개정법률 부칙 제2조제2항에 따라 산지전용허가 등 지목변경에 필요한 처분을 한 때에는 지체 없이 지목변경 등의 조치를 하여야 한다.

제10조(행정사항)
시장·군수·구청장은 별지 서식의 불법전용산지에 대한 처리 결과를 시·도지사를 거쳐 2012년 1월 말까지 산림청장에게 보고하여야 한다.

부칙

부칙 〈제2011-55호, 2011.8.17.〉

제1조 (시행일) 이 규정은 고시한 날부터 시행한다.

☞ 특례조치의 시행기간은 2017년 6월 3일부터 1년 이내인데 그에 따른 행정규칙(농림축산식품부령)이 아직 제정되지 않아서 과거 2011년에 시행하였던 행정규칙을 첨부하였으니 우선 참조용으로 활용하기를 바란다. 새로운 행정규칙이 고시되면 필자의 카페 '지목114'(http://cafe.daum.net/jimok114)에 자료를 게시할 것을 약속드린다. 또는 직접 국가법령정보센터(http://www.law.go.kr)에 접속해서 행정규칙을 클릭하고 '불법전용산지'를 검색하면 해당 규칙을 찾아 볼 수 있다.

[자료] 국가법령정보센터에서 행정규칙 찾아보기

[서식] 불법전용산지 처리 결과

불법전용산지에 대한 처리 결과

o 기관명

신청자		소재지	지번	지적	양성화 현황				불법이용 기간	변경 지목
성명	주소				면적(㎡)					
					계	임업용 산지	공익용 산지	준보전 산지		

법령해석례 ⑬

개발제한구역 안에 있는 불법전용산지에 대하여 「산지관리법」 부칙 제2조를 적용할 수 있는지 여부

• 「산지관리법」 부칙 제2조 등 관련 •
[법제처 11-0108, 2011.4.14, 국토해양부]

질의요지 「개발제한구역의 지정 및 관리에 관한 특별조치법」에 따른 개발제한구역 안에 위치한 불법전용산지에 대하여 「산지관리법」(2010. 5. 31. 법률 제10331호로 개정된 것을 말함. 이하 같음) 부칙 제2조를 적용할 수 있는지?

회답 「개발제한구역의 지정 및 관리에 관한 특별조치법」에 따른 개발제한구역 안에 위치한 불법전용산지에 대하여 관계 행정기관의 장이 협의에 응할지 여부 및 그에 따라 실제 필요한 처분을 할 수 있는지 여부는 별론으로 하고, 「산지관리법」 부칙 제2조를 적용할 수 있습니다.

이유 「산지관리법」 부칙 제2조에서는 불법전용산지에 관한 임시특례를 두면서, 이 법 시행 당시 적법한 절차를 거치지 않고 산지를 5년 이상 계속하여 국방·군사시설이나 대통령령으로 정하는 공용·공공용 시설 또는 농림어업용 시설에 해당하는 용도로 이용 또는 관리하고 있는 자는 이 법 시행일부터 1년 이내에 시장·군수·구청장에게 신고하여야 하고, 시장·군수·구청장은 그 신고 된 산지가 이 법 또는 다른 법률에 따른 산지 전용의 행위제한 및 허가기준이나 대통령령으로 정하는 기준에 적합한 산지인 경우에는 심사를 거쳐 산지전용허가 등 지목 변경에 필요한 처분을 할 수 있다고 규정하고 있는 바, 이러한 「산지관리법」 부칙 제2조에 따른 임시특례의 적용대상이 되는 불법전용산지가 「산지관리법」에 따른 적법한 절차를 거치지 아니한 것뿐만 아니라 「개발제한구역의 지정 및 관리에 관한 특별조치법」(이하 '개발제한구역법'이라 함) 등 다른 법률에 따른 적법한 절차를 거치지 않고 개발제한구역 안에 위치한 경우에도 「산지관리법」 부칙 제2조를 적용하여 지목 변경에 필요한 처분을 할 수 있는지 여부가 문제됩니다.

먼저, 불법전용산지 양성화와 관련된 특례규정의 연혁을 살펴보면, 구 「산림법」(1994. 12. 22. 법률 제4816호로 일부개정되어 1995. 6. 23. 시행된 것을 말함. 이하 같음) 부칙 제9조에서는 「산지관리법」 부칙 제2조와 유사하게 불법전용산림에 관한 임시특례를 두었는데, 구 「산림법」 부칙 제9조제4항에서는 도시계획법에 의한 도시계획구역 안의 산림에 대해서는 특례를 적용하지 않는다는 명시적인 규정이 있었으므로 당시 도시계획법에 따른 도시계획구역의 일종이었던 개발제한구역 내의 산림은 구 「산림법」 부칙 제9조에 따른 특례의 대상에서 제외되었으나, 「산지관리법」 부칙 제2조에서는 구 「산림법」 부칙 제9조제4항과 같이 특례의 적용대상에서 개발제한구역 안의 산지를 제외한다는 별도의 규정이 없으므로, 「산지관리법」 부칙 제2조는 개발제한구역 안의 불법전용산지라고 하더라도 특례의 대상에서 배제하려는 취지는 아닌 것으로 보입니다.

다음으로, 「산지관리법」 부칙 제2조를 규정한 취지를 살펴보면, 구 「산림법」 부칙 제9조에 따라 불법전용산림에 대하여 요건을 갖춘 경우에는 지목 변경에 필요한 처분을 해주었으나, 오랫동안 농림어업용으로 사용하고 있는 토지 중 누락된 지역이 많고, 또한 구 「산림법」의 적용이 배제된 도시지역 및 개발제한구역의 경우에는 개발제한구역 지정 이전부터 산지를 전용하여 다른 용도로 이용되고 있는 산지에 대한 지목 현실화가 제한되어 왔다는 점 등을 고려한 것으로 볼 때(2010. 2. 농림수산식품위원회 산지관리법 일부개정법률안 검토보고서 참조) 구 「산림법」 부칙 제9조와 달리 「산지관리법」 부칙 제2조는 개발제한구역 안에 있는 불법전용산지에 대해서도 특례를 적용하려고 한 것으로 보입니다.

또한 「산지관리법」 부칙 제2조제2항에서는 다른 법률에 따른 산지전용의 행위제한 및 허가기준이나 대통령령으로 정하는 기준에 적합한 산지인 경우에는 심사를 거쳐 산지전용허가 등 지목 변경에 필요한 처분을 할 수 있다고 규정하고 있고, 같은 조 제4항에서는 산지전용허가 등을 하고자 하는 산지가 산지전용이 제한되는 산지이거나 다른 법률에 따른 인가·허가·승인 등의 행정처분이 필요한 산지인 경우에는 미리 관계 행정기관의 장과 협의를 하도록 규정하고 있는 바, 이는 다른 법률에 따른 행위제한을 받고 있는 산지도 「산지관리법」 부칙 제2조의 적용대상임을 전제로 한 것으로 보이므로, 개발제한구역 안에 있는 산지에 대하여 개발제한구역법에 따른 행위제한 허가 등이 필요한 경우에는 「산지관리법」 부칙 제2조의 절차에 따라 관계 행정기관의 장과의 협의에 따라 필요한 처분을 하는 것은 별론으로 하더라도, 개발제한구역 안에 있는 산지 자체가 「산지관리법」 부칙 제2조의 적용대상이 되지 않는 것은 아니라 할 것입니다.

따라서 관계 행정기관의 장이 협의에 응할지 여부 및 그에 따라 실제 필요한 처분을 할 수 있는지 여부는 별론으로 하고, 개발제한구역법에 따른 개발제한구역 안에 위치한 불법전용산지에 대해서도 「산지관리법」 부칙 제2조를 적용할 수 있습니다.

부록

**❶ 「개발제한구역법 시행령」[별표 1]
건축물 또는 공작물의 종류, 건축 또는 설치의 범위**

**❷ 개발제한구역의 조정을 위한
도시관리계획 변경안 수립 지침**

• 별첨1 •
개발제한구역법 시행령 [별표 1] 〈개정 2016. 9. 22.〉
건축물 또는 공작물의 종류, 건축 또는 설치의 범위(제13조제1항 관련)

시설의 종류	건축 또는 설치의 범위
1. 개발제한구역의 보전 및 관리에 도움이 될 수 있는 시설	
가. 공공공지 및 녹지	
나. 하천 및 운하	하천부지에 설치하는 환경개선을 위한 자연생태시설, 수질개선시설, 홍보시설을 포함한다.
다. 등산로, 산책로, 어린이 놀이터, 간이휴게소 및 철봉, 평행봉, 그 밖에 이와 비슷한 체력단련 시설	가) 국가 · 지방자치단체 또는 서울올림픽기념국민체육진흥공단이 설치하는 경우만 해당한다. 나) 간이휴게소는 33제곱미터 이하로 설치하여야 한다.
라. 실외체육시설	가) 「체육시설의 설치 · 이용에 관한 법률」 제6조에 따른 생활체육시설 중 배구장, 테니스장, 배드민턴장, 게이트볼장, 롤러스케이트장, 잔디(인조잔디를 포함한다. 이하 같다)축구장, 잔디야구장, 농구장, 야외수영장, 궁도장, 사격장, 승마장, 씨름장, 양궁장 및 그 밖에 이와 유사한 체육시설로서 건축물의 건축을 수반하지 아니하는 운동시설(골프연습장은 제외한다) 및 그 부대시설을 말한다. 나) 부대시설은 탈의실, 세면장, 화장실, 운동기구 보관창고와 간이휴게소를 말하며, 그 건축 연면적은 200제곱미터 이하로 하되, 시설 부지면적이 2천 제곱미터 이상인 경우에는 그 초과하는 면적의 1천분의 10에 해당하는 면적만큼 추가로 부대시설을 설치할 수 있다. 다) 승마장의 경우 실내마장, 마사 등의 시설을 2,000제곱미터 이하의 규모로 설치할 수 있다.

시설의 종류	건축 또는 설치의 범위
마. 시장·군수·구청장이 설치하는 소규모 실내 생활체육시설	가) 게이트볼장, 배드민턴장, 테니스장 등 「체육시설의 설치·이용에 관한 법률」 제6조에 따른 생활체육시설과 그 부대시설(관리실, 탈의실, 세면장, 화장실, 운동기구 보관창고와 간이휴게소를 말한다)을 설치할 수 있다. 나) 건축연면적은 부대시설을 포함하여 각각 1,500제곱미터 이하의 규모로 설치하여야 한다. 이 경우 건축 연면적이 1,200제곱미터 이상인 때에는 「국토의 계획 및 이용에 관한 법률」 제113조제1항에 따른 시·도도시계획위원회의 심의를 거쳐야 한다. 다) 임야인 토지에는 설치할 수 없다.
바. 실내체육관	가) 개발제한구역 면적이 전체 행정구역의 50퍼센트 이상인 시·군·구에만 설치하되, 설치할 수 있는 부지는 복구사업지역과 제2조의2제4항에 따라 개발제한구역 관리계획에 반영된 개수 이내에서만 설치할 수 있다. 나) 시설의 규모는 2층 이하(높이 22미터 미만), 건축 연면적 5,000제곱미터 이하로 한다.
사. 골프장	가) 「체육시설의 설치·이용에 관한 법률 시행령」 별표 1의 골프장과 그 골프장에 설치하는 골프연습장을 포함한다. 나) 숙박시설은 설치할 수 없다. 다) 훼손된 지역이나 보전가치가 낮은 토지를 활용하는 등 자연환경을 보전할 수 있도록 국토해양부령으로 정하는 입지기준에 적합하게 설치하여야 한다.
아. 휴양림, 산림욕장, 치유의 숲, 수목원 및 유아숲체험원	가) 「산림문화·휴양에 관한 법률」에 따른 자연휴양림, 산림욕장 및 치유의 숲과 그 안에 설치하는 시설(산림욕장의 경우 체육시설은 제외한다)을 말한다. 나) 「수목원 조성 및 진흥에 관한 법률」에 따른 수목원과 그 안에 설치하는 시설을 말한다. 다) 「산림교육의 활성화에 관한 법률」에 따른 유아숲체험원과 그 안에 설치하는 시설을 말한다.
자. 청소년수련시설	가) 국가 또는 지방자치단체가 설치하는 것으로서 「청소년활동진흥법」 제2조제2호에 따른 청소년활동시설 중 청소년수련관, 청소년수련원 및 청소년야영장만 해당한다. 나) 설치할 수 있는 지역 및 그 개수는 바목가)를 준용한다.

시설의 종류	건축 또는 설치의 범위
차. 자연공원	「자연공원법」 제2조제1호에 따른 자연공원과 같은 법 제2조제10호에 따른 공원시설(이 영에서 설치가 허용되는 시설에 한정한다)
카. 도시공원	「도시공원 및 녹지 등에 관한 법률」 제2조제3호에 따른 도시공원과 그 안에 설치하는 같은 조 제4호에 따른 공원시설(스키장 및 골프연습장은 제외한다)을 말한다.
타. 잔디광장, 피크닉장 및 야영장	국가 또는 지방자치단체가 설치하는 경우로서 그 부대시설·보조시설(간이시설만 해당한다)을 설치할 수 있다.
파. 탑 또는 기념비	가) 국가 또는 지방자치단체가 녹지조성과 병행하여 설치하는 것으로서 전적비와 총화탑 등을 포함한다. 나) 설치할 수 있는 높이는 5미터 이하로 한다.
하. 개발제한구역 관리·전시·홍보관련시설	개발제한구역을 합리적으로 보전·관리하고 관련 자료의 전시·홍보를 위한 시설을 말하며, 설치할 수 있는 지역은 「국토의 계획 및 이용에 관한 법률」 제10조에 따라 지정된 광역계획권별로 1개 시설(수도권은 2개)을 초과할 수 없다.
거. 수목장림	「장사 등에 관한 법률」에 따른 수목장림을 말하며, 다음의 요건을 모두 갖춘 경우에만 설치할 수 있다. 가) 「장사 등에 관한 법률 시행령」 제21조제2항, 별표 5 제1호부터 제4호까지의 규정에 따른 수목장림에 한정할 것 나) 해당 시장·군수·구청장이 설치하려는 지역 주민의 의견을 청취하여 수립하는 배치계획에 따를 것 다) 수목장림 구역에는 보행로와 안내표지판을 설치할 수 있도록 하되, 수목장림 관리·운용에 필요한 사무실, 유족편의시설, 공동분향단, 주차장 등 필수시설은 최소한의 규모로 설치할 것
너. 방재시설	방풍설비, 방수설비, 방화설비, 사방砂防설비 및 방조설비를 말한다.
더. 저수지 및 유수지	
러. 서바이벌게임 관련 시설	주민의 여가선용과 심신단련을 위하여 모의총기 등의 장비를 갖추고 모의전투를 체험하게 하는 모의전투체험장을 관리·운영하는 데 필요한 시설을 말하며, 관리사무실, 장비보관실, 탈의실, 세면장 및 화장실 등을 합하여 건축 연면적 300제곱미터 이하로 설치할 수 있고, 이용자의 안전을 위하여 감시탑 및 그물망 등의 공작물을 설치할 수 있다.

시설의 종류	건축 또는 설치의 범위
머. 자전거이용시설	「자전거이용 활성화에 관한 법률」 제2조제2호에 따른 자전거이용시설 중 자전거도로(같은 법 제3조제1호에 따른 자전거전용도로는 제외한다) 및 자전거주차장과 같은 법 시행령 제2조제4호에 따른 자전거이용자의 편익을 위한 시설 중 야영장, 벤치, 자전거 수리·대여소, 휴식소를 설치할 수 있다. 이 경우 자전거 수리·대여소 및 휴식소는 가설건축물로 설치하여야 한다.
2. 개발제한구역을 통과하는 선형시설과 필수시설	가) 각 시설의 용도에 직접적으로 이용되는 시설과 이에 필수적으로 수반되어야만 기능이 발휘되는 시설로 한정한다. 나) 기반시설의 경우에는 다음 각 목에서 별도로 정하는 경우를 제외하고는 도시·군계획시설로만 설치할 수 있다.
가. 철도	
나. 궤도	차목 및 제4호의 국방·군사시설로 설치·운영하기 위한 경우로 한정한다.
다. 도로 및 광장	고속국도에 설치하는 휴게소를 포함하며, 광장에는 교통광장, 경관광장만 해당한다.
라. 삭제 〈2012.11.12〉	
마. 관개 및 발전용수로	도시·군계획시설로 설치하지 아니할 수 있다.
바. 삭제 〈2012.11.12〉	
사. 수도 및 하수도	
아. 공동구	
차. 전기통신시설·방송시설 및 중계탑 시설	도시·군계획시설만 해당한다. 다만, 중계탑 시설 및 바닥면적이 50제곱미터 이하인 이동통신용 중계탑은 설치되는 시설의 수, 주변의 경관 등을 고려하여 시장·군수·구청장이 개발제한구역이 훼손되지 아니한다고 인정하는 경우에는 도시·군계획시설로 설치하지 아니할 수 있다.
카. 송유관	「송유관 안전관리법」에 따른 송유관을 말한다.
타. 집단에너지공급시설	「집단에너지사업법」에 따른 공급시설 중 열수송시설을 말한다.

시설의 종류	건축 또는 설치의 범위
파. 버스 차고지 및 그 부대시설	가)「여객자동차 운수사업법 시행령」제3조제1호에 따른 노선 여객자동차운송사업용 버스차고지 및 그 부대시설(자동차 천연가스 공급시설을 포함한다)에만 한정하며, 시외버스 운송사업용 버스 차고지 및 그 부대시설은 개발제한구역 밖의 기존 버스터미널이나 인근 지역에 버스차고지 등을 확보할 수 없는 경우에만 설치할 수 있다. 나) 노선 여객자동차운송사업용 버스차고지는 지방자치단체가 설치하여 임대하거나「여객자동차 운수사업법」제53조에 따른 조합 또는 같은 법 제59조에 따른 연합회가 도시·군계획시설로 설치하거나 그 밖의 자가 도시·군계획시설로 설치하여 지방자치단체에 기부채납하는 경우만 해당한다. 다) 부대시설은 사무실 및 영업소, 정류소 및 기종점지, 차고설비, 차고부대시설, 휴게실, 대기실, 직원용 식당, 자동차정비시설[해당 차고지를 이용하는 자동차를 정비하는 경우로 한정하되, 도장(塗裝)시설 및 건조시설(도포시설 및 분리시설을 포함한다)은 제외한다]만 해당하며, 기종점지에는 화장실, 휴게실 및 대기실 등 별도의 편의시설을 66제곱미터 이하의 가설건축물로 설치할 수 있다. 라) 시설을 폐지하는 경우에는 지체 없이 철거하고 원상복구하여야 한다.
하. 가스공급시설	「도시가스사업법」에 따른 가스공급시설로서 가스배관시설만 설치할 수 있다.
3. 개발제한구역에 입지하여야만 기능과 목적이 달성되는 시설	해당 시·군·구 관할 구역 내 개발제한구역 밖에 입지할 수 있는 토지가 없는 경우로서 이미 훼손된 지역에 우선 설치하여야 한다.
가. 공항(헬기장을 포함한다)	도시·군계획시설에만 한정하며, 항공표지시설을 포함한다.
나. 항만	도시·군계획시설에만 한정하며, 항로표지시설을 포함한다.
다. 환승센터	「국가통합교통체계효율화법」제2조제13호의 시설로서「대도시권 광역교통 관리에 관한 특별법」에 따른 대도시권 광역교통 시행계획에 반영된 사업에만 해당되며, 이 영에서 허용되는 시설을 부대시설로 설치할 수 있다.
라. 주차장	

시설의 종류	건축 또는 설치의 범위
마. 학교	가) 신축할 수 있는 경우는 다음과 같다. 다만, 개발제한구역 밖의 학교를 개발제한구역으로 이전하기 위하여 신축하는 경우는 제외한다. ① 「유아교육법」 제2조제2호에 따른 유치원: 개발제한구역의 주민(제2조제3항제2호에 따라 개발제한구역이 해제된 취락주민을 포함한다)을 위한 경우로서 그 시설의 수는 시장·군수 또는 구청장이 개발제한구역 및 해제된 취락의 아동 수를 고려하여 수립하는 배치계획에 따른다. ② 「초·중등교육법」 제2조에 따른 초등학교(분교를 포함한다)·중학교·고등학교·특수학교 　(가) 개발제한구역에 거주하는 세대의 학생을 수용하는 경우와 같은 시·군·구(2킬로미터 이내의 다른 시·군·구를 포함한다)에 거주하는 세대의 학생을 주로 수용하는 경우로 한정한다. 　(나) 사립학교는 국립·공립학교의 설립계획이 없는 경우에만 설치할 수 있다. 　(다) 임야인 토지에 설치할 수 없다. 　(라) 특수학교의 경우는 (가) 및 (나)를 적용하지 아니한다. 　(마) 복구사업지역과 제2조의2제4항에 따라 개발제한구역관리계획에 제2조의3제1항제8호의 관리방안이 반영된 지역에 설치하는 경우에는 4층 이하로 설치하고, 옥상녹화 등 친환경적 대책을 마련하여야 한다. 나) 개발제한구역 또는 2000년 7월 1일 이전에 개발제한구역의 인접지에 이미 설치된 학교로서 개발제한구역의 인접지에 증축의 여지가 없는 경우에만 증축할 수 있다. 다) 농업계열 학교의 교육에 직접 필요한 실습농장 및 그 부대시설을 설치할 수 있다.

시설의 종류	건축 또는 설치의 범위
바. 지역공공시설	가) 국가 또는 지방자치단체가 설치하는 보건소(「노인복지법」 제34조제1항제1호에 따른 노인요양시설을 병설하는 경우 이를 포함한다), 보건진료소 나) 국가 또는 지방자치단체가 설치하는 노인요양시설(「노인복지법」 제34조제1항제1호 및 제2호의 시설을 말한다) 다) 경찰파출소, 119안전신고센터, 초소 라) 「영유아보육법」 제2조제3호에 따른 어린이집으로서 개발제한구역의 주민(제2조제3항제2호에 해당하여 개발제한구역에서 해제된 지역을 포함한다)을 위한 경우만 해당하며, 그 시설의 수는 시장·군수 또는 구청장이 개발제한구역의 아동수를 고려하여 수립하는 배치계획에 따른다. 마) 도서관 : 건축 연면적 1,000제곱미터 이하의 규모로 한정한다.
사. 국가의 안전·보안업무의 수행을 위한 시설	
아. 폐기물처리시설	가) 「폐기물관리법」 제2조제8호에 따른 시설을 말하며, 도시·군계획시설로 설치하는 경우에 한정한다. 나) 「건설폐기물의 재활용촉진에 관한 법률」에 따른 폐기물 중간처리시설은 다음의 기준에 따라 설치하여야 한다. ① 토사, 콘크리트덩이와 아스팔트콘크리트 등의 건설폐기물을 선별·파쇄·소각처리 및 일시 보관하는 시설일 것 ② 시장·군수·구청장이 설치·운영하여야 한다. 다만, 「건설폐기물의 재활용촉진에 관한 법률」 제21조에 따른 건설폐기물 중간처리업 허가를 받은 자 또는 허가를 받으려는 자가 대지화되어 있는 토지 또는 폐천부지에 설치하는 경우에는 시·군·구당 3개소 이내로 해당 토지를 소유하고 도시·군계획시설로 설치하여야 한다. ③ 시설부지의 면적은 1만 제곱미터 이상, 관리실 및 부대시설은 건축 연면적 66제곱미터 이하일 것. 다만, 경비실은 조립식 공작물로 필요 최소한 규모로 별도로 설치할 수 있다. ④ 시설을 폐지하는 경우에는 지체 없이 이를 철거하고 원상복구할 것

시설의 종류	건축 또는 설치의 범위
자. 자동차 천연가스 공급시설	가)「대기환경보전법」에 따른 자동차 천연가스 공급시설로서 그 부지면적은 3천 300제곱미터 이하로 하며, 부대시설로 세차시설을 설치할 수 있다 나) 시설을 폐지하는 경우에는 지체 없이 철거하고 원상복구하여야 한다.
차. 유류저장 설비	「국토의 계획 및 이용에 관한 법률」에 따른 계획관리지역과 공업지역이 없는 시·군·구에만 설치할 수 있으며, 시설을 폐지하는 경우에는 지체 없이 이를 철거하고 원상복구하여야 한다.
카. 기상시설	「기상법」제2조제13호에 따른 기상시설을 말한다.
타. 장사 관련 시설	가) 공동묘지 및 화장시설을 신설하는 경우는 국가, 지방자치단체에 한정하며, 그 안에 봉안시설 및 장례식장을 포함하여 설치할 수 있다. 나) 가)에도 불구하고 봉안시설 또는 수목장림은 다음 중 어느 하나에 해당하는 경우, 국가 또는 지방자치단체가 신설하는 공동묘지 및 화장시설이 아닌 곳에 설치할 수 있다. ① 기존의 공동묘지 안에 있는 기존의 분묘만을 봉안시설로 전환·설치하는 경우 ② 봉안시설을 사찰의 경내에 설치하는 경우 ③ 가족·종중 또는 문중의 분묘를 정비(개발제한구역 밖에 있던 분묘를 포함한다)하는 부지 안에서 봉안시설 또는 수목장림으로 전환·설치하는 경우 ④ 수목장림을 사찰의 경내지에 설치하는 경우 다) 나)에 따라 봉안시설이나 수목장림으로 전환·설치하는 경우 정비된 분묘가 있던 기존의 잔여부지는 임야·녹지 등 자연친화적으로 원상복구하여야 한다.
파. 환경오염방지시설	
하. 공사용 임시 가설건축물 및 임시시설	가) 공사용 임시 가설건축물은 법 제12조제1항 각 호 또는 법 제13조에 따라 허용되는 건축물 또는 공작물을 설치하기 위한 경우로서 2층 이하의 목조, 시멘트블록, 그 밖에 이와 비슷한 구조로 설치하여야 한다.

시설의 종류	건축 또는 설치의 범위
	나) 임시시설은 공사를 위하여 임시로 도로를 설치하는 경우와 해당 공사의 사업시행자가 그 공사에 직접 소요되는 물량을 충당하기 위한 목적으로 해당 시·군·구에 설치하는 것으로 한정하며, 블록·시멘트벽돌·쇄석(해당 공사에서 발생하는 토석의 처리를 위한 경우를 포함한다), 레미콘 및 아스콘 등을 생산할 경우에 설치할 수 있다. 다) 공사용 임시 가설건축물 및 임시시설은 사용기간을 명시하여야 하고, 해당 공사가 완료된 경우에는 다른 공사를 목적으로 연장허가를 할 수 없으며, 사용 후에는 지체 없이 철거하고 원상복구하여야 한다.
거. 동물보호센터	가) 「동물보호법」 제15조에 따른 시설을 말한다. 나) 지방자치단체가 설치하는 경우에는 「수의사법」 제17조에 따른 동물병원을 병설할 수 있다. 다) 지방자치단체 외의 자가 설치하는 경우에는 기존 동식물시설을 용도변경하거나 기존 동식물시설을 철거한 후 신축할 수 있으며, 신축할 경우에는 철거한 기존 시설의 부지 전체면적을 초과할 수 없다.
너. 문화재의 복원과 문화재관리용 건축물	「문화재보호법」 제2조제1항제1호, 제3호 및 제4호에 따른 문화재에 한정한다.
더. 경찰훈련시설	경찰기동대·전투경찰대 및 경찰특공대의 훈련시설로서 사격장, 헬기장 및 탐지견 등의 훈련시설과 부대시설에 한정한다.
러. 택배화물 분류 관련 시설	가) 택배화물의 분류를 위한 것으로서 고가도로의 노면 밑의 부지를 활용(토지 형질변경을 포함한다)하는 경우만 해당한다. 나) 경계 울타리, 컨베이어벨트 및 비가림 시설의 공작물과 100제곱미터 이하의 관리용 가설건축물을 설치할 수 있다.
머. 택시공영차고지 및 그 부대시설	가) 「택시운송사업의 발전에 관한 법률」 제2조제5호에 따른 택시공영차고지만 해당한다. 나) 부대시설은 사무실 및 영업소, 차고설비, 차고부대시설, 충전소, 휴게실 및 대기실만 해당한다. 다) 해당 시설의 용도가 폐지되는 경우에는 지체 없이 철거하고 원상복구를 하여야 한다.

시설의 종류	건축 또는 설치의 범위
버. 수소연료공급시설	가) 「환경친화적 자동차의 개발 및 보급 촉진에 관한 법률」에 따른 수소연료공급시설로서 그 부지면적은 3천 300제곱미터 이하로 하며, 부대시설로 세차시설을 설치할 수 있다. 나) 시설을 폐지하는 경우에는 지체 없이 이를 철거하고 원상복구하여야 한다.
서. 전세버스 및 화물자동차 차고지(부대시설을 포함한다)	가) 「여객자동차 운수사업법 시행령」 제3조제2호가목에 따른 전세버스운송사업용 차고지 및 「화물자동차 운수사업법 시행령」 제3조에 따른 화물자동차 운송사업용 차고지를 설치하는 경우로서 다음의 어느 하나에 해당하는 경우만 해당한다. ① 지방자치단체가 설치하는 경우 ② 「여객자동차 운수사업법」 제53조에 따른 조합 또는 같은 법 제59조에 따른 연합회와 「화물자동차 운수사업법」 제48조에 따른 협회 또는 같은 법 제50조에 따른 연합회가 도시·군계획시설로 설치하는 경우 ③ 그 밖의 자가 도시·군계획시설로 설치하여 지방자치단체에 기부채납하는 경우 나) 부대시설은 사무실 및 영업소, 차고설비, 차고부대시설, 주유소, 충전소, 자동차 천연가스 공급시설, 휴게실 및 대기실만 해당한다. 다) 해당 시설의 용도가 폐지되는 경우에는 지체 없이 철거하고 원상복구를 하여야 한다.
어. 그 밖에 이와 유사한 것으로서 입지가 불가피한 시설	국가 또는 지방자치단체가 직접 설치하는 것으로서 「국토의 계획 및 이용에 관한 법률」 제106조에 따른 중앙도시계획위원회의 심의를 거쳐 개발제한구역에 입지하는 것이 불가피하다고 인정되는 시설에 한정한다.
4. 국방·군사시설 및 교정시설	가) 대통령 경호훈련장의 이전·신축을 포함한다. 나) 해당 시설의 용도가 폐지된 경우에는 지체 없이 이를 철거하고 원상복구하여야 한다. 다만, 국토교통부장관과 협의한 경우에는 그러하지 아니하다.
5. 개발제한구역 주민의 주거·생활편익 및 생업을 위한 시설	가) 가목 및 나목의 경우에는 개발제한구역에서 농림업 또는 수산업에 종사하는 자가 설치하는 경우만 해당한다.

시설의 종류	건축 또는 설치의 범위
	나) 가목의 시설의 종류와 규모는 관할구역의 여건을 고려하여 시·군·구의 조례로 따로 정할 수 있다. 이 경우 시설의 종류는 가목에서 정하는 시설의 범위에서 정하되, 시설의 규모는 각 시설 면적의 20퍼센트의 범위에서 완화하여 정할 수 있다. 다) 이 영에서 정하는 사항 외에 축사, 작물 재배사의 구조와 입지기준에 대하여는 시·군·구의 조례로 정할 수 있다. 라) 축사, 사육장, 작물 재배사는 1가구[개발제한구역(제2조제3항제2호에 따라 개발제한구역에서 해제된 집단취락지역을 포함한다)에서 주택을 소유하면서 거주하는 1세대를 말한다. 이하 같다]당 1개 시설만 건축할 수 있다. 다만, 개발제한구역에서 2년 이상 계속 농업에 종사하고 있는 자가 이미 허가를 받아 설치한 축사, 사육장, 작물 재배사를 허가받은 용도대로 사용하고 있는 경우에는 시·군·구의 조례로 정하는 바에 따라 영농계획에 부합하는 추가적인 건축을 허가할 수 있다.
가. 동식물 관련 시설	
1) 축사	가) 축사(소·돼지·말·닭·젖소·오리·양·사슴·개의 사육을 위한 건축물을 말한다)는 1가구당 기존 면적을 포함하여 1천 제곱미터 이하로 설치하여야 한다. 이 경우 축사에는 33제곱미터 이하의 관리실을 설치할 수 있고, 축사를 다른 시설로 용도변경하는 경우에는 관리실을 철거하여야 한다. 다만, 수도권과 부산권의 개발제한구역에 설치하는 축사의 규모는 상수원, 환경 등의 보호를 위하여 1천 제곱미터 이하의 범위에서 국토교통부장관이 농림축산식품부장관 및 환경부장관과 협의하여 국토교통부령으로 정하는 바에 따른다. 나) 과수원 및 초지의 축사는 1가구당 100제곱미터 이하로 설치하여야 한다. 다) 초지와 사료작물재배지에 설치하는 우마사(牛馬舍)는 초지 조성면적 또는 사료작물 재배면적의 1천분의 5 이하로 설치하여야 한다. 라) 다음 어느 하나의 경우에 해당하는 지역에서는 축사의 설치를 허가 할 수 없다. ① 「가축분뇨의 관리 및 이용에 관한 법률」에 따라 가축의 사육이 제한된 지역 ② 복구사업지역과 제2조의2제4항에 따라 개발제한구역 관리계획에 제2조의3제1항제8호의 관리방안이 반영된 지역

시설의 종류	건축 또는 설치의 범위
	③ 법 제30조제2항에 따라 국토교통부장관으로부터 시정명령에 관한 업무의 집행 명령을 받은 시·군·구
2) 잠실蠶室	뽕나무밭 조성면적 2천 제곱미터당 또는 뽕나무 1천 800주당 50제곱미터 이하로 설치하여야 한다.
3) 저장창고	소·말 등의 사육과 낙농을 위하여 설치하는 경우만 해당한다.
4) 양어장	유지留池·하천·저습지 등 농업생산성이 극히 낮은 토지에 설치하여야 한다.
5) 사육장	꿩, 우렁이, 달팽이, 지렁이, 그 밖에 이와 비슷한 새·곤충 등의 사육을 위하여 임야 외의 토지에 설치하는 경우로서 1가구당 기존 면적을 포함하여 300제곱미터 이하로 설치하여야 한다.
6) 작물 재배사	가) 콩나물, 버섯, 새싹채소 등의 작물 재배를 위하여 1가구당 기존면적을 포함하여 500제곱미터 이하로 설치하여야 한다. 나) 작물 재배사에는 10제곱미터 이하의 관리실을 설치할 수 있으며, 작물 재배사를 다른 시설로 용도변경하는 경우에는 관리실을 철거하여야 한다. 다) 1)라)② 및 ③의 지역과 임야인 토지에는 설치할 수 없다.
7) 삭제 〈2015.9.8.〉	
8) 퇴비사 및 발효퇴비장	기존 면적을 포함하여 300제곱미터(퇴비사 및 발효퇴비장의 합산면적을 말한다) 이하로 설치하되, 발효퇴비장은 유기농업을 위한 경우에만 설치할 수 있다.
9) 육묘 및 종묘배양장	
10) 온실	수경재배·시설원예 등 작물재배를 위한 경우로서 재료는 유리, 플라스틱, 그 밖에 이와 비슷한 것을 사용하여야 하며, 그 안에 온실의 가동에 직접 필요한 기계실 및 관리실을 66제곱미터 이하로 설치할 수 있다.
나. 농수산물 보관 및 관리 관련 시설	

시설의 종류	건축 또는 설치의 범위
1) 창고	가) 개발제한구역의 토지를 소유하면서 영농에 종사하는 자가 개발제한구역의 토지 또는 그 토지와 일체가 되는 토지에서 생산되는 생산물 또는 수산물을 저장하기 위한 경우와 농기계를 보관하기 위한 경우에는 기존 면적을 포함하여 150제곱미터 이하로 설치하여야 한다. 이 경우 해당 토지면적이 1만 제곱미터를 초과하는 경우에는 그 초과하는 면적의 1천분의 10에 해당하는 면적만큼 창고를 추가로 설치할 수 있다. 나) 「농어업경영체 육성 및 지원에 관한 법률」 제16조에 따른 영농조합법인 및 같은 법 제19조에 따른 농업회사법인이 개발제한구역의 농작업의 대행을 위하여 사용하는 농기계를 보관하기 위한 경우에는 기존 면적을 포함하여 200제곱미터 이하로 설치하여야 한다.
2) 담배 건조실	잎담배 재배면적의 1천분의 5 이하로 설치하여야 한다.
3) 임시 가설건축물	농림수산업용 기자재의 보관이나 농림수산물의 건조 또는 단순가공을 위한 경우로서 기존 면적을 포함하여 100제곱미터 이하로 설치하여야 한다. 다만, 해태건조처리장 용도의 경우에는 200제곱미터 이하로 설치하여야 한다.
4) 지역특산물가공·판매장	가) 지역특산물(해당 지역에서 지속적으로 생산되는 농산물·수산물·축산물·임산물로서 시·도지사 또는 시장·군수가 인정하여 공고한 것을 말한다. 이하 같다)의 가공·판매 및 이와 관련된 체험·실습 등을 위한 시설로서 다음의 어느 하나에 해당하는 경우만 해당한다. ① 지정 당시 거주자가 설치하는 경우 ② 허가신청일 현재 해당 지역에서 5년 이상 지역특산물을 생산하는 자가 설치하는 경우 ③ 마을(제2조제3항제2호에 따라 개발제한구역에서 해제된 집단취락을 포함한다) 공동으로 설치하거나 행정자치부장관이 지정한 마을기업이 설치하는 경우. 이 경우 1회로 한정하며, 해당 마을의 50퍼센트 이상의 가구가 지역특산물가공·판매장을 설치한 경우는 제외한다. 나) 「수질 및 수생태계 보전에 관한 법률」, 「대기환경보전법」 및 「소음·진동관리법」에 따른 배출시설 설치 허가 또는 신고의 대상이 아니어야 한다.

시설의 종류	건축 또는 설치의 범위
	다) 가)① 및 ②의 경우에는 1가구당 기존 면적을 포함하여 300제곱미터 이하로 설치할 수 있으며, 가)③의 경우에는 기존 면적을 포함하여 1천 제곱미터 이하로 설치할 수 있다. 라) 가)③의 경우에는 임야인 토지에 설치할 수 없다.
5) 관리용 건축물	가) 관리용 건축물을 설치할 수 있는 경우와 그 규모는 다음과 같다. 다만, ①·②·④에 따라 관리용 건축물을 설치하는 경우에는 생산에 직접 이용되는 토지 또는 양어장의 면적이 2천 제곱미터 이상이어야 한다. ① 과수원, 초지, 유실수·원예·분재 재배지역에 설치하는 경우에는 생산에 직접 이용되는 토지면적의 1천분의 10 이하로서 기존 면적을 포함하여 66제곱미터 이하로 설치하여야 한다. ② 양어장에 설치하는 경우에는 양어장 부지면적의 1천분의 10 이하로서 기존 면적을 포함하여 66제곱미터 이하로 설치하여야 한다. ③ 「농어촌정비법」 제2조제16호다목에 따른 주말농원에 설치하는 경우에는 임대농지면적의 1천분의 10 이하로서 기존 면적을 포함하여 66제곱미터 이하로 설치하여야 한다. ④ 「농어업경영체 육성 및 지원에 관한 법률」 제16조에 따른 영농조합법인 및 같은 법 제19조에 따른 농업회사법인이 개발제한구역의 농작업의 대행을 위하여 설치하는 경우에는 기존 면적을 포함하여 66제곱미터 이하로 설치하여야 한다. ⑤ 어업을 위한 경우에는 정치망어업면허 또는 기선선인망어업허가를 받은 1가구당 기존 면적을 포함하여 66제곱미터 이하로 설치하여야 한다. 나) 농기구와 비료 등의 보관과 관리인의 숙식 등의 용도로 쓰기 위하여 조립식 가설건축물로 설치하여야 하며, 주된 용도가 주거용이 아니어야 한다. 다) 관리용 건축물의 건축허가 신청 대상 토지가 신청인이 소유하거나 거주하는 주택을 이용하여 관리가 가능한 곳인 경우에는 건축허가를 하지 아니하여야 한다. 다만, 가)③·④의 경우에는 그러하지 아니하다. 라) 관리의 대상이 되는 시설이 폐지된 경우에는 1개월 이내에 관리용 건축물을 철거하고 원상복구하여야 한다. 마) 관리용 건축물의 부지는 당초의 지목을 변경할 수 없다.

시설의 종류	건축 또는 설치의 범위
다. 주택(「건축법 시행령」 별표 1 제1호가목에 따른 단독주택을 말한다. 이하 이 호에서 같다)	신축할 수 있는 경우는 다음과 같다. 가) 개발제한구역 지정 당시부터 지목이 대인 토지(이축된 건축물이 있었던 토지의 경우에는 개발제한구역 지정 당시부터 그 토지의 소유자와 건축물의 소유자가 다른 경우만 해당한다)와 개발제한구역 지정 당시부터 있던 기존의 주택(제24조에 따른 개발제한구역 건축물관리대장에 등재된 주택을 말한다. 이하 나) 및 다)에서 같다]이 있는 토지에만 주택을 신축할 수 있다. 나) 가)에도 불구하고 「농어업·농어촌 및 식품산업 기본법」 제3조제2호가목에 따른 농업인에 해당하는 자로서 개발제한구역에 기존 주택을 소유하고 거주하는 자는 영농의 편의를 위하여 자기 소유의 기존 주택을 철거하고 자기 소유의 농장 또는 과수원에 주택을 신축할 수 있다. 이 경우 생산에 직접 이용되는 토지의 면적이 1만제곱미터 이상으로서 진입로를 설치하기 위한 토지의 형질변경이 수반되지 아니하는 지역에만 주택을 신축할 수 있으며, 건축 후 농림수산업을 위한 시설 외로는 용도변경을 할 수 없다. 다) 가)에도 불구하고 다음의 어느 하나에 해당하는 경우에는 국토교통부령으로 정하는 입지기준에 적합한 곳에 주택을 신축할 수 있다. ① 기존 주택이 「공익사업을 위한 토지 등의 취득 및 보상에 관한 법률」에 따른 공익사업의 시행으로 인하여 철거되는 경우에는 그 기존 주택의 소유자(해당 공익사업의 사업인정 고시 당시에 해당 주택을 소유하였는지 여부와 관계없이 같은 법에 따라 보상금을 모두 지급받은 자를 말한다)가 자기 소유의 토지(철거일 당시 소유권을 확보한 토지를 말한다)에 신축하는 경우 ② 기존 주택이 재해로 인하여 더 이상 거주할 수 없게 된 경우로서 그 기존 주택의 소유자가 자기 소유의 토지(재해를 입은 날부터 6개월 이내에 소유권을 확보한 토지를 말한다)에 신축하는 경우 ③ 개발제한구역 지정 이전부터 건축되어 있는 주택 또는 개발제한구역 지정 이전부터 다른 사람 소유의 토지에 건축되어 있는 주택으로서 토지소유자의 동의를 받지 못하여 증축 또는 개축할 수 없는 주택을 법 제12조제1항제2호에 따른 취락지구에 신축하는 경우

시설의 종류	건축 또는 설치의 범위
라. 근린생활시설	증축 및 신축할 수 있는 시설은 다음과 같다. 가) 주택을 용도변경한 근린생활시설 또는 1999년 6월 24일 이후에 신축된 근린생활시설만 증축할 수 있다. 나) 개발제한구역 지정 당시부터 지목이 대인 토지(이축된 건축물이 있었던 토지의 경우에는 개발제한구역 지정 당시부터 그 토지의 소유자와 건축물의 소유자가 다른 경우만 해당한다)와 개발제한구역 지정 당시부터 있던 기존의 주택(제24조에 따른 개발제한구역건축물관리대장에 등재된 주택을 말한다)이 있는 토지에만 근린생활시설을 신축할 수 있다. 다만, 「수도법」 제3조제2호에 따른 상수원의 상류 하천(「하천법」에 따른 국가하천 및 지방하천을 말한다)의 양안 중 그 하천의 경계로부터 직선거리 1킬로미터 이내의 지역(「하수도법」 제2조제15호에 따른 하수처리구역은 제외한다)에서는 「한강수계 상수원수질개선 및 주민지원 등에 관한 법률」 제5조에 따라 설치할 수 없는 시설을 신축할 수 없다. 다) 나)의 본문에도 불구하고 기존 근린생활시설이 「공익사업을 위한 토지 등의 취득 및 보상에 관한 법률」에 따른 공익사업의 시행으로 인하여 철거되는 경우에는 그 기존 근린생활시설의 소유자(해당 공익사업의 사업인정 고시 당시에 해당 근린생활시설을 소유하였는지 여부와 관계없이 같은 법에 따라 보상금을 모두 지급받은 자를 말한다)는 국토교통부령으로 정하는 입지기준에 적합한 자기 소유의 토지(철거일 당시 소유권을 확보한 토지를 말한다)에 근린생활시설을 신축할 수 있다.
1) 슈퍼마켓 및 일용품소매점	
2) 휴게음식점·제과점 및 일반음식점	가) 휴게음식점·제과점 또는 일반음식점을 건축할 수 있는 자는 5년 이상 거주자 또는 지정 당시 거주자이어야 한다. 나) 부대시설로서 인접한 토지를 이용하여 300제곱미터 이하의 주차장(건축물식 주차장은 제외한다)을 설치할 수 있다. 이 경우 해당 휴게음식점·제과점 또는 일반음식점의 소유자만 설치할 수 있다. 다) 휴게음식점 또는 일반음식점을 다른 용도로 변경하는 경우에는 주차장 부지를 원래의 지목으로 환원하여야 한다.
3) 이용원·미용원 및 세탁소	세탁소는 공장이 부설된 것은 제외한다.

시설의 종류	건축 또는 설치의 범위
4) 의원 · 치과의원 · 한의원 · 침술원 · 접골원 및 조산소 5) 탁구장 및 체육도장 6) 기원 7) 당구장 8) 금융업소 · 사무소 및 부동산중개업소	
9) 수리점	자동차전문정비업소, 자동차경정비업소(자동차부품의 판매 또는 간이 수리를 위한 시설로서 「자동차관리법 시행령」 제12조제1항에 따른 자동차정비업시설의 종류에 해당되지 아니하는 시설을 말한다)를 포함한다.
10) 사진관 · 표구점 · 학원 · 장의사 및 동물병원 11) 목공소 · 방앗간 및 독서실	
마. 주민 공동이용시설	
1) 마을 진입로, 농로, 제방	개발제한구역(제2조제3항제2호에 따라 집단취락으로 해제된 지역을 포함한다)의 주민이 마을 공동으로 축조(築造)하는 경우만 해당한다.
2) 마을 공동주차장, 마을 공동작업장, 경로당, 노인복지관, 마을 공동회관 및 읍 · 면 · 동 복지회관	가) 지방자치단체가 설치하거나 마을 공동으로 설치하는 경우만 해당한다. 나) 읍 · 면 · 동 복지회관은 예식장 등 집회장, 독서실, 상담실, 그 밖에 읍 · 면 · 동 또는 마을단위 회의장 등으로 사용하는 다음 도시설을 말한다.
3) 공동구판장, 하치장, 창고, 농기계보관창고, 농기계수리소, 농기계용유류판매소, 선착장 및 물양장	가) 지방자치단체 또는 「농업협동조합법」에 따른 조합, 「산림조합법」에 따른 조합, 「수산업협동조합법」에 따른 수산업협동조합(어촌계를 포함한다)이 설치하거나 마을 공동으로 설치하는 경우만 해당한다. 나) 농기계수리소는 가설건축물 구조로서 수리용 작업장 외의 관리실 · 대기실과 화장실은 건축 연면적 30제곱미터 이하로 설치할 수 있다. 다) 공동구판장은 지역생산물의 저장 · 처리 · 단순가공 · 포장과 직접 판매를 위한 경우(건축 연면적의 100분의 30 미만에 해당하는 면적 범위에서 슈퍼마켓, 일용품소매점, 휴게음식점, 금융업소 또는 방앗간의 용도로 사용하기 위한 경우를 포함한다)로서 건축 연면적 1천 제곱미터 이하로 설치하여야 한다.

시설의 종류	건축 또는 설치의 범위
4) 공판장 및 화훼전시판매시설	가) 공판장은 해당 지역에서 생산되는 농산물의 판매를 위하여 「농업협동조합법」에 따른 지역조합이 설치하는 경우만 해당한다. 다만, 수도권 또는 광역시에 설치하는 공판장은 다음의 기준에 모두 적합하여야 한다. ① 시·군·구당 1개소로 한정하되, 해당 시·군·구의 개발제한구역 외의 지역에 공판장이 있는 경우에는 설치할 수 없다. ② 건축 연면적은 3,300제곱미터 이하로 한다. 나) 화훼전시판매시설은 시장·군수·구청장이 화훼의 저장·전시·판매를 위하여 설치하는 것을 말한다.
5) 상여보관소, 간이휴게소, 간이쓰레기소각장, 어린이 놀이터 및 유아원	
6) 간이 급수용 양수장	
7) 낚시터시설 및 그 관리용 건축물	가) 기존의 저수지 또는 유지를 이용하여 지방자치단체 또는 마을 공동으로 설치·운영하거나 기존의 양어장을 이용하여 5년 이상 거주자가 설치하는 경우만 해당한다. 나) 이 경우 낚시용 좌대, 비가림막 및 차양막을 설치할 수 있고, 50제곱미터 이하의 관리실을 임시가설건축물로 설치할 수 있다.
8) 미곡종합처리장	「농업협동조합법」에 따른 지역농업협동조합이 개발제한구역에 1천 헥타르 이상의 미작 생산에 제공되는 농지가 있는 시·군·구에 설치(시·군·구당 1개소로 한정한다)하는 경우로서 건축 연면적은 부대시설 면적을 포함하여 2천 제곱미터 이하로 설치하여야 한다.
9) 목욕장	마을 공동으로 설치·이용하는 경우에만 해당한다.
10) 휴게소(고속국도에 설치하는 휴게소는 제외한다), 주유소(「석유 및 석유대체연료 사업법 시행령」 제2조 제9호에 따른 석유대체연료 주유소를 포함한다. 이하 같다) 및 자동차용 액화석유가스 충전소	가) 시장·군수·구청장이 수립하는 배치계획에 따라 시장·군수·구청장 또는 지정 당시 거주자가 국도·지방도 등 간선도로변에 설치하는 경우만 해당한다. 다만, 도심의 자동차용 액화석유가스 충전소(자동차용 액화석유가스 충전소 외의 액화석유가스 충전소를 겸업하는 경우를 포함한다. 이하 같다)를 이전하여 설치하는 경우에는 해당 사업자만 설치할 수 있다.

시설의 종류	건축 또는 설치의 범위
	나) 지정 당시 거주자가 설치하는 경우에는 각각의 시설에 대하여 1회만 설치할 수 있다. 다만, 공공사업에 따라 철거되거나 기존 시설을 철거한 경우에는 그러하지 아니하다. 라) 휴게소 및 자동차용 액화석유가스 충전소의 부지면적은 3천 300제곱미터 이하로, 주유소의 부지면적은 1천 500제곱미터 이하로 하고, 주유소 및 자동차용 액화석유가스 충전소에는 그 부대시설로서 세차시설, 자동차 간이정비시설(「자동차관리법 시행령」 제12조제1항에 따른 자동차정비업시설의 종류에 해당하지 아니하는 정비시설을 말한다) 및 소매점을 설치할 수 있다. 이 경우 해당 주유소 및 자동차용 액화석유가스 충전소의 소유자만 부대시설을 설치할 수 있다. 마) 휴게소는 개발제한구역의 해당 도로노선 연장이 10킬로미터 이내인 경우에는 설치되지 아니하도록 하여야 하며, 주유소 및 자동차용 액화석유가스 충전소의 시설 간 간격 등 배치계획의 수립기준은 국토교통부령으로 정한다.
11) 버스 간이승강장	도로변에 설치하는 경우만 해당한다.
12) 효열비, 유래비, 사당, 동상, 그 밖에 이와 비슷한 시설	마을 공동으로 설치하는 경우에 한한다.
13) 농어촌체험·휴양마을사업 관련 시설	가) 「도시와 농어촌 간의 교류촉진에 관한 법률」 제2조제5호에 따른 농어촌체험·휴양마을사업에 필요한 체험관, 휴양시설, 판매시설, 숙박시설, 음식점 등의 시설을 말한다. 나) 「도시와 농어촌 간의 교류촉진에 관한 법률」 제5조에 따라 농어촌체험·휴양마을사업자로 지정받은 자가 같은 조에 따라 제출한 사업계획서에 따라 설치하는 것이어야 한다. 다) 설치할 수 있는 시설의 전체 면적은 2,000제곱미터를 초과할 수 없다. 라) 1회로 한정한다. 마) 「하수도법」 제2조제15호에 따른 하수처리구역으로 포함된 경우만 해당한다. 바) 임야인 토지에는 설치할 수 없다.
14) 액화석유가스 소형저장 탱크 및 가스배관 시설	액화석유가스를 저장하기 위해 지상 또는 지하에 고정 설치된 탱크로서 그 저장능력이 3톤 미만인 탱크 및 그 배관시설을 말한다.

시설의 종류	건축 또는 설치의 범위
바. 공중화장실	
사. 야영장(제1호타목에 따른 야영장은 제외한다)	가) 마을공동 또는 지정 당시 거주자만 설치할 수 있으며, 각각 1회로 한정한다. 다만, 공공사업에 따라 철거되거나 기존 시설을 철거한 경우에는 그러하지 아니하다. 나) 설치할 수 있는 시설의 수(시·도별 총 시설의 수는 관할 시·군·구 수의 3배 이내로 한다)는 시·도지사가 관할 시·군·구의 개발제한구역 면적, 인구 수 등 지역 여건을 고려하여 수립·공고한 시·군·구 배분계획에 따른다. 다) 임야인 토지로서 다음의 어느 하나에 해당하는 경우에는 설치할 수 없다. ① 석축 및 옹벽의 설치를 수반하는 경우 ② 「자연환경보전법」 제34조제1항제1호에 따른 생태·자연도 自然圖 1등급 권역에 해당하는 경우
아. 실외체육시설(제1호라목에 따른 실외체육시설은 제외한다)	가) 「체육시설의 설치·이용에 관한 법률」 제3조에 따른 체육시설 중 배구장, 테니스장, 배드민턴장, 게이트볼장, 롤러스케이트장, 잔디(인조잔디를 포함한다. 이하 같다)축구장, 잔디야구장, 농구장, 야외수영장, 궁도장, 사격장, 승마장, 씨름장, 양궁장 및 그 밖에 이와 유사한 체육시설로서 건축물의 건축을 수반하지 아니하는 운동시설(골프연습장은 제외한다) 및 그 부대시설을 말한다. 나) 부대시설은 탈의실, 세면장, 화장실, 운동기구 보관창고와 간이휴게소를 말하며, 그 건축 연면적은 200제곱미터 이하로 하되, 시설 부지면적이 2천 제곱미터 이상인 경우에는 그 초과하는 면적의 1천분의 10에 해당하는 면적만큼 추가로 부대시설을 설치할 수 있다. 다) 승마장의 경우 실내마장, 마사 등의 시설을 2천 제곱미터 이하의 규모로 설치할 수 있다. 라) 마을공동 또는 지정 당시 거주자만 설치할 수 있으며, 각각의 시설에 대하여 각각 1회로 한정한다. 다만, 공공사업에 따라 철거되거나 기존 시설을 철거한 경우에는 그러하지 아니하다. 마) 설치할 수 있는 시설의 수(시·도별 총 시설의 수는 관할 시·군·구 수의 3배 이내로 한다)는 시·도지사가 관할 시·군·구의 개발제한구역 면적, 인구 수 등 지역 여건을 고려하여 수립·공고한 시·군·구 배분계획에 따른다. 바) 임야인 토지에는 설치할 수 없다.

• 별첨2 •
개발제한구역의 조정을 위한 도시관리계획 변경안 수립 지침
[시행 2016.10.31.] [국토교통부훈령 제770호, 2016.10.31., 일부개정]
국토교통부(녹색도시과), 044-201-3750

제1장 총칙

제1절 목적

1-1-1. 이 지침은 수도권, 부산권, 대구권, 광주권, 대전권, 울산권 및 창원권 등 개발제한구역이 지정된 7대 광역도시권(이하 '권역별'이라 한다)에서 개발제한구역을 합리적으로 지정 또는 해제함에 있어 필요한 기준·요건 및 절차 등에 관한 사항을 정함을 그 목적으로 한다.

제2절 근거법령 및 지침

1-2-1. 「개발제한구역의 지정 및 관리에 관한 특별조치법」(이하 '법'이라 한다) 제3조부터 제10조까지

1-2-2 「개발제한구역의 지정 및 관리에 관한 특별조치법 시행령」(이하 '영'이라 한다) 제2조부터 제7조까지

1-2-3. 「국토의 계획 및 이용에 관한 법률」(이하 '국토계획법'이라 한다)」 제25조(도시관리계획의 입안) 및 제63조(개발행위허가의 제한), 국토계획법 제119조(허가기준)

1-2-4. 광역도시계획수립지침(국토교통부 훈령)

제3절 용어의 정의

1-3-1. '조정대상지역'이란 법 및 이 지침에 따라 개발제한구역을 지정 또는 해제하기 위하여 도시관리계획으로 입안하는 지역을 말한다.

1-3-2. '단절토지'란 영 제2조제3항제5호에 따라 도로(중로2류 15미터 이상)·철도·하천개수로(지방 하천이상)로 인하여 단절된 3만 제곱미터 미만의 토지로서 개발제한구역 이외의 토지와 접한 토지를 말한다. 다만, 도로(소로2류 8m 이상)로 인하여 단절되고 토지이용현황, 주변 환경 등을 고려할 때 시·도지사가 개발제한구역으로 관리할 필요성이 현저히 낮다고 판단하는 3만 제곱미터 미만의 토지를 포함한다.

1-3-3. '경계선 관통대지'란 개발제한구역의 경계선이 관통하는 경우로서 영 제2조제3항제6호에 해당하는 토지를 말한다.

제4절 적용범위

1-4-1. 이 지침은 법 제3조에 따라 도시관리계획을 변경하고자 하는 경우에 적용한다.

제2장 기본원칙

2-1. 국가 또는 지방자치단체는 개발제한구역을 해제하고자 하는 때에는 광역도시계획에 반영된 해제가능총량 범위 내에서(지방자치단체는 당해 시·군에 배분된 해제가능총량 범위 내) 개발수요 등을 감안하여 필요한 시점에 해제대상지를 선정하여 단계적으로 이를 추진한다. 이 경우 종전의 2020 광역도시계획(2008년 이전에 최초 수립된 해당 대도시권역 광역도시계획을 말한다)에 반영된 조정가능지역을 개발수요 등에 따라 우선적으로 해제를 추진할 수 있다.

2-2. 2-1의 규정에 따라 개발제한구역의 해제를 추진하고자 할 때에는 해제대상지역에 대한 활용방안(개발계획 및 재원조달계획 등) 뿐만 아니라, 주변 개발제한구역에 대한 관리방안 등을 종합적으로 검토하여야 한다.

2-3. 국토교통부장관은 해제대상지역과 주변지역 일대에 대한 개발행위 허가제한 조치 등 난개발 및 투기방지를 위한 대책을 실시하지 아니하였거나, 그 대책 수립의 시행결과 실효를 거두지 못한 지역이 대부분인 지역에 대하여 개발제한구역을 해제하는 내용의 도시관리계획변경안을 제출받은 경우에는 이를 그대로 수용·결정하여서는 아니 된다.

2-4. 개발제한구역을 추가적으로 지정하고자 할 때에는 공간적으로 연속성을 갖도록 하고, 도시의 자족성 확보·합리적인 토지이용 및 적정한 성장관리 등을 감안하여 추진하여야 한다.

2-5. 보전가치가 높아 개발제한구역으로 신규 지정하고자 하는 경우에는 광역도시계획에 따른 해제가능총량 산정시 지정되는 면적만큼은 해제면적과 상계할 수 있다. 다만, 신규로 지정되는 곳이 토지특성·지역여건 등 제반 상황에 비추어 개발제한구역으로 관리하지 않는 경우 난개발 등이 심각히 우려되는 경우에 한하여 중앙도시계획위원회 심의를 거쳐 상계할 수 있다.

2-6. 단절토지, 집단취락 또는 경계선 관통대지로 해제하는 면적(해제된 취락으로 3-3-3(4)②의 규정에 따라 해제범위를 확대·조정하는 경우를 포함한다)은 2-1의 규정에도 불구하고 1-3-2, 1-3-3과 3-3-3(4)① 의 규정에 따른 범위 안에서 시·도지사가 결정하는 개발제한구역 해제를 위한 도시관리계획 내용에 따른다.

2-7. 영 제2조제3항제1호 또는 제3호에 따라 개발제한구역을 해제하는 경우, 해제대상지를 관통하거나 개발제한구역의 정형화를 위해 불가피하게 포함되는 바다·하천 또는 도로·철도·구거(도시계획시설로 결정·설치되어 그 목적대로 사용하고 있는 경우에 한함)는 개발제한구역 해제 후에도 그 원상을 계속 유지하는 경우에 한해 2-1의 규정에도 불구하고 각 해당면적을 개발제한구역 해제가능총량과 별도로 해제할 수 있다.

2-8. 도시관리계획 입안권자는 개발제한구역 해제를 위한 도시관리계획 입안시 도시재생이 필요한 지역과의 상호 연계 개발이 가능한 지역을 우선 고려하고, 도시관리계획이 기존 시가지와 교통·녹지·경관 및 도시기능의 연계성을 잘 갖출 수 있도록 수립

하여 개발제한구역 해제를 통해 기존 시가지 정비 및 도시재생을 촉진하고 도시 경쟁력이 제고될 수 있도록 노력하여야 한다.

제3장 도시관리계획 입안대상

제1절 조정대상지역

3-1-1. 도시관리계획 입안권자는 다음의 지역에 대하여 개발제한구역의 해제를 위한 도시관리계획을 입안할 수 있다.
  (1) 개발제한구역 중 보전가치가 낮게 나타나는 지역으로서 도시용지의 적절한 공급을 위하여 필요한 곳 및 도시의 균형적 성장을 위하여 기반시설의 설치 및 시가화 면적 조정 등 토지이용의 합리화를 위하여 필요한 곳으로서 제2절의 기준에 부합되는 지역
  (2) 주민이 집단적으로 거주하는 취락(이하 '집단취락'이라 한다)으로서 주거환경 개선 및 취락정비가 필요한 지역으로서 제3절의 기준에 부합되는 지역
  (3) 단절토지로서 개발제한구역의 지정 또는 해제로 인하여 그 지역과 주변지역에 무질서한 개발 또는 부동산 투기행위가 발생하거나 개발제한구역의 연속성을 크게 저해하는 등 그 밖에 도시의 적정한 관리에 지장을 줄 우려가 크지 않은 지역(단, 1만 제곱미터를 초과하는 경우 환경평가 12등급

　　　　지는 원형보전하거나 공원녹지로 조성)
　　(4) 경계선 관통대지

3-1-2. 도시관리계획 입안권자는 다음의 지역에 대하여 개발제한구역의 지정을 위한 도시관리계획을 입안할 수 있다.
　　(1) 도시의 무질서한 확산 또는 서로 인접한 도시의 시가지로의 연결을 방지하기 위하여 개발을 제한할 필요가 있는 지역
　　(2) 도시주변의 자연환경 및 생태계를 보전하고 도시민의 건전한 생활환경을 확보하기 위하여 개발을 제한할 필요가 있는 지역
　　(3) 국가보안상 개발을 제한할 필요가 있는 지역
　　(4) 도시의 정체성 확보 및 적정한 성장관리를 위하여 개발을 제한할 필요가 있는 지역

제2절 해제대상지 선정 및 제척기준

3-2-1. 개발수요 등을 감안할 때 광역도시계획에서 제시한 목표연도 내 실질적 개발·활용이 가능한 지역 중 도시관리계획 입안일 기준으로는 향후 3년 내 착공이 가능한 지역으로서 도시발전 및 지속가능한 개발의 측면에서 아래 요건을 모두 갖춘 지역을 선정한다.
　　(1) 기존 시가지·공단·항만 등과 인접하여 여건상 주거·산

업·물류단지로 개발할 경우 경제적 효과가 큰 지역으로서 도로 등 대규모 기반시설 설치소요가 적은 지역

(2) 표고·경사도·농업적성도·임업적성도·식물상·수질에의 영향 등을 종합적으로 고려하여 보전가치가 낮은 지역[최초로 수립된 광역도시계획 수립 당시의 환경평가결과(국토교통부 장관이 갱신한 자료가 있으면 이에 따른다.) 3~5등급지 기준에 따라 판단함을 원칙으로 하되, 대상지의 정형화를 위하여 불가피한 경우 그 외의 토지를 포함할 수 있다]. 이 경우 당해 지역의 실제 현황이 다른 경우 해당 지자체가 이를 입증할 수 있는 자료를 미리 제시한 후 국토교통부장관의 확인을 받아 시정이 가능. 다만 우량농지는 농림수산식품부와 협의된 경우 포함 가능

(3) 난개발 방지, 상하수도 등 기반시설 공급의 용이성 등을 고려하여 20만 제곱미터 이상의 규모로서 정형화된 개발이 가능한 지역. 다만, 다음 어느 하나에 해당하는 경우에는 예외적으로 20만 제곱미터 미만의 규모로 일부 완화하여 적용할 수 있다.

① 이미 해제된 지역이나 기존 시가지 등과 결합하여 단일구역으로 개발 가능한 지역

② 실내체육관, 사회복지시설, 임대주택(8년 이상 임대하는 임대주택을 유상공급면적의 50%이상 공급하는 경우), 공공청사 등 도시민의 여가·복지시설을 확충하거나 공익

성이 높은 시설의 설치 등 지역의 현안을 해결하기 위해 필요한 경우로서 이미 해제된 지역이나 기존 시가지 등과 접하여 개발이 가능한 지역

3-2-2. 다음에 해당하는 지역은 그 전체 또는 관계지역을 해제대상지역에서 반드시 제척하여야 한다.

    (1) 도시간의 연담화를 방지하기 위하여 보전해야 할 지역(특별한 사유가 없는 한 권역별 개발제한구역 최소 폭을 5킬로미터 이상 기준으로 적용함을 원칙)

    (2) 당해 지역개발로 다른 시·군과의 심각한 갈등을 초래하거나 인접 지역의 급격한 쇠퇴를 일으킬 수 있다고 중앙(지방)도시계획위원회가 판단하는 지역

    (3) 지가의 급등, 투기행위 성행, 지장물 남설 등 대상지역에 대한 적절한 토지관리가 실패한 지역(토지관리 실패여부 판단은 이 지침 시행일을 기준으로 토지거래 현황, 지장물 설치 정도, 지가변동 상황 및 개발사업 추진의 실효성 등을 종합적으로 감안하여 판단한다)

    (4) 개발과정에서 대규모 환경훼손이 수반되는 지역, 특히 산맥과 연결된 산지는 기준표고로부터 70미터 이상인 지역(다만, 해제대상지 주변에 도로·철도 등 도시계획시설이 설치 또는 설치예정이거나 토지이용계획 및 주변여건상 개발제한구역 정형화를 위해 국토교통부장관이 인정하는 경우 최소면적을 해제대상지역으로 포함 가능)

(5) 수질 등 환경적으로 보전 필요성이 큰 지역 및 용수(지하수 이외의 용수) 확보가 곤란한 지역

(6) 당해 지역 개발시 인접지역의 재개발이 곤란하거나 심각한 교통문제 등 도시문제를 크게 악화시킬 우려가 높은 지역

(7) 방재지구, 자연재해지구(다만, 구역 정형화·대체지역 부존재 등 부득이한 경우 포함면적 최소화하고 관련법령에 따른 안전조치 강구를 조건으로 해제대상지역으로 선정 가능)

제3절 경계선 설정 기준

3-3-1. 도시관리계획 입안권자는 사업 추진에 필요한 최소의 면적으로 경계선을 설정하여야 하며, 경계선 설정으로 인하여 맹지 또는 경계선 관통필지, 단절토지가 발생하거나 개발제한구역이 공간적 연속성을 유지되지 못하고 섬처럼 존치되는 지역이 발생하지 않도록 하여야 한다.

3-3-2. 단절토지의 경계선은 도로·철도·하천개수로로 인하여 단절된 당해 토지의 지형 또는 지적 경계선으로 한다.

3-3-3. 집단취락의 경우에는 다음의 기준을 충족시켜야 한다.

(1) 집단취락면적 '1만 제곱미터당 주택 10호 이상'의 밀도(이하 '호수밀도'라 한다)를 기준으로 주택[집단취락으로 이축한 주택을 포함한다. 다만, 개발제한구역 해제를 위하여 도시관리계획을 입안(별도의 기준을 정하지 아니한 경우에는 주민공람 공고일을 기준일로 본다)중인 집단취락에서 이축한 주택은 제외한

다] 이 '20호 이상'인 취락

(2) 시·도지사는 (1)의 기준을 호수밀도는 '1만 제곱미터당 주택 20호 이상으로'까지, 주택호수기준은 '100호 이상으로'까지 그 요건을 각각 강화하여 적용할 수 있다.

(3) 주택호수 산정기준은 다음과 같다.

① 주택은 도시관리계획 입안의 기준일(별도의 기준일을 정하지 아니한 경우에는 주민공람 공고일을 기준일로 본다) 당시 개발제한구역 건축물관리대장(영 제24조)에 등재된 주택을 기준으로 산정한다. 이 경우 다세대주택〔개발제한구역 지정당시부터 개발제한구역 안에 거주하고 있는 자가 종전의 도시계획법시행규칙(2000년 7월 4일 건설교통부령 제245호에 의하여 전문개정되기 전의 것을 말한다) 제7조제1항 제2호 나목(3)에 따라 동거하는 기혼자녀의 분가를 위하여 건축한 다세대주택을 말한다]은 주택 1호로 산정한다.

② 개발제한구역 지정당시부터 있던 공동주택 및 무허가 주택은 주택호수의 산정시 이를 산입하되 공동주택은 가구당 1호로 무허가주택은 건물동수에 관계없이 주된 건축물만을 1호로 산정한다.

③ 다음 각항에 해당하는 시설은 당해 시설(입안일 현재 건축허가가 이루어진 것을 포함한다) 전체를 주택 1호가 있는 것으로 본다.

가. 영 제18조제1항에 따라 주택으로부터 용도변경이

가능한 근린생활시설과 사회복지시설

　나. 영 별표 1 제5호의 시설(주민공동이용시설)중 건축법령에 따른 근린생활시설에 해당하는 시설

④ 다음의 하나에 해당하는 토지(이하 '나대지등'이라 한다)에 대하여는 1필지당 주택 1호가 있는 것으로 본다.

　가. 개발제한구역 지정당시부터 지목이 '대(垈)'인 토지로서 영 별표 1 제5호다(주택) 및 라(근린생활시설)에 따라 주택 또는 근린생활시설의 신축이 가능한 나대지

　나. 개발제한구역 지정당시 주택지조성을 목적으로 시장 또는 군수의 허가를 받아 조성되었거나 조성중이던 토지

(4) 집단취락의 해제가능면적

① 집단취락으로서 해제하는 경우 개발제한구역에서 해제할 수 있는 면적은 당해 취락을 대상으로 다음의 면적 범위내로 한다.

＊ 조정대상취락의 해제가능 총면적(제곱미터) = 취락을 구성하는 주택수(호) ÷ 호수밀도(10호~20호/10,000제곱미터) + 대규모 나대지 등의 1,000제곱미터 초과부분의 면적 + 도시계획시설 부지면적(제곱미터)

　가. '취락을 구성하는 주택의 수'란 '3-3-3(3)항에 따른 주택호수 산정기준'에 따라 산정된 호수를 말한다.

나. '호수밀도'란 1만 제곱미터당 10호로 하되 당해 시·도지사가 10호부터 20호까지 범위 내에서 요건을 강화한 경우에는 그 밀도를 말한다.

다. '대규모 나대지등'이란 그 규모가 1,000제곱미터 이상인 나대지등을 말한다.

라. '도시계획시설 부지면적'이란 취락 안에 설치되었거나 설치하고자 하는 도시계획시설(공공공지를 제외한다)의 부지면적을 말한다.

② 이미 해제된 취락도 추후 지구단위계획을 수립한 결과 도시계획시설 면적조정, 취락정비사업 시행을 위해 필요한 경우에는 3-3-3(4)①항에 따른 면적의 범위 내에서 이를 해제할 수 있다. 이 경우 '취락을 구성하는 주택의 수'는 최초 지구단위계획 입안 당시의 지구단위계획구역 내 주택수(해제 후 최초로 지구단위계획을 입안하는 경우에는 기 해제지역 내 주택수)로 한다.

③ 집단취락 해제지역을 3-5-1(1)②의 규정에 따른 정비사업을 통해 개발하는 경우에는 3-3-3(4)①의 규정에 따른 면적의 130퍼센트 이내 범위에서 해제할 수 있다. 다만, 3-3-3(4)①의 규정에 따른 면적을 초과하는 부분에 대해서는 2-6의 규정에도 불구하고 광역도시계획에 반영된 해제가능총량 범위 내(당해 시·군에 배분된 해제가능총량 범위 내)에서 해제할 수 있다.

(5) 집단취락의 해제경계선 설정

해제의 경계선은 지구단위계획구역의 경계선으로 한다. 이 경우 당해 지구단위계획 내용의 효율적인 시행과 사업의 실시방안 등을 종합적으로 고려하여야 한다.

제4절 해제대상지역 내 가능한 사업

3-4-1. 개발제한구역의 해제는 해제대상지역에 대한 다음 각 호의 사업으로서 공익적 목적의 개발수요가 발생할 경우 추진한다.

(1) 취락의 계획적인 정비사업

(2) 공공주택사업 · 사회복지사업 · 녹지확충사업 등

① 임대주택 · 분양주택 건설 등 서민용 공공주택사업, 기업형임대주택사업

② 교육 · 문화 · 여가(관광) · 노인복지 등 사회 · 복지사업

③ 당해 시 · 군의 실업해소를 위한 저공해 첨단산업을 유치하는 사업

④ ①~③의 사업을 복합화한 복합단지 개발사업

(3) 수도권 이외의 지방대도시권은 수도권에 있는 기업의 본사 · 공장이 지방으로 이전하여 지역경제 활성화를 도모할 수 있을 경우 이를 수용하는 사업

(4) 산업단지, 물류단지, 유통단지, 컨벤션센터, 자동차서비스 복합단지 건설사업

(5) (1)~(4)의 규정에 따른 사업을 추진하는 해제가능지역 내

기존 공장을 이전하기 위한 산업단지 조성사업

(6) 기타 도시의 자족기능 향상, 공간구조 개선, 도시민의 여가 선용, 지역특화발전을 위해 추진하는 사업

제5절 해제를 위한 도시관리계획 변경안에 제시할 사항

3-5-1. 해제대상지역에 대한 용도지역·지구의 지정계획 및 지구단위계획과 사업시행을 위한 재원조달계획 등 구체적인 활용방안을 제시하되, 활용방안은 다음의 사항을 준수하여 수립하여야 한다.

(1) ① 해제대상지역은 다음 각 호의 자에 의한 전면매수 또는 도시개발법 제21조에 따른 혼용방식(이 경우 환지는 해제면적의 50퍼센트 미만으로 한정한다)으로 추진한다.

가. 국가

나. 지방자치단체

다. 「공공기관의 운영에 관한 법률」제5조에 따른 공공기관

라. 「지방공기업법」에 따라 설립된 지방공사

마. 특별법에 의하여 설립된 정부지분 50% 이상 기관

바. 해제대상지역 개발을 위해 설립한 특수목적법인(민간의 출자비율 총합계가 50퍼센트 미만으로서, 개발제한구역 해제 결정 전에 설립할 것. 다만, 2017년 12월 31일 전에 국토교통부장관에게 개발제한구역의 해제를 위한 도시·군관리계획 변경 결정을 요청한 경우 민간의 출자비율 총합계를 2/3

미만으로 할 수 있다)
사. 기업형임대사업자(2017년 12월 31일 전에 기업형임대주택 공급촉진지구로 지정받기 위해 개발제한구역의 해제를 위한 도시·군관리계획 변경을 요청한 경우에 한한다)
아. 가~바의 사업시행자는 「산업입지 및 개발에 관한 법률」, 「택지개발촉진법」, 「물류시설의 개발 및 운영에 관한 법률」, 「공공기관 지방이전에 따른 혁신도시 건설 및 지원에 관한 특별법」 등에 따라 개발사업의 일부를 대행하게 할 수 있다.

② 전항에도 불구하고 다음 각 호의 자는 「도시개발법」에 따른 도시개발사업의 환지방식 또는 「도시 및 주거환경정비법」에 따른 주택재건축·재개발 내지 주거환경개선사업 등의 정비사업으로 집단취락 해제지역을 개발할 수 있다. 이 경우 단일 집단취락 해제지역을 여러 개의 서로 다른 정비사업구역으로 분할하여 동시에 개발할 수 있으나 단일 집단취락 해제지역 중 정비사업구역에서 제외되는 지역이 있어서는 아니 된다.
가. 지방자치단체
나. 한국토지주택공사
다. 「지방공기업법」에 따른 지방공사
라. 집단취락 내 주민이 구성한 조합 또는 법인

③ 제1항 마·바의 경우 해제지역 개발사업 착공 시까지

마·바에 규정된 각 지분한도를 준수하여야 하고 착공 이후에 각 지분한도를 변경할 수 있으나, 이 경우에도 민간의 출자비율은 전체 지분의 2/3 미만이어야 한다. 다만, 기업형임대사업자가 임대주택(기업형임대주택 공급촉진지구 이외 지역에서 8년 이상 임대주택을 유상공급면적의 50% 이상 공급하는 경우)을 건설하기 위해 2017년 12월 31일 전에 개발제한구역의 해제를 위한 도시·군관리계획 변경을 요청한 경우에는 착공 이후 민간의 출자비율을 전체 지분의 2/3 이상으로 변경할 수 있다.

(2) 개발제한구역에서 해제되는 지역에 대한 지구단위계획(사업계획, 실시계획 등을 포함한다)은 친환경적으로 수립하여야 하며 지구단위계획 수립시 사업지구 내 확보하여야 할 공원·녹지(도시계획시설로 결정하는 공원 또는 녹지)의 비율은 아래와 같다.

① 주택단지 개발사업의 경우에는 20퍼센트 이상. 다만, 30만 제곱미터 미만 주택단지 개발사업의 경우, 상주인구 1인당 6제곱미터 이상 또는 해제면적의 12퍼센트 이상 중 큰 면적을 기준으로 한다.

② 주택단지, 산업단지, 물류단지를 제외한 기타 목적의 개발사업의 경우에는 15퍼센트 이상, 집단취락 정비사업의 경우에는 상주인구 1인당 3제곱미터 이상(집단취락 정비사업 공원·녹지 비율의 경우 취락의 규모·밀집도·

주변여건 등을 종합적으로 고려하여 지방도시계획위원회 심의를 거쳐 이를 강화할 수 있다. 다만, 취락 주변에 녹지, 저수지, 하천, 임야 등 자연환경을 보전하고 시민의 휴식과 정서 함양에 이바지하는 공간이 충분한 경우 또는 취락 경계를 기준으로 250미터 이내 어린이공원 또는 500미터 이내 근린공원이 있는 경우 지방도시계획위원회 심의를 거쳐 공원·녹지 비율을 축소하거나 공원·녹지를 확보하지 아니하게 할 수 있다)

③ 〈삭제〉

④ 〈삭제〉

(3) ① 해제대상지역 내 공동주택을 건설하고자 하는 경우에는 전체 세대수 대비 최소 35퍼센트 비율로 임대주택을 확보한다. 다만, 산업단지·경제자유구역·친수구역·집단취락·R&D단지·매입공공기관이 매입한 종전부동산(당해 특별시 또는 시의 임대주택 공급이 충분하여 특별시장 또는 시장이 임대주택 비율 완화가 필요하다고 인정한 경우에 한한다) 내 건설하는 공동주택의 경우에는 지구별 여건에 따라 전체 세대수 대비 10~25퍼센트 비율로 임대주택을 확보할 수 있다.

② 개발계획에 반영된 임대주택건설용지로 공급할 용지가 최초 공급공고일 후 6개월 이내에 공급되지 않을 경우 시행자는 이를 국민주택규모 이하의 분양주택건설용지로 공급할 수 있다. 다만, 다음 각 호의 어느 하나에 해

당하는 경우에는 그러하지 아니하다.
가. 3-2-1. (3)②에 근거하여 임대주택을 건설하는 경우
나. 3-5-1. (1)①사에 근거하여 기업형임대사업자가 기업형임대 공급촉진지구에 임대주택을 건설하는 경우
다. 3-5-1. (1)③ 단서에 근거하여 기업형임대사업자가 임대주택을 공급하는 경우

③ 기업형임대주택 공급촉진지구를 지정하거나 기업형임대사업자가 임대주택(기업형임대주택 공급촉진지구 이외 지역에서 8년 이상 임대주택을 유상공급면적의 50% 이상 공급하는 경우)을 건설하기 위해 개발제한구역을 해제하는 경우에는 해당 공급촉진지구(기업형임대사업자가 임대주택을 건설하는 경우를 포함한다) 내 전체 공동주택 세대수의 5~10퍼센트를 공공임대주택으로 확보하여야 한다. 다만, 해제대상지역이 50만 제곱미터 이하인 경우, 개발제한구역 해제 결정권자는 사업시행자와 협의 후 중앙도시계획위원회(또는 지방도시계획위원회)의 심의를 거쳐 사업시행자에게 공공성 확보를 위해 필요한 조치사항을 요구할 수 있다.

(4) 해제대상지역에 대한 활용방안은 「수도권정비계획법」, 「산업집적활성화 및 공장설립에 관한 법률」, 「산업입지 및 개발에 관한 법률」, 「지방재정법」 등의 관련법령 및 산업단지지정계획, 투자심사 등 그에 따른 관련계획과 부합되

지 않으면 아니 된다.

(5) 해제대상지역 안에 산업단지, 물류단지 및 도시지원시설용지 등을 조성하려고 하는 경우에는 다음 각 호에 해당하는 용지 면적의 10퍼센트 이상을 개발제한구역 안의 중소기업(법 제30조제1항에 해당하는 행위자를 포함하며, 2010.2.6 이전에 행위가 이루어진 경우에 한한다)들을 위한 전용단지(용지)로 공급해야 한다. 다만, 해제대상지역 인근의 중소기업 분포현황 등을 감안, 중앙도시계획위원회의 심의를 거쳐 국토교통부장관이 인정하는 경우 이를 완화하여 적용할 수 있다.

　가.「산업입지 및 개발에 관한 법률」제2조제6호 및 같은 법 시행령 제19조제2항제1호의 산업시설용지

　나.「물류단지 개발지침」제8조의 물류시설용지

　다.「택지개발업무처리지침」별표 2의 도시형공장 등 자족기능용지

　라. 보금자리주택업무처리지침 제13조제3항의 도시지원시설용지

　마. 그 밖의 가호부터 라호까지와 유사한 시설용지로서 공장 및 창고의 유치가 가능한 용지

(6) (5)에 따라 조성되는 전용단지(용지)로의 입주자격 등 입주와 관련된 사항은 해당 시장·군수·구청장이 지역 실정 등을 고려하여 이를 정한다.

(7) (5)에 따라 조성되는 전용단지(용지) 중 최초 분양공고 후 1년 이상이 경과하도록 미분양된 분에 대해서는 사업시행자가 (5)에 따른 중소기업 외의 자에게도 공급할 수 있다. 다만, (5)에 따른 중소기업이 없는 사실이 명백한 경우(입증할 수 있는 자료 등을 통해 확인된 경우에 한한다)에는 분양공고 후 1년 이내라도 미분양된 분에 대해서 중소기업 외의 자에게도 공급할 수 있다.

3-5-2. 주변 개발제한구역에 대한 관리방안 등 다음 각 항의 사항도 동시에 제시하여야 한다.

(1) 해제대상지역에 인접한 개발제한구역으로의 무분별한 개발(난개발 등)확산 방지 및 각종 투기행위 방지에 관한 사항

(2) 해제지역이 아닌 지역으로서 개발제한구역 안의 훼손된 지역을 공원·녹지 등으로 복구하는 계획에 관한 사항[훼손지 복구와 관련된 세부적 사항은 「개발제한구역 훼손지 복구업무 처리규정」(국토교통부 훈령)에 따른다]

(3) 해제하려는 지역이 30만 제곱미터 이하(영 제2조제3항제1호 또는 제3호에 따라 해제하는 경우를 말한다)인 경우 도시관리계획 입안일로부터 향후 5년간 해제대상지역의 경계선으로부터 1킬로미터 이내의 개발제한구역을 해제하려는 사항

3-5-3. 해제대상지역에 대한 토지거래 및 행위 허가현황, 공시지가 등 지가변동 현황 등에 관한 사항(각종 자료작성의 기준 시점은 이 지침 시행일 이후부터 적용한다)

제4장 도시관리계획변경 절차

제1절 기초조사

4-1-1. 도시관리계획 입안권자는 이 지침에 의한 조정대상지역 및 단절토지에 대한 도시관리계획을 입안할 때에는 다음의 사항을 반영하여야 한다.

  (1) 조정대상지역

    ① 법 제6조(기초조사) 및 영 제3조에 규정된 제반사항

    ② 개발제한구역 조정(지정 또는 해제)을 위한 대상지역 및 그 주변지역에 대한 환경평가 검증결과(실제 현황이 다른 경우 이를 입증할 수 있는 사항)

  (2) 단절토지

    ① 대상토지의 위치

    ② 지번·지목별 토지이용현황

    ③ 도로·철도·하천개수 등 공공시설의 설치 및 결정현황

    ④ 대상토지 안팎의 토지이용현황 및 환경상태

    ⑤ 1만 제곱미터를 초과하는 단절토지의 경우 해제대상지역에 대한 환경평가 검증결과(실제 현황이 다른 경우 이를 입증할 수 있는 사항)

  (3) 경계선 관통대지

    ① 대상토지의 위치

    ② 지번·지목별 토지이용현황

③ 대상토지 중 개발제한구역 부분의 면적과 비율

④ 대상토지 안팎의 토지이용현황 및 환경상태

제2절 도시관리계획 입안 및 결정 절차

4-2-1. 도시관리계획의 입안은 법 제4조제1항에 따라 당해 도시지역을 관할하는 특별시장·광역시장·시장 또는 군수가 입안한다. 다만, 서민주택공급 건설계획 등 국가계획(국가의 중요한 정책의 목적을 달성하기 위하여 수립하는 계획으로 국무회의 심의를 거쳐 확정된 계획을 말한다. 이하 '국가계획'이라 한다)과 관련된 경우에는 국토교통부장관이 직접 도시관리계획을 입안할 수 있다. 이 경우 국토교통부장관은 미리 관할 시·도지사, 시장 및 군수의 의견을 들은 후 가급적 제시된 의견을 반영하도록 노력하여야 한다.

4-2-2. 도시관리계획 결정절차는 다음과 같다.

(1) 국토교통부장관이 입안하는 경우

① 국토교통부장관은 주민 및 지방의회 의견청취를 위하여 도시관리계획안을 특별시장·광역시장·시장 또는 군수에게 송부하여야 한다.

② 도시관리계획안을 송부받은 특별시장·광역시장·시장 또는 군수는 주민 및 지방의회의 의견을 청취하여 그 결과를 국토교통부장관에게 제출하여야 한다. 이 경우 국토교통부장관은 특별시장·광역시장·시장 또는

군수가 특별한 사유 없이 주민 및 지방의회의 의견을 60일 이내에 제출하지 아니한 경우에는 의견이 없거나 동의한 것으로 볼 수 있다.

③ 국토교통부장관은 도시관리계획을 결정하고자 하는 때에는 관계 중앙행정기관의 장과 미리 협의하여야 하며, 중앙도시계획위원회의 심의를 거쳐야 한다.

(2) 특별시장·광역시장·특별자치시장시장 또는 군수가 입안하는 경우

① 특별시장·광역시장·특별자치시장·시장 또는 군수는 주민 및 지방의회 의견청취를 거쳐 국토교통부장관(특별시장·광역시장·특별자치시장·도지사)에게 도시관리계획 변경 결정을 요청하여야 한다.

② 국토교통부장관(특별시장·광역시장·특별자치시장·도지사)은 도시관리계획을 결정하고자 하는 때에는 관계 중앙행정기관의 장과 미리 협의하여야 하며, 중앙도시계획위원회(지방도시계획위원회)의 심의를 거쳐야 한다.

③ 해제하려는 지역의 면적이 30만 제곱미터 이하(영 제2조제3항제1호 또는 제3호에 따라 해제하는 경우를 말한다)인 경우, 집단취락 및 단절토지, 경계선 관통대지, 개발제한구역의 공간적 연속성이 상실되는 1천 제곱미터 미만의 소규모 토지는 특별시장·광역시장특별자치시장 또는 도지사가 이 지침에 부합하는 경우에 한해

그 해제를 결정할 수 있다. 다만, 30만 제곱미터를 초과하는 단계적 개발제한구역 해제계획을 일시에 입안한 경우 또는 법 제4조제1항 단서에 따라 국가계획과 관련하여 국토교통부장관이 직접 개발제한구역의 해제에 관한 도시·군관리계획을 입안하는 경우에는 그러하지 아니하다.

④ 해제하려는 지역의 면적이 30만 제곱미터 이하(영 제2조제3항제1호 또는 제3호에 따라 해제하는 경우를 말한다)로서 국토교통부장관과 사전협의(주민공람 이전)시 다음 각 호의 어느 하나에 해당하는 경우 인접 시·도(관내 인접 시·군 포함) 또는 관계 시·도의 의견을 제시하여야 한다.

    가. 해제하려는 지역이 시·도 경계에서 5킬로미터 이내에 있는 경우(권역내 개발제한구역이 다른 시도와 경계를 이루지 않는 경우에는 제외)

    나. 해제하여 추진하려는 사업과 관련하여 다른 시·도와 이견의 소지가 있는 경우

⑤ 해제하려는 지역의 면적이 30만 제곱미터 이하(영 제2조제3항제1호 또는 제3호에 따라 해제하는 경우를 말한다)인 경우 시·도지사는 중앙도시계획위원회의 심의 필요성 등에 관하여 국토교통부장관과 미리 협의하여야 하며, 협의결과가 다음 각 호의 어느 하나에 해당하는 경우

중앙도시계획위원회의 심의를 거쳐야 한다.

가. 환경평가 1~2등급지를 포함하는 경우로서 원형보전 등 대안 제시가 미흡한 경우(단, 농업적성도 1~2등급지로서 농림부 등과 협의된 경우는 제외한다)

나. 제4항에 따른 인접 또는 관계 지자체에서 이견을 제시하여 조정이 필요한 경우

다. 국토계획법에 따른 준주거지역 및 상업지역의 총면적이 유상공급면적의 30퍼센트를 초과하는 경우

라. 이미 해제한 구역 경계로부터 직선거리 1킬로미터 이내에서 5년 이내에 추가 해제를 추진하는 등 연접·조각개발의 우려가 있다고 판단되는 경우(단, 해제대상지역과 이미 해제한 지역의 총면적이 30만 제곱미터 이하인 경우는 제외한다)

마. 시·도지사가 30만 제곱미터를 초과하는 단계적 개발제한구역 해제계획을 입안한 경우

⑥ 1만 제곱미터를 초과하는 단절토지의 경우 시·도지사는 중앙도시계획위원회의 심의 필요성 등에 관하여 국토교통부장관과 미리 협의하여야 하며, 협의결과 환경평가 1·2등급지에 대하여 원형보전 등 대안 제시가 미흡한 경우(단, 농업적성도 1·2등급지로서 농림부 등과 협의된 경우는 제외한다) 중앙도시계획위원회의 심의를 거쳐야 한다.

제3절 구비서류

4-3-1. 도시관리계획 결정 신청시 첨부하는 서류와 도면

4-3-2. 해제대상지역별로 제3장 제2절의 규정에 의한 해제대상지역 선정기준에 적합함을 알 수 있는 서류

4-3-3. 해제대상지역별로 제3장 제2절의 규정에 따른 해제대상지역 제척기준에 해당하지 아니함을 알 수 있는 서류

4-3-4. 해제대상지역에 대한 개발수요 및 재원조달계획

4-3-5. 2-3(투기방지, 지가관리 등)의 규정에 저촉되지 아니함을 알 수 있는 자료

제4절 다른 법령 및 지침의 적용 등

4-4-1. 이 지침에 정하지 않은 사항은 법, 영, 국토계획법 및 관련지침에 따른다.

4-4-2. 이 지침을 적용하는 것이 현저하게 불합리한 지역에 대하여는 구역지정 목적 및 이 지침의 취지에 반하지 아니하는 범위 내에서 국토교통부장관의 승인을 받아 이 지침에서 정한 기준을 일부 조정하여 이를 적용할 수 있다.

4-4-3. 「국가균형발전특별법」제22조에 따른 심의를 거쳐 선정된 지역전략산업의 육성을 목적으로 「산업입지 및 개발에 관한 법률」에 따른 산업단지 지정을 위해 개발제한구역의 해제를 위한 도시·군관리계획을 변경하고자 하는 경우 개발제한구역 해제와 산업단지 지정을 위한 절차 중 도시·군관리계획의 입안

(산업단지 계획 수립), 주민의견 청취, 관계기관 협의 절차 등 중복되는 절차는 동시에 진행할 수 있다.

4-4-4. 다음 각 호에 따른 지정을 위해 개발제한구역의 해제를 위한 도시·군관리계획을 변경하고자 하는 경우 개발제한구역 해제와 도시개발구역 지정을 위한 절차 중 도시·군관리계획의 입안(다음 각 호에 따른 육성종합계획 또는 개발계획수립을 말한다), 주민의견 청취, 관계기관 협의 절차 등 중복되는 절차는 동시에 진행할 수 있다.

(1) 「도시개발법」에 따른 도시개발구역 지정
(2) 「물류시설의 개발 및 운영에 관한 법률」에 따른 물류단지 지정
(3) 「연구개발특구의 육성에 관한 법률」에 따른 연구개발특구 지정
(4) 「관광진흥법」에 따른 관광지 및 관광단지 지정

제5장 개발행위 허가제한에 관한 조치

제1절 개발행위 허가제한

5-1-1. 국토교통부장관, 특별시장·광역시장·시장 또는 군수는 해제를 검토하고자 하는 지역 및 그 주변지역 일대에 대하여 국토계획법 제63조의 규정에 의하여 개발행위 허가를 제한하는 조치를 하여야 한다. 이 경우 그 주변지역의 범위는 부동산 투

기 또는 난개발이 예상되거나 이를 철저히 방지할 필요가 있는 지역 일대를 설정하며, 제4장 제2절에 따른 도시관리계획안에 대한 주민공람이 실시되기 이전까지 조치하여야 한다.

5-1-2. 국토교통부장관, 특별시장·광역시장·시장 또는 군수는 개발행위 허가제한을 실시함에 있어 국토계획법 제63조 등의 규정에 따라 중앙도시계획위원회 또는 지방도시계획위원회의 심의를 거쳐 관보 또는 당해 지방자치단체의 공보에 공고함은 물론, 다음 각항의 조치를 병행함으로써 지역 주민들이 그 사실을 잘 알 수 있도록 하여야 한다.

   (1) 당해 지역에 보급되는 2개 이상의 일간지에 그 사실을 게재하고 언론에 보도자료를 배포

   (2) 개발행위 허가제한이 실시되는 지역 중 일반인의 통행이 빈번한 주요지점에 개발행위 허가제한의 실시내용을 알리는 현수막 등을 설치

5-1-3. 개발행위 허가제한의 기간은 국토계획법령상 3년의 범위 내에서 제한이 가능하고 1회에 한하여 2년 이내의 연장이 가능하나 그 기간 안에서 행위제한의 기간(종료시기)은, 당해 지역의 개발을 위하여 사업시행자가 토지 소유권을 확보할 수 있는 시기를 예상하여 그때까지로 하되, 국토교통부가 당해 지역을 개발제한구역에서 해제하지 아니하기로 결정하는 경우에는 그 날에 종료되도록 규정하도록 한다.

제2절 허가할 수 있는 행위 등

5-2-1. 개발행위 허가권자(당해 지역을 관할하는 시장·군수·구청장을 말한다)는 개발행위 허가를 제한하는 조치가 이루어진 지역에서는 다음 각 호에 해당하는 행위에 한하여 이를 허가할 수 있다.

① 개발행위 허가제한 공고의 시행일까지 허가를 받은 행위 및 동 공고의 시행일까지 허가신청이 접수된 것으로서 종래에는 행위허가가 가능한 행위

② 주민들이 다른 지역으로 이주할 때까지 생활하는 데 필요한 최소한의 행위

③ 지반의 붕괴 그 밖의 재해 예방 또는 복구를 위한 축대·옹벽 및 사방시설, 방재시설의 설치 등 사람과 동물의 안전을 위하여 필요한 행위

④ 문화재의 조사발굴을 위한 토지의 형질 변경 및 굴착

⑤ 이미 확정되었거나 협의된 도시계획시설 등 공공시설의 설치

⑥ 가설건축물의 설치 등 해제지역 개발사업을 위한 사업시행자의 행위

⑦ 그 밖에 해제지역 개발사업에 지장을 초래하지 아니한다고 시장·군수가 인정하는 행위

5-2-2. 시장·군수·구청장은 허가가능한 행위로 공고한 사항에 대하여 실제 개발행위 허가에 관한 업무를 행함에 있어서는 다음 각 호의 사항을 고려하여 허가 여부를 결정하여야 하고, 허

가를 하는 경우에는 그 허가의 효력기간, 복구조건 등 개발사업의 추진에 지장이 없도록 일정한 조건을 붙이는 등 허가에 따르는 적절한 조치를 하여야 한다.

① 추후 해제지역 개발사업과의 양립 가능성
② 공익상의 필요성
③ 당해 건축물 또는 공작물의 활용기간
④ 향후 보상이나 투기적 이익을 취득하기 위한 행위 여부

제6장 부동산 투기방지에 관한 조치

제1절 토지거래 허가심의 강화 등

6-1-1. 시장·군수 또는 구청장은 토지거래계약 허가시 반드시 관계서류 등의 진실성 여부를 심사하고 현장 확인을 실시하며 사후에는 허가사항의 이행 여부를 조사하여야 한다.

6-1-2. 시장·군수 또는 구청장은 부동산 투기행위 세부단속 지침을 마련하여 철저히 시행하여야 한다.

(1) 지가안정을 위한 단속반을 구성·운영하고 다음 사항을 집중 단속토록 한다.

① 토지거래계약 허가신청과 관련하여 관련 서류를 위조·변조하거나 그러한 행위를 교사·방조하는 행위
② 명의신탁행위 등 부동산 실권리자 명의 등기에 관한 법률 위반행위

③ 주민등록 위장전입 등 주민등록법 위반행위

④ 부동산 중개업자의 불법행위

    가. 중개업자가 거래상 중요사항에 관하여 거짓된 언행, 인터넷 게재, 광고, 기타의 방법으로 의뢰인의 판단을 그르치게 하는 행위

    나. 인정된 수수료 이외 어떠한 명목으로라도 금품을 받는 행위

다. 탈세를 목적으로 법령에 의한 권리변동이 제한된 부동산의 매매를 중개하거나 부동산 투기를 조장하는 행위

라. 천막 그 밖의 이동이 용이한 임시중개시설물 등을 이용하여 이동사무소를 개설하고 개발지역을 따라 이동하며 투기를 조장하는 행위

마. 부동산 중개업자가 거래를 성사시키기 위하여 허위의 서류작성에 관여하거나 탈법요령 등을 교사·방조한 경우

제2절 단속 등

6-2-1. 단속은 세무관서 등 관련기관과 합동으로 실시하여 효과성을 제고할 수 있게 하고 위법행위가 확인되거나 혐의가 짙은 사안 중 형사처벌 대상은 사법당국에 고발조치 또는 수사의뢰하며, 탈세의 의혹이 있는 건에 대하여는 세무관서에 통보하여야 한다.

6-2-2. 무허가 건축물, 불법용도변경 행위 등 개발제한구역 법령 위

반자에 대해서는 법 제30조 및 「개발제한구역내 불법행위의 예방과 단속에 관한 규정」(국토교통부 훈령)에 따른 조치를 철저히 이행하여야 한다.

제7장 행정사항

7-1-1 (재검토기한) 국토교통부장관은 「훈령예규 등의 발령 및 관리에 관한 규정」에 따라 이 훈령에 대하여 2016년 1월 1일을 기준으로 매 3년이 되는 시점(매 3년째의 12월 31일까지를 말한다)마다 그 타당성을 검토하여 개선 등의 조치를 하여야 한다.

부   칙 〈제591호, 2010.5.14.〉

① (시행일) 이 훈령은 발령한 날로부터 시행한다.
② (적용례) 3-5-1(3), (5)부터 (7)까지의 개정규정은 이 훈령의 시행일 이후 개발제한구역 해제를 위한 도시관리계획 변경(개발제한구역 해제)을 국토해양부장관에게 신청하는 분부터(보금자리주택은 지구지정안을 주민공람하는 분부터) 적용한다.

부   칙 〈제2010-662호, 2010.12.27.〉

제1조 (시행일) 이 훈령은 발령한 날부터 시행한다.

제2조 (경과조치) 이 훈령 시행 전에 도시관리계획변경안을 중앙도시계획위원회의 심의를 받은 경우에는 종전의 규정에 따른다.

부   칙 〈제9999호, 2011.7.26.〉

제1조(시행일) 이 훈령은 발령한 날로부터 시행한다.
제2조(경과조치) 이 훈령 시행일 이전 도시관리계획이 기 결정된 사항에 대하여는 이 훈령에 따라 수립되어 결정된 것으로 본다.
제3조(적용례) 3-5-1(2)③(집단취락 공원·녹지율)은 이 훈령 시행일 이후 개발제한구역 해제를 위한 도시관리계획변경안을 입안하는 경우(주민공람 실시 전일 것) 또는 지구단위계획 미수립 해제취락이 지구단위계획을 수립하는 경우에 적용한다.

부   칙 〈제2012-426호, 2012.7.16.〉

제1조(시행일) 이 훈령은 발령한 날로부터 시행한다.
제2조(경과조치) 이 훈령 시행일 이전 도시관리계획이 기 결정된 사항에 대하여는 이 훈령에 따라 수립되어 결정된 것으로 본다.

부   칙 〈제2012-895호, 2012.9.26.〉

제1조(시행일) 이 훈령은 발령한 날로부터 시행한다.

부   칙 〈제2013-159호, 2013.4.30.〉

제1조(시행일) 이 훈령은 발령한 날부터 시행한다.

부   칙 〈제2013-273호, 2013.8.19.〉

제1조(시행일) 이 훈령은 발령한 날부터 시행한다.

부   칙 〈제2014-379호, 2014.6.11.〉

제1조(시행일) 이 훈령은 발령한 날부터 시행한다.

부   칙 〈제505호, 2015.3.31.〉

제1조(시행일) 이 훈령은 발령한 날부터 시행한다.

부   칙 〈제635호, 2015.12.28.〉

제1조(시행일) 이 훈령은 발령한 날부터 시행한다. 다만, 3-4-1(2)①, 3-5-1(1)①(사), 3-5-1(1)③, 3-5-1(3)②, 3-5-1(3)③의 개정규정은 2015년 12월 29일부터 시행한다.

부   칙 〈제674호, 2016.2.25.〉

제1조(시행일) 이 훈령은 발령한 날부터 시행한다.

부   칙 〈제683호, 2016.3.30.〉

제1조(시행일) 이 훈령은 발령한 날부터 시행한다.

부   칙 〈제727호, 2016.7.4.〉

제1조(시행일) 이 훈령은 발령한 날부터 시행한다.
제2조(중소기업 외의 자에 대한 용지분양 적용례) 3-5-1(7)의 개정 규정은 이 지침 시행 전에 개발제한구역을 해제한 지역에 대해서도 적용할 수 있다.

부   칙 〈제770호, 2016.10.31.〉

제1조(시행일) 이 훈령은 발령한 날부터 시행한다.

참고도서 및 법령

- 전종철 『토지전문중개사』 고려원북스, 2009
- 전종철 『지적도의 비밀(개정판)』 라의 눈, 2016
- 권용우·변병설·이재준·박지희 공저 『그린벨트 : 개발제한구역연구』 박영사, 2013
- 개발제한구역관리계획 수립 및 입지대상시설의 심사에 관한 규정 〔국토교통부훈령 제729호〕
- 개발제한구역내 불법행위의 예방과 단속에 관한 규정 〔국토교통부훈령 제587호〕
- 개발제한구역의 조정을 위한 도시관리계획 변경안 수립 지침 〔국토교통부훈령 제770호〕
- 개발제한구역 주민지원사업 시행규정 〔국토교통부예규 제2015-95호〕
- 개발제한구역 토지매수 및 관리지침 〔국토교통부훈령 제2015-554호〕
- 개발제한구역 훼손지 복구 및 정비사업 업무처리규정 〔국토교통부훈령 제728호〕
- 불법전용산지의 지목변경에 필요한 세부절차 규정 〔산림청고시 제2011-55호〕
- 「경기도 개발제한구역 경계선 관통대지의 해제에 관한 조례」

◇ 당신은 언제나 옳습니다. 그대의 삶을 응원합니다. – 라의눈 출판그룹

그린벨트 투자의 비밀

초판 1쇄 | 2017년 2월 22일

지은이 | 전종철·우광연

펴낸이 | 설응도
펴낸곳 | 라의눈

편집주간 | 안은주
편집장 | 최현숙
기획위원 | 성장현
마케팅 | 최제환
경영지원 | 설효섭

종이 | 한솔PNS
인쇄 | 애드그린
디자인 | 기민주

출판등록 | 2014년 1월 13일(제2014-000011호)
주소 | 서울시 서초구 서초중앙로29길 26(반포동) 낙강빌딩 2층
전화 | 02-466-1283
팩스 | 02-466-1301
e-mail | eyeofrabooks@gmail.com

이 책의 저작권은 저자와 출판사에 있습니다.
서면에 의한 저자와 출판사의 허락 없이 책의 전부 또는 일부 내용을 사용할 수 없습니다.
ISBN 979-11-86039-73-1 13320

* 잘못 만들어진 책은 구입처나 본사에서 교환해 드립니다.
* 책값은 뒤표지에 있습니다.
* 라의눈은 독자 여러분의 소중한 아이디어와 원고를 기다리고 있습니다.